Un año con Dios

Un año con Dios

365 DEVOCIONALES
para inspirar tu vida

ESPAÑOL

NASHVILLE, TENNESSEE

LA METAMORFOSIS DEL CORAZÓN

*Esto significa que todo el que pertenece a Cristo se ha
convertido en una persona nueva. La vida antigua ha
pasado, ¡una nueva vida ha comenzado!* —NTV

2 CORINTIOS 5:17

Resulta increíble cómo una oruga gorda y peluda se transforma en una mariposa delicada y llamativa. Si uno no supiera que ocurre el proceso de la metamorfosis, dudaríamos que se trata del mismo insecto. ¡Pensaríamos que son dos seres diferentes!

¿Te sientes como una oruga? ¿O vuelas como una mariposa? Si perteneces a Cristo ¡has pasado por una transformación interior!

Cuando creemos en Jesús como nuestro Salvador, cuando estamos «en Cristo», Dios nos vuelve a crear. En otras palabras, Dios nos hace unas nuevas criaturas que pueden tener comunión con Él nuevamente. El pecado afecta esta relación y andamos como orugas, pero cuando Jesús entra a nuestras vidas nos transforma y nos hace unas mariposas. En alguna parte de la Escritura esto se explica como un nuevo nacimiento.

Entender esto requiere fe, creer en lo que Dios dice aunque no lo veamos o no lo sintamos. Al ir caminando en estos días, abre tus oídos para oír y tus ojos para ver las maravillas de lo que eres en Cristo. Confía en que Cristo te irá guiando para descubrir tu nueva identidad en Él. Así que ya no andes arrastrándote por el suelo como una oruga. ¡Es hora de volar! (KOH)

Ya no vivo yo, más vive Cristo en mí.

PABLO

HIJA DEL REY

---

*Pero a todos los que creyeron en él y lo recibieron, les
dio el derecho de llegar a ser hijos de Dios.* —NTV

JUAN 1:12

«Quisiera tener la nariz más finita», suspira Hilda. «Pero me encanta tu cabello rizado. Yo tengo el mío ¡tan lacio!», responde Lucía. «¡Qué curioso! Yo quisiera plancharmelo más seguido. Siento que tengo melena de león».

Sin duda, habrás tenido conversaciones de este estilo con tus amigas. Como mujeres tenemos la tendencia de despreciar nuestro físico y mucho más en la actualidad, cuando las modelos exageran de delgadas hasta el punto de ser anoréxicas. De hecho, en el siglo xxi lo que vemos en la publicidad rara vez refleja la realidad, ya que casi siempre se utilizan programas digitales como Photoshop para quitar defectos, adelgazar cinturas y hasta cambiar el color del cabello.

Por alguna razón, muchas nos quejamos de algún aspecto de nuestro ser y suspiramos por ser como alguien más. Y esto no se limita a lo físico, sino también a nuestras habilidades y nuestra personalidad. «¡Ojalá pudiera cantar como fulana! ¡Si fuera tan sociable como zutana!»

Al nacer de nuevo, llegaste a ser hija del Rey de reyes. El apóstol Pablo dice que somos hechura de Dios (Efesios 2:10). Al quejarte de tu forma de ser, ¡estás criticando la obra de Dios!

Acepta la forma en que Dios te creó de manera única y especial, y gózate en ello. (MHM)

Eres hermosa, amiga mía.
SALOMÓN

LOS FANTASMAS DEL ABISMO

Él nos libró del dominio de la oscuridad y nos trasladó al reino de su amado Hijo, en quien tenemos redención, el perdón de pecados. —NVI

COLOSENSES 1:13

Adivina el tema de esta familia de palabras: iceberg, proa, Leonardo Di Caprio. ¡Adivinaste! *Titanic* ha sido un tema fascinante, sobre todo para el productor cinematográfico James Cameron. No solo produjo la galardonada cinta, sino el documental *Los fantasmas del abismo*. Dos cámaras-robots submarinas fueron lanzadas al lugar del final descanso de la leyenda.

Ojos humanos no se habían asomado por aquellas hermosas ventanas desde 1912 porque no es posible sobrevivir a tal profundidad. Las luces de los robots rompen la densa oscuridad para inundarnos de añoranza al poder observar el imponente casco ahora corroído por la sal, las lujosas vajillas y exquisitas lámparas cundidas de óxido.

La Biblia dice que Dios arrojó nuestros pecados al fondo del mar desde aquél día en que los confesamos y creímos en su perdón absoluto. Él nunca más se acordará de ellos. A veces perdemos la paz porque con los ojos de nuestra mente nos asomamos a ese abismo donde yacen oxidados los errores del pasado.

Recuerda siempre que has sido totalmente perdonada. Tu deuda fue completamente pagada en la cruz. Cuando se asome la culpa toma el control de tus pensamientos y emociones. Voltea en la dirección correcta, no hacia abajo, donde domina la oscuridad, sino hacia el cielo, donde reina el Príncipe de Paz. (MG)

Mis pecados son borrados ya, mi Jesús los sepultó en la más profunda mar.

CORO CRISTIANO

ERES LIBRE

Así pues, ahora ya no hay ninguna condenación para
los que están unidos a Cristo Jesús. —DHH

ROMANOS 8:1

E l 15 de mayo del 2014, Mariam Yahya Ibrahim Ishag, de 27 años, oyó la palabra «condenada». Había decidido no negar su fe cristiana ante la corte islamista de Sudán que la sentenció a morir en la horca y a recibir 100 latigazos por adulterio. ¡Su casamiento con un hombre cristiano no era válido para el islam!

Con ella estaba su hijito de un año, quien enfermaba por la falta de higiene y por los insectos. Esperando el cumplimiento del juicio, sin atención médica y encadenada, nació su bebita a quien nombró Maya. Finalmente, bajo presión internacional, la corte sudanesa liberó a Mariam el 26 de junio de ese año.

¿Puedes imaginar lo que Mariam sentía al ver el panorama tan negro bajo esa cruel condena? ¿Qué habrá sentido cuando le dijeron que era libre? La prensa no nos lo dice.

Sin embargo, la condición en la que Mariam se encontraba antes de ser liberada no era tan tenebrosa como cuando tú y yo vivíamos sin Cristo. Estábamos bajo el veredicto de «condenadas» a la eterna oscuridad en el infierno por el pecado. No teníamos manera de escapar de esa maldición. Sin embargo, el Señor Jesús nos vio bajo esa condenación, nos amó, nos habló al corazón... y creímos. ¡Nos libertó! ¡Qué gran noticia! (YF)

¡Libertad, libertad! ¡Oh, qué buena es
aquella que da el Salvador!

CORO CRISTIANO

YO ASISTÍ A MI PROPIO FUNERAL

Nosotros hemos muerto al pecado, entonces, ¿cómo es posible que sigamos viviendo en pecado? —NTV

ROMANOS 6:1-2

Nadie lo podía creer. Después de cinco años de usar drogas de manera constante y peligrosa, María las dejó por completo. De la noche a la mañana rehusó fumar marihuana o consumir cocaína y otros estimulantes. ¿Cuál fue la diferencia? Cristo en su vida.

«Aún lucho todos los días, sobre todo cuando estoy triste. Me entran ganas de volver atrás. Pero a diferencia del pasado, ahora hay una fuerza dentro de mí que me ayuda a decir "no". ¡Es Jesús en mi vida!».

El cantautor mexicano Rubén Sotelo escribió: «Yo asistí a mi propio funeral, aunque en realidad nunca viví. No es un disparate, amigo, solo lo que digo es que un día yo morí».

Cuando creemos en Jesús morimos al pecado. El pecado ya no tiene poder sobre nosotros. Por esa razón, María dejó las drogas y otros han escapado del alcoholismo y otros vicios. La cruz de Cristo nos ha dado esa victoria.

Aún no estamos del todo libres de la presencia del pecado. Eso será cuando estemos en el cielo, y por eso, como María, luchamos con los deseos de volver atrás o hacer lo malo. Pero Jesús nos está santificando, es decir, Él nos ayuda y nos da la fuerza para decir «no». ¿Tú ya moriste al pecado? (KOH)

Yo asistí a mi propio funeral porque un día yo morí.

RUBÉN SOTELO

ENTRA EN SU PRESENCIA

Así que acerquémonos con toda confianza al trono de la gracia de nuestro Dios. —NTV

HEBREOS 4:16

Nuestra amiga Arlene se enfermó de leucemia cuando era adolescente. Después de intensos tratamientos insoportables, al fin estuvo en remisión por un tiempo. Entonces se inscribió con una organización que procuraba cumplir los deseos de niños con enfermedades terminales. Su ilusión era conocer a la realeza inglesa.

Después de unos meses, le informaron que ya estaban listos los boletos para que ella y su familia fueran a Inglaterra para unos días de ensueño. Luego, de último momento, llegó la sorpresa. A pesar de las predicciones, ¡irían a platicar con el príncipe Carlos! Prepararon sus mejores ropas para la gran ocasión. Al llegar al país, recibieron instrucciones sobre la etiqueta en el Palacio de Buckingham y aprendieron a hacer las reverencias apropiadas y a guardar su distancia.

Si aquí en la tierra existen tantos requisitos para entrar en la presencia de la realeza, ¡imagina lo impensable de poder estar como meros seres humanos ante Dios mismo! Los andrajos del pecado nos avergonzarían y no seríamos aceptos ante Su trono. Solo porque Jesucristo tomó nuestra suciedad sobre Él en la cruz y nos vistió de ropajes reales de justicia, recibimos la invitación inmerecida de entrar a su palacio. ¡Qué bendición! ¿Has entrado al palacio del Rey? (MHM)

Del trono santo alrededor niñitos mil están.

ANNE SHEPHERD

HEROÍNAS SIN CAPA

Y libertados del pecado, vinisteis a ser
siervos de la justicia. —RVR1960

ROMANOS 6:18

Todos los niños tienen su superhéroe favorito, y las chicas también. Para algunos una tienda de cómics bien surtida es una especie de «paraíso». Iron Man, Superman, Capitán América, La Mujer Maravilla y otros más tienen algo en común: hacer el bien. Incluso algunos de ellos en ocasiones unen sus fuerzas para trabajar en equipo contra el mal, haciéndose llamar «La Liga de la Justicia».

La vida real no es tan diferente. Existe el bien y el mal; y lo que no es de Dios, es de Satanás. Todos participamos en esta guerra espiritual donde el enemigo conoce qué tipo de «kriptonita» nos puede debilitar. Estamos constantemente peleando nuestras batallas.

Hoy día existen muchos héroes y heroínas de carne y hueso, solo que no usan capa. Son personas valientes que conocen la diferencia entre lo bueno y lo malo, que tienen una convicción muy firme de hacer lo correcto y que encuentran su fuerza en Dios para vivir íntegramente.

La Biblia dice que Jesucristo ya nos ha librado del pecado. Ahora estamos al servicio de Dios para hacer el bien. Tú eres una superheroína al servicio de la justicia. Sé valiente. ¡En Cristo eres más que vencedora! (MG)

La valentía no es solo una de las virtudes, sino la forma de toda virtud en el momento de la prueba.

C. S. LEWIS

DEJANDO PASAR LA LUZ

A los santificados en Cristo Jesús, llamados a ser
santos con todos los que en cualquier lugar invocan el
nombre de nuestro Señor Jesucristo. —RVR1960

1 CORINTIOS 1:2

Una niñita entró a una catedral para descubrir qué era un santo. Después de observar los vitrales durante unos momentos exclamó: «¡Ya sé qué es un santo! Es una persona que deja pasar la luz».

Cuando San Pablo nos dice que «santos» son lo que en cualquier lugar invocan el nombre de nuestro Señor Jesucristo, entonces tenemos que concluir ¡tú y yo somos santas! Y nuestro trabajo es dejar que la luz de Jesús se vea en este mundo de tinieblas.

A diferencia de las imágenes de santos en algunas iglesias, nosotros tenemos pies que pueden ir donde se nos necesite y manos que Dios puede usar para ayudar; también tenemos ojos que distinguen lo bueno de lo malo y oídos para escuchar las necesidades de otros. Somos santas vivientes.

¿Usas tus pies, tus manos, tu boca y tus oídos para adorar a Dios y para ayudar donde hay necesidad? Deja pasar la luz de Jesús para que otros deseen invocar el nombre de nuestro Señor en todo lugar. (YF)

Más santidad dame, más consagración;
más celo en servirte, con más oración.

PHILIP BLISS

UN POCO DE SAL

Ustedes son la sal de la tierra. Pero ¿para qué
sirve la sal si ha perdido su sabor? —NTV

MATEO 5:13

Maritza se sentó en clase y Karen la saludó con entusiasmo. En eso, unos chicos del grupo se acercaron y comenzaron a contar chistes obscenos. Karen los interrumpió: «No hablen de esas cosas frente a Maritza». Ella se sonrojó, no era la primera vez que Karen la defendía. Cuando otros sacaban cigarros y los empezaban a repartir, Karen alzaba la mano: «Maritza no fuma». Tampoco permitía que le sirvieran alcohol o le faltaran al respeto.

En ocasiones, Maritza se sentía extraña. ¿Cómo podía Karen defenderla y no aceptar al Dios que hacía que fuera sal en la tierra?

Porque eso somos: sal.

La sal en tiempos bíblicos se usaba para preservar y para que la comida no se descompusiera. En un tiempo sin refrigeradores, la sal evitaba la corrupción.

Del mismo modo, los hombres y las mujeres de Dios a través de los siglos han prevenido que la maldad se extienda aún más. Nuestra labor como sal es la misma que Maritza, ser un freno para amigos y desconocidos a través de nuestro modo de vida en Jesús.

Pero esto no lo logramos por nosotros mismas. Maritza no le dio un discurso a Karen sobre lo que debía o no debía hacer, tampoco se esforzó en ser diferente. Al ir conociendo a Jesús a través de la oración y la lectura bíblica, Maritza fue cambiando y los demás simplemente lo notaron.

La sal desaparece de la vista en la comida cocida, pero cuando falta ¡todos notamos su ausencia!

Pide a Jesús que te ayude a vivir de modo que puedas ser la sal de la tierra y ¡otros noten que estás allí! (KOH)

Si la sal pierde su sabor... la descartarán y la pisotearán como algo que no tiene ningún valor.

JESÚS

ESTRELLITAS DE ESPERANZA

Ustedes son la luz del mundo, como una ciudad en lo alto de una colina que no puede esconderse. —NTV

MATEO 5:14

¿Alguna vez se te ha ido la luz de la casa y te encontraste de un momento a otro completamente en tinieblas? Sientes un poco de pánico, buscas cerillos y velas o una linterna… y solo entonces te tranquilizas. Por otro lado, si has andado en el campo sin poder alumbrar tu camino, posiblemente te hayas tropezado o arañado. Se agigantan los sonidos que escuchas e imaginas monstruos o por lo menos bestias peligrosas a tu alrededor. Sin luz puedes sentirte perdida o angustiada, sin rumbo y sin esperanza.

Jesús, la misma luz del mundo, también nos llamó portadoras de esa luz. Para las personas que no lo conocen a Él, somos las que reflejan su imagen. En Juan 1 vemos que la luz brilla en la oscuridad, y la oscuridad jamás podrá apagarla. Cristo vino a un mundo en tinieblas para disipar esa oscuridad. De la misma manera, nos llama a ser estrellitas que representan Su verdad en esta tierra llena de mentiras, temores y peligros.

Suena hermoso, pero ¿cómo lograrlo? Primero, tienes que estar enchufada a diario con la principal fuente de luz verdadera, con Cristo. Empápate de Su Palabra; escoge un versículo para guiarte en ese día. Luego permite que Él te enseñe a lo largo del día qué palabras o acciones tuyas pueden ser usadas para dar luz a las personas que cruzan tu camino. (MHM)

Mi pequeñita luz la dejaré brillar.

HARRY DIXON LOES

EL AMIGO PERFECTO

Ya no los llamo siervos, porque el siervo no está al tanto de lo que hace su amo; los he llamado amigos. —NVI

JUAN 15:15

*D*anna y Sara han sido compañeras de escuela por varios años, están juntas siempre que pueden, se mandan mensajes por el celular, por Facebook o la red social de moda. En una palabra: siempre están «conectadas». Su amistad ha perdurado porque se tienen confianza. Son afortunadas quienes logran cultivar y conservar una amistad así.

A veces no nos damos cuenta del gran privilegio que Jesús nos concede al considerarnos Sus amigas. Él dijo que una prueba de Su amistad es que nos ha tenido la confianza para platicarnos las cosas que oyó decir a Su Padre. En Su Palabra Jesús nos habla, nos reconforta y nos aconseja. Y no solo eso, la prueba más grande de amistad que un amigo puede ofrecer a otro es dar su propia vida a cambio de la de su amigo.

Cristo no solo dio su vida por ti, sino que te ha tenido confianza y te llama «amiga». Él es nuestro amigo perfecto. Podemos estar siempre conectadas con Él mediante la oración, pues nos conoce mejor que nadie, está siempre dispuesto a escucharnos y nunca nos va a defraudar.

Jesús ha tomado la iniciativa de buscarte y aun salvarte. Como en toda amistad, la reciprocidad es saludable y muy importante.

¿De qué manera vas a corresponder a esa amistad? (MG)

No hay amistad sin confianza, ni confianza sin integridad.

SAMUEL JOHNSON

FRUTAS CON UN SABOR ÚNICO

*Yo os elegí a vosotros, y os he puesto para que vayáis y
llevéis fruto, y vuestro fruto permanezca.* —RVR1960

JUAN 15:16

En Nueva York, Sam Van Aken rescató un huerto experimental casi abandonado. El huerto contenía cientos de especies de frutos en extinción que Van Aken quiso conservar injertándolos en un ciruelo. Consiguió que en un mismo árbol hubiera frutas tan diferentes que se me antojaría tener un árbol así.

Cuando el árbol florece en primavera, los variados colores dan una vista maravillosa. El sabor de las frutas injertadas, es una mezcla del sabor del árbol base con su propio sabor. ¡Cada una tiene un sabor único!

Esto es un buen ejemplo de lo que el Señor Jesús hizo con nosotros. Somos diferentes, pero cada una somos frutas injertadas en la Vid verdadera que es Él. La mezcla de Su sabor con nuestro sabor tiene que ser genial. Quien nos conozca, sabrá que algo diferente hay en nosotras, algo parecido a lo divino, ¡algo parecido a Jesús!

¿Y tú, das fruto? ¿Es tu fruto dulce, diferente al de cualquiera y... con el sabor de Cristo? (YF)

El fruto del Espíritu es amor, gozo, paz, paciencia, benignidad, bondad, fe, mansedumbre, templanza...

PABLO

UNA ESCLAVA DE DIOS

*Pero ahora quedaron libres del poder del pecado
y se han hecho esclavos de Dios.* —NTV

ROMANOS 6:22

En aquellos tiempos, cuando se practicaba la esclavitud en Estados Unidos, Sally se encontraba en el mercado de esclavos. Aun cuando el subastador la ofrecía, ella repetía: «No voy a trabajar. Puede venderme a quien quiera, pero me niego a trabajar».

El anterior amo de Sally la había maltratado hasta romper sus dientes y causarle heridas que jamás sanarían. De repente, alguien la compró. El precio se pagó y Sally tuvo un nuevo dueño. Pero mientras la llevaban a su nuevo hogar murmuraba entre dientes: «No voy a trabajar».

Por fin la presentaron ante su nuevo amo. Ella le dijo: —Soy Sally, y no voy a trabajar.

El hombre la miró: —Me parece bien, Sally. De hecho, te compré para darte tu libertad. Haz lo que gustes.

Los ojos de Sally se desorbitaron, ¡era libre!

—Amo, ¿cómo puedo agradecerle?, —le preguntó—. Haré lo que me pida, cuando me pida y donde me pida.

Como Sally, nosotros éramos esclavas del pecado y de Satanás, crueles amos que solo nos maltrataron. Pero cuando Jesús nos rescata, actuamos con tal gratitud que no nos importa seguir como «esclavas» de Aquél que nos compró. ¿Por qué? Porque jamás podremos pagar nuestra deuda de amor y porque sabemos que tenemos un Amo que solo nos dará bien y no mal. ¿Quién es tu amo? (KOH)

Libre, salvo, en los brazos de mi Salvador.

P. GRADO

MORADA DE DIOS

*¿No se dan cuenta de que su cuerpo es el templo del
Espíritu Santo, quien vive en ustedes y les fue dado por
Dios? Ustedes no se pertenecen a sí mismos. —NTV*

1 CORINTIOS 6:19

¿Alguna vez sentiste que el cristianismo significa puras prohibiciones? O por lo menos tus compañeros te tildaban de raro, pues todo lo que sabían de los cristianos es que «no hacen esto y no hacen aquello». Por equivocación podemos pensar que nuestro cuerpo es pecaminoso, pues la gula, las borracheras y los apetitos sexuales vienen de «la carne». ¿No es lo mismo?

¡Falso! La carne es nuestra naturaleza vieja o pecaminosa, y algunas traducciones bíblicas usan estos términos. Su origen es espiritual, no físico. Dios nos creó y de forma maravillosa nos tejió desde que crecimos en el vientre de nuestras madres, según el Salmo 139.

El cuerpo humano es tan maravilloso que incluso Darwin reconoció que era difícil imaginar que el ojo humano se hubiera desarrollado por pura selección natural. Y el ojo es solamente una pequeña parte de todo ese milagro que somos.

Como hija adoptiva del Señor, tu cuerpo es templo y morada del Espíritu Santo. Él quiere usar tus manos, tus pies y tu boca para reflejar Su gloria. Tu sexualidad también es regalo de Él; respeta y disfruta ese don de ser mujer. (MHM)

*Mejor que una religión del «no»,
¡una relación del «sí»!*

VIVO PARA CRISTO

Porque habéis sido comprados por precio; glorificad, pues, a Dios en vuestro cuerpo y en vuestro espíritu, los cuales son de Dios. —RVR1960

1 CORINTIOS 6:20

Hay algo más en la vida que tener éxito, y es que nuestra existencia tenga sentido. Esto es algo que a muchos les quedó claro al enterarse con tristeza del suicidio del muy querido y carismático actor Robin Williams el 14 de agosto del 2014. El éxito conseguido con películas como Jumanji o Hook no fue suficiente para que Williams encontrara una razón para seguir viviendo. Víctima de la depresión y las adicciones, la vida carecía de significado para él.

Dios decidió crear al hombre y a la mujer para amarlos y tener una relación de amistad con ellos. La Biblia dice que nos creó para su gloria. Cuando nosotros decidimos aceptar Su amor y el regalo de Su salvación, nuestra vida adquiere significado y propósito. No hay otra cosa en la vida que pueda darnos la paz y el gozo que nos da el tener una amistad con Jesús, obedecer Su Palabra y servirle con todo el corazón, la mente y el cuerpo.

Pascal dijo que existe un vacío en el corazón del hombre que tiene la forma de Dios y que solo Dios lo puede llenar. No intentes llenar con el amor de una pareja, con posesiones materiales o con éxito profesional el lugar que le corresponde a Aquél que dio Su vida para que la tuya fuera abundante, útil y feliz. (MG)

Espera grandes cosas de Dios. Emprende grandes cosas para Dios.

WILLIAM CAREY

UN CUERPO INCOMPLETO

*Ustedes son el cuerpo de Cristo, y cada uno
es miembro de ese cuerpo.* —NVI

1 CORINTIOS 12:27

Al saber que serían papás, una enfermera australiana y su esposo, rebosaron de alegría. Dishka tuvo cuidados extremos durante su embarazo y junto con su esposo, Boris, deseaban el momento del parto sin saber lo que les esperaba: ¡su bebé no tenía ni brazos ni piernas!

Al principio, se sintieron desconsolados, pero lo amaban. Le pusieron el nombre de Nicholas e hicieron lo posible para que tuviera una vida normal.

Una vez participé en un juego donde me ataron las manos para encontrar una moneda con la boca entre un montón de harina.

¡Qué incapacidad! Entiendo un poco lo que Nick siente sin sus extremidades. Y me pregunto: ¿El Señor Jesús siente «discapacidad» cuando alguno de sus miembros no funciona como Él quiere? Tú y yo somos miembros de Su cuerpo. Al tomar nuestro lugar en ese cuerpo, ¡hacemos que funcione!

Ahora, Nick Vujicic es uno de los grandes predicadores de este tiempo. Lee su biografía y date cuenta de lo que Dios puede hacer con personas dispuestas. Y sobre todo, piensa cómo estás funcionando en el cuerpo de Cristo. ¿Eres un miembro activo o uno descompuesto? (YF)

Si Dios puede usar a un hombre sin brazos ni piernas para que sea Sus manos y Sus pies, entonces ciertamente usará un corazón dispuesto.

NICK VUJICIC

SOY AMADA

Vestíos, pues, como escogidos de Dios, santos y amados, de entrañable misericordia. —RVR1960

COLOSENSES 3:12

Numerosas encuestas lo confirman: lo que las mujeres más necesitamos es sentirnos amadas. Para nosotras el afecto es primordial, y quizá por eso cometemos muchas tonterías.

Deseamos tanto ser «especiales» para alguien, que algunas chicas tienen novio sin realmente quererlo.

Muchas caen en la histeria antes del 14 de febrero, y aun cuando son demasiado jóvenes, tratan de buscar quien les regale flores o chocolates. En realidad existe ese vacío que pensamos llenar con una pareja.

Pero puedes preguntar a muchas mujeres casadas que encontraron a su «príncipe azul» y te dirán lo mismo: el amor de un hombre es maravilloso, pero no es suficiente para hacernos plenas. Sin embargo, como leímos en el versículo de Colosenses, las hijas de Dios somos amadas y eso nos completa.

Dios nos ama. Y quizá en ocasiones esto no parece lo más maravilloso cuando ves a tus amigas con pareja o cuando el chico que te agrada no te hace caso o cuando has discutido con tu novio o cuando eres recién casada y descubres que el romance ha durado poco. Pero el amor de Dios es suficiente para todo, pues Su amor nos ayuda a amar, Su amor nos da perspectiva y Su amor nos satisface. Eres amada incondicionalmente por el Salvador. Eres amada. Repítelo muchas veces en este día porque es verdad. (KOH)

Nos hiciste, Señor, para ti, y nuestro corazón andará siempre inquieto mientras no descanse en ti.

AGUSTÍN DE HIPONA

CRUCIFICADA Y RESUCITADA

Mi antiguo yo ha sido crucificado con Cristo. Ya no vivo yo, sino que Cristo vive en mí. —NTV

GÁLATAS 2:20

En la iglesia de un pueblo de la sierra de Puebla, un artista creó una imagen de Cristo en un cubo de cristal, con los puños levantados como queriendo escapar. Una amiga artista escribió un cuento donde misteriosamente desaparece la figura del cubo y aparece el Jesús real comiendo y conviviendo en los hogares de la comunidad.

La muerte de Jesús es esencial para el cristiano puesto que nos identificamos con Él cuando nos dice Pablo que nuestro «viejo yo» fue crucificado y sepultado con Él. Pero no olvidemos que en Él también fuimos resucitados.

A los pies de tu maestra de escuela dominical aprendiste que «Cristo murió y resucitó por nosotros», pero es impactante que este pasaje subraya el hecho de que Jesús muriera «por mí», no solo por «nosotros» o por la humanidad.

La cruz está vacía y el que la ocupaba resucitó de la muerte. Tu «yo» egoísta también está crucificado y ahora vive Cristo en ti.

No dejes que esa «muerta» trate de revivir; recuerda que ya no tiene poder sobre ti. Que el gozo que expresó Pablo se refleje en tus facciones y en tu diario caminar. Ya no vives tú, sino Cristo en ti. (MHM)

Así que morí a la ley a fin de vivir para Dios.
PABLO

ESCOGIDAS PARA EL REINO

*Según nos escogió en él antes de la fundación del mundo, para
que fuésemos santos y sin mancha delante de él.* —RVR1960

EFESIOS 1:4

Daniel es uno de los grandes héroes de la fe que la Biblia nos menciona. Podemos imaginar lo que sintieron Daniel y sus amigos cuando les notificaron que habían sido escogidos para vivir en un palacio. El rey Nabucodonosor había dado la instrucción de encontrar jóvenes intachables, guapos, sabios y cultos. Al haber sido ellos elegidos, tal vez experimentaron sentimientos encontrados. Tendrían los mejores maestros, las mejores atenciones y los mayores lujos, pero tendrían que dejar su hogar.

Así como Daniel, nosotros también fuimos escogidas para vivir la eternidad en el reino de Dios. ¡Cuán inmensurable privilegio!

Aun antes de que el mundo fuera creado, Dios ya te conocía por nombre. Él se fijó en tu corazón. Sabía que pondrías tu fe en Él.

Como Daniel, también debemos renunciar a algo: al pecado. Es necesario apartarnos de las cosas que dañan no solo nuestro cuerpo, sino también nuestra mente. También como Daniel, propongamos en nuestro corazón no contaminarnos. Podemos construir una vida de integridad sexual. Ser mujeres de excelencia.

Dios te amó desde el principio de los tiempos. Tienes derecho a una vida plena. Tú has sido escogida para el reino. No temas dejar tu hogar en este mundo de pecado por el palacio celestial donde Cristo está. (MG)

*Una mujer del reino no es una mujer perfecta.
Es una mujer que ha sido perdonada.*
CHRYSTAL EVANS HURST

MI HERENCIA

Así que ya no eres esclavo, sino hijo; y, como eres hijo, Dios te ha hecho también heredero. —NVI

GÁLATAS 4:7

Jerry tuvo una infancia dolorosa. Su madre murió cuando era pequeño y fue a vivir con quien aparentemente era su progenitor. Era maltratado y, tras una discusión, Jerry supo que ese hombre no era su padre. Rodando de casa en casa, terminó viviendo en la calle, pero quería saber quién lo había engendrado. Reuniendo pistas, llegó a la empresa donde trabajó su madre veintiocho años atrás.

El dueño había sido Alfred Winkler, quien murió sin herederos. Por coincidencia, su segundo nombre era Alfred. Los abogados de la compañía tomaron el caso de Jerry y, haciéndose la prueba de ADN, resultó que era hijo del difunto millonario. De un día para otro, la vida de Jerry cambió. Finalmente sabía quién era su padre, y él era su heredero.

¿Por qué ese magnate nunca reconoció a su hijo? No sabemos, pero parece que esta historia se contrapone a la nuestra: Dios nos ha reconocido como hijas y herederas. ¿Herederas de qué?

¡De Él mismo! Teniéndolo a Él, tenemos todo: amor, cuidado, cosas materiales… todo.

¿Vives como pobre, tal como Jerry vivía antes de saber su procedencia? ¿O buscas el rostro de Jesús, nuestra herencia, cada día? (YF)

Señor, solo tú eres mi herencia.
Tú proteges todo lo que me pertenece.
DAVID

HECHAS CON PROPÓSITO

Pues somos la obra maestra de Dios. Él nos creó de nuevo en Cristo Jesús, a fin de que hagamos las cosas buenas que preparó para nosotros tiempo atrás. —NTV

EFESIOS 2:10

*S*hay Aaron es el creador de increíbles esculturas gastronómicas en miniatura. Si entras a su página en Facebook podrás observar pasteles, sushi, muffins y un platón de bocadillos hechos con arcilla, cerámica, resina y plástico que parecen tan reales que se antojan. Lo más increíble es que están en una escala de 1:12 y caben en la punta de un dedo.

Así imagino a Dios cuando nos creó: Él, grande y temible, haciendo pequeños seres humanos. Pero Su obra maestra se efectúa en el corazón cuando nos da vida por medio de Jesús. Él nos hace nuevas criaturas. Aún más, nos hace con un propósito: hacer cosas buenas.

Cada día nos enfrentamos a pruebas y dificultades. La vida no es fácil. Pero todo adquiere perspectiva cuando recordamos que fuimos hechas por Dios con un objetivo: darle la gloria a Él.

Esas pequeñas miniaturas dan honra a Shay Aaron, su creador. Quizá pensamos que no sirven para «mucho», pero para Shay Aaron son una fuente de alegría. Tú y yo reflejamos al Creador por excelencia. Da la gloria a Dios y deja que te use para esas buenas obras que preparó desde hace mucho tiempo. (KOH)

Grandes y maravillosas son tus obras.

DAVID

UN MUNDO IDEAL

Mas nuestra ciudadanía está en los cielos, de donde también esperamos al Salvador, al Señor Jesucristo. —RVR1960

FILIPENSES 3:20

C. S. Lewis imaginó un fantástico lugar llamado Narnia. Aslan, el león, es la figura del bien en aquel lugar y la Bruja Blanca simboliza el mal. James Matthew Barrie creó Peter Pan en «La tierra del nunca jamás». Campanita lo ayuda, y el capitán Garfio lo persigue. Walt Disney pensó en un mundo donde la fantasía se hiciera realidad, entonces creó Disneyland donde están Mickey Mouse y Maléfica.

Se trate de la realidad o de la fantasía, el bien y el mal siempre están presentes. La humanidad ha anhelado vivir en un lugar donde no exista la oscuridad y el dolor. Es reconfortante saber que Jesús dijo que iba a preparar un lugar así para nosotros en el cielo.

La Biblia describe ese lugar donde no habrá llanto ni tristeza. Tiene calles de oro y no hay necesidad de una lumbrera porque la gloria de Dios lo ilumina todo. Ese lugar es nuestro hogar, una ciudad de la que somos ciudadanos. Es el sitio al que tú perteneces.

No te preocupes si en ocasiones no te sientes a gusto en esta tierra. Es natural. Está bien si te incomoda escuchar groserías y malas conversaciones. No trates de esforzarte en parecer cómoda en un ambiente bullicioso donde reina el tabaco y el alcohol. Estamos en el mundo pero no somos del mundo. Somos extranjeras aquí. (MG)

Si tengo deseos que nada en este mundo pueden satisfacer, la explicación más probable es que fui creado para otro mundo.

C. S. LEWIS

¿EN QUÉ EQUIPO ESTÁS?

Pónganse la nueva naturaleza, creada para ser a la semejanza de Dios, quien es verdaderamente justo y santo. —NTV

EFESIOS 4:24

Aún me acuerdo cuando las chicas del colegio elegían quién formaría parte del equipo de voleibol. Yo sufría, pues no era muy buena para dicho deporte. Sin embargo, cuando alguien me seleccionaba, me sentía especial. No eran mis méritos o mis destrezas las que inclinaban la balanza a mi favor. Podría decirse que era la compasión de mis compañeras la que permitía que fuera parte de algún equipo. Pero, ¡qué orgullo portar la camiseta!

La palabra griega *hagios*, que se traduce como «santo» en la Biblia, significa «elegido por Dios». No podemos presumir de nada porque Dios nos escoge por gracia, no por nuestros méritos. En realidad solo Dios es santo en el sentido estricto de que es totalmente puro, pero por su gran compasión nos llama a la santidad y nos imparte Su naturaleza. ¡Qué privilegio ser parte de Su equipo!

¿Traes puesta la camiseta? Dios hará Su trabajo, que es el de formarnos hasta ser semejantes a Jesús. Irá trabajando hasta que seamos como Él, quien es justo y santo. A nosotras nos toca ponernos la camiseta, es decir, ponernos esa nueva naturaleza y dejarnos moldear. (KOH)

Ponte la camiseta del equipo de Jesús.

EXTRANJERA DE PASO

*Les ruego, como a extranjeros de paso por este
mundo, que no den lugar a los deseos humanos
que luchan contra el alma.* —DHH

1 PEDRO 2:11

Una vez leí una comparación de la vida con un tren, en el que empezamos un viaje por este mundo cuando nacemos y lo terminamos cuando «bajamos» de él, al morir. Los que suben a nuestro vagón son quienes impactarán nuestra vida, pero algún día llegarán a su destino y bajarán de nuestro convoy.

Me gusta pensar que la vida en Cristo es como ese viaje en tren. «Subiste» a la vida cristiana cuando el Gran Maquinista te encontró sin rumbo, y te invitó a empezar una emocionante aventura con Él. Adquirirás experiencias y conocerás gente nueva. Quizá algunos de tu vagón rompan tu corazón. Pero el viaje continuará hasta el destino final donde tu Amado ha preparado una gran fiesta de bodas.

En tanto, eres una peregrina; una extranjera que, de detenerte en cualquier estación, no tendrás un hogar en ese territorio. No puedes negociar ahí porque no tienes tiempo. Si te invitan a pecar, no debes aceptar. No te conviene seguir los hábitos del lugar. Tu tren está a punto de partir. Si lo pierdes, tendrás que esperar el próximo y mientras, serás humillada como inmigrante no deseada. Vive en este mundo como lo que eres, una extranjera que va de paso. (YF)

*Algunos quieren verme ir por el sendero de maldad. Oír,
no puedo, su llamar, ¡pues voy a mi celeste hogar!*
CORO CRISTIANO

HIJA DE LA LUZ

Pues todos ustedes son hijos de la luz y del día; no pertenecemos a la oscuridad y a la noche. —NTV

1 TESALONICENSES 5:5

*E*xiste un mundo al que no tuve acceso durante mi juventud. Mis compañeras del colegio dormían por la tarde en viernes y se preparaban para salir por la noche. Iban al antro, a la discoteca, al bar, como se le llamara. Bailaban, fumaban, bebían y, en sus palabras, la pasaban bien. Yo me sentía «fuera». Años después, cuando converso con algunas de ellas, ¿sabes qué es lo que más temen? El día que sus hijos crezcan y empiecen las «parrandas».

¿Por qué? Porque en esas horas de desenfreno sucedieron cosas que las avergüenzan. Porque en la noche, como dice 1 Tesalonicenses 5:7, los bebedores se emborrachan. Porque la gente aprovecha las tinieblas para el pecado. Muchos han caído en drogas, en alcoholismo y en relaciones sexuales ilícitas.

Pero nosotras somos hijas de la luz, y eso lo aprendí a temprana edad. La Biblia nos dice que los que vivimos en la luz estamos lúcidos, protegidos por la armadura de la fe y el amor. Quizá hoy te preguntas por qué eres diferente a las demás. Tal vez te molesta que tus padres no te den permiso de salir después de cierta hora. ¡Te están protegiendo!

Vive como gente de luz, pues esa luz que está dentro de ti «produce solo cosas buenas, rectas y verdaderas» (Ef. 5:8). (KOH)

Podemos perdonar a un niño que tema la oscuridad, pero la real tragedia de la vida es cuando los adultos le temen a la luz.

PLATÓN

EN GUARDIA

¡Estén alerta! Cuídense de su gran enemigo, el diablo, porque anda al acecho como un león rugiente, buscando a quién devorar. —NTV

1 PEDRO 5:8

Mística, de cuerpo azulado, pelirroja y ojos amarillos, es una hermosa mujer perteneciente al mundo de los X-men. Este personaje ficticio de los cómics de Marvel, tiene como principal característica el poder cambiar de forma. Puede transformarse en una persona ya sea hombre o mujer, en un animal o tomar cualquier figura con el objetivo de engañar a su enemigo. Por ello es muy peligrosa. Su modo de operar es muy semejante al del Diablo.

La Biblia dice que Satanás se disfraza como ángel de luz para engañarnos. Por ello la Palabra de Dios también nos da una importante advertencia: debemos estar alertas, porque este enemigo puede tomar formas atrayentes y hasta fascinantes para envolvernos. Las tentaciones suelen ser sutiles, atractivas y constantes. No traen un letrero que diga «tentación». El enemigo no se nos presenta con cuernos y un tridente, ni como un horripilante demonio. Anda acechando, espiándonos para encontrar nuestras debilidades y tendernos una trampa en la que es posible caer, casi sin darse cuenta.

Mantente alerta. La única forma de distinguir la mentira es conociendo la verdad. Lee constantemente tu Biblia para adquirir cada día mayor destreza y sabiduría para distinguir sus ataques. Ora para mantenerte fuerte. No te dejes engañar por una cara bonita o por un placer momentáneo. ¡En Cristo eres más que vencedora! (MG)

Es mejor una puerta cerrada por Dios, que una puerta abierta por el diablo.

¿SOY UNA TRAIDORA?

Sabemos que el que ha nacido de Dios no está en pecado: Jesucristo, que nació de Dios, lo protege, y el maligno no llega a tocarlo. —NVI

1 JUAN 5:18

Un buen rey cuida su reino tratando bien a sus súbditos, haciendo justicia, embelleciendo sus dominios, extendiendo sus fronteras y protegiéndolo de sus enemigos. Sin embargo, algunos reinos han caído en manos de los adversarios porque entre sus pobladores ha habido traidores.

Tú tienes un Rey, bueno en gran manera, que cuida Su propiedad, y esa eres tú. Tu Rey te transformó dándote vida cuando estabas muerta en delitos y pecados. Te puso Su sello de propiedad: el Espíritu Santo. Te ha provisto de armas como la Biblia y la oración para vencer las tentaciones, y Él mismo te rodea para prevenir cualquier atentado del enemigo.

La única manera de que seas vencida y caigas ante el diablo, es ¡si tú misma te traicionas! Si pecamos es porque en algún momento descuidamos nuestra adoración, nuestra comunión, nuestra oración, nuestra lectura de la Palabra. Al hacer esto, te traicionas a ti misma y das lugar a que el maligno te toque.

¡Que esto nunca pase contigo! (YF)

Más traiciones se cometen por debilidad, que por un propósito firme de hacer traición.

FRANCOIS DE LA ROCHEFOUCAULD

SÍ CUMPLE

*Y debido a su gloria y excelencia, nos ha dado
grandes y preciosas promesas.* —NTV

2 PEDRO 1:4

Amigas que prometieron nunca defraudarnos y que nos abandonaron en un momento de crisis. Papás que juraron premiarnos si lográbamos cierta calificación, pero que dado el momento no cumplieron. Un príncipe azul que nos ofreció el cielo y las estrellas, antes de dejarnos hundidas en el pantano. Con tantas promesas incumplidas, la desconfianza crece de día en día en este mundo cínico y descorazonador.

Los israelitas prometieron en numerosas ocasiones ser siempre fieles al Señor y vez tras vez fallaron. El apóstol Pedro juró lo mismo, y se sintió profundamente herido cuando su maestro profetizó que antes de que el gallo cantara tres veces rompería con lo dicho. ¿Y nuestro Dios? Cientos de profecías se han hecho verdad y jamás ha prometido algo que resulte falso.

Confiamos que otras se harán realidad algún día, sobre todo las que describen Su venida y nuestra futura vida con Él.

Los seres humanos pueden ser muy sinceros cuando indican que te serán siempre fieles, pero en su debilidad tienden a fallar. Pero tu mejor amigo, Jesús, ha dicho que nunca te abandonará (Hebreos 13:5) y puedes estar cien por ciento segura de que ¡es verdad! Ya has recibido muchas «grandes y preciosas promesas» de Dios; confía que no quedarán solo en palabras. (MHM)

Una promesa es una letra de cambio que giramos contra nuestro porvenir.

CHRISTIAN FRIEDRICH HEBBEL

TRANSFORMADA

Queridos hermanos, ¡nosotros ya somos hijos de Dios! Y [...] cuando Jesucristo aparezca otra vez, nos pareceremos a él. —TLA

1 JUAN 3:2

Hace un tiempo se popularizó entre los jóvenes cristianos el uso de una pulsera con las letras ¿WWJD? Son las siglas de la frase en inglés: ¿Qué haría Jesús? El objetivo es usar la pulsera como un recordatorio constante de actuar como Jesús lo hubiera hecho en las diferentes circunstancias que la vida nos presenta.

Ser como Jesús es la meta máxima a la que podríamos aspirar. Poder actuar como Él nos ahorraría muchos problemas y desilusiones.

Dios nos ha creado a Su imagen y semejanza, pero también tenemos una naturaleza pecaminosa que nos impide ser perfectos. El Señor nos va perfeccionando para Su obra, y algún día la terminará. La Biblia dice que aunque no sabemos exactamente cómo seremos, podemos estar seguros de que seremos transformados y seremos como Jesús.

Visualiza una imagen mejorada de ti misma. Con trabajo y esmero seguramente puedes hacerla realidad. Estás en un proceso de perfeccionamiento que aún no termina. Es aún más difícil visualizar una imagen perfecta de ti misma. Sin embargo, ocurrirá el día en que te encuentres con Cristo, pues serás transformada. Serás como Él. (MG)

El Señor cumplirá Su propósito en mí.

DAVID

PARTE DE UN REBAÑO

El Señor es mi Pastor; tengo todo lo que necesito. —NTV

SALMOS 23:1

Si tuvieras que ser un animal, ¿cuál elegirías? He oído muchas respuestas: delfín, mariposa, tigre, incluso araña, pero difícilmente escucho la palabra: oveja. Sin embargo, Dios usó a dicho animal para hablar de nosotros, Su rebaño.

A diferencia de otros animales que tienen garras o filosos dientes, púas o veneno, o que pueden mimetizarse con el ambiente y esconderse de sus depredadores, las ovejas requieren de un pastor que las alimente, cuide y defienda.

Los seres humanos somos frágiles. Necesitamos de un pastor, y Jesús quiere serlo, si se lo permitimos. Él es un Pastor que ya dio Su vida por nosotros, y que promete que nada nos arrebatará de Su mano. Aún más, este Pastor nos ha dado todo lo que necesitamos.

¿Todo? ¿Y qué de las muchas cosas que aún anhelamos, desde un auto hasta un novio? Podemos decir con confianza que en Él tenemos todo lo que necesitamos. Al ir conociendo más a tu Pastor, comprenderás que no hace falta más que Su presencia para transitar por este sendero llamado vida, y que Él te guiará a los mejores pastos. Confía en Él, y Él hará. (KOH)

Ya que mi Pastor es Cristo, tengo todo lo que necesito.

LA DECISIÓN MÁS IMPORTANTE

Si con tu boca reconoces a Jesús como Señor, y con tu corazón crees que Dios lo resucitó, alcanzarás la salvación. —DHH

ROMANOS 10:9

¿Qué piensas cuando oyes la palabra «Señor»? En los tiempos bíblicos y aun en la Edad Media, era la palabra con la que los esclavos se referían a sus amos. Un esclavo era maltratado, sin derechos ni decisiones propias. Pero se cuentan maravillosas historias de esclavos que fueron comprados para ser liberados. Muchos de esos esclavos renunciaban a esa libertad para servir voluntariamente a quien los había liberado.

Tú eres «esclava» de cosas que te traen muchos problemas. Probablemente sean: orgullo, mentiras, enojo, rebeldía, desobediencia, depresión, malas compañías, o ¿drogas? Esa esclavitud la ejerce un dueño malvado: el diablo, quien, además de darte problemas aquí en la tierra, arruinará tu eternidad.

La maravillosa historia de la Biblia cuenta que Jesucristo te consideró valiosa y decidió amarte y liberarte de ese dueño perverso. Se hizo hombre y negoció tu precio: Su vida misma. Así que murió torturado en una cruz pero… ¡resucitó! Ahora eres libre para decidir si sigues bajo la esclavitud del amo anterior o si pasas a ser propiedad de Jesús. La mejor decisión es entregarte a Él y decirle: «Quiero que seas mi Señor, quiero ser tuya». (YF)

Y toda lengua confiese que Jesucristo es Señor, para gloria de Dios Padre.

PABLO

LOS ANILLOS DE OLIVIA

El prudente se anticipa al peligro y toma precauciones. El simplón avanza a ciegas y sufre las consecuencias. —NTV

PROVERBIOS 22:3

A mi amiga Olivia le gustaban las joyas, tanto así que traía un anillo de oro en cada dedo de las dos manos. Cuando nos visitó de Estados Unidos, le sugerimos que limitara el uso de sus llamativas alhajas. No estaba en su pequeña ciudad en Iowa sino en el Distrito Federal. Pero ella no hizo caso.

Al otro día fue a la farmacia con mi mamá y un joven sacó una pistola y le quitó todos sus anillos. Agradecemos a Dios que su imprudencia no costó la vida de alguien, sino solo la pérdida material de los anillos, pero puso en riesgo al dependiente de la farmacia y a mi mamá.

La prudencia se rige por la cautela. Trae a la memoria las experiencias pasadas, escucha el consejo del más experimentado y actúa con precaución. En la juventud y adolescencia a veces actuamos con imprudencia. Conducimos a alta velocidad, nos desvelamos cuando no conviene y no comemos en horario.

Muchas veces no «pasa nada». Sin embargo, la Biblia es clara. Si avanzamos a ciegas, sufriremos las consecuencias. Usa de la prudencia y escucha a tus padres y maestros. Aunque de momento ciertas acciones parezcan «divertidas», recuerda lo que dice el historiador romano Tito Livio: «No des la felicidad de muchos años por el riesgo de una hora». (KOH)

Jóvenes inexpertos... ¡aprendan a ser prudentes!

SALOMÓN

NO TE CREAS MUCHO

No sean tan orgullosos como para no disfrutar de la compañía de la gente común. ¡Y no piensen que lo saben todo! —NTV

ROMANOS 12:16

Una vez me hospedé durante varios días en un pueblo indígena de nuestro Estado, con un pastor y su familia. Estaba revisando un diccionario bilingüe de la lengua y del español. Por alguna razón estaba yo frustrada y molesta. «No se enoje, hermana», me dijo mi anfitrión. Me sentí apenada y hasta cierto punto humillada por mi falta de control propio.

Yo, la mujer que tenía más estudios, que quería «servir a Dios», había quedado mal ante un cristiano más «humilde» en más sentidos que el de la pobreza. Me di cuenta de que mi orgullo se había lastimado y que hasta cierto punto me había sentido superior, sin tener bases reales para hacerlo.

Jesús mismo se vistió de siervo al lavarles los pies a Sus discípulos y les dijo que ellos debían estar dispuestos a humillarse de la misma manera. ¿Alguna vez has hecho una «práctica misionera» en una zona rural o indígena? Es fácil sentirte mejor por tu condición económica o social, pero ¡cuidado!

Descubrirás que muchos cristianos en estos lugares tienen más entrega a Dios que tú, aun cuando en ciertas áreas tengan menos conocimiento. Procura aprovechar este tipo de oportunidades para abrir tus ojos a otras realidades de tu país, pero permite que Dios te enseñe a aprender de otros y servir con verdadero corazón humilde. (MHM)

Compárate con Cristo, no con los demás, y verás lo mucho que te falta.

LO MÁS IMPORTANTE

Y sobre todas estas cosas vestíos de amor,
que es el vínculo perfecto. —RVR1960

COLOSENSES 3:14

En algunos concursos de belleza como el de «Miss Universo», no solo se reconoce a la belleza externa y a la inteligencia de las participantes. El premio «Miss Simpatía» es para la chica que no solamente es la más popular durante la competencia, sino que también es una persona abierta que se interesa de forma natural por las personas que le rodean y no está centrada en sí misma.

Cada mañana, elegimos nuestro atuendo, a veces con más cuidado que otras dependiendo de nuestra agenda diaria. Hay un accesorio indispensable para la verdadera belleza de una mujer. El complemento más importante para la belleza externa es uno relacionado con la belleza interna: el amor. El amor es una decisión. Podemos elegir vestirnos de amor cada mañana.

¿Cómo podemos expresar amor a quienes nos rodean? Experimentando empatía y no apatía. Demostrando cariño por los demás y aceptándoles como ellos son. Perdonando las acciones que no nos agradan en los demás. Expresando palabras de reconocimiento, abrazos o sonrisas. No centrándonos tanto en nosotras mismas sino pensando en las necesidades de otros.

Cada mañana, al mirarte al espejo, antes de salir de tu recámara, no olvides el accesorio más importante y recuerda el buen consejo bíblico antes de salir de tu habitación: vístete de amor. (MG)

Ámame cuando menos lo merezca,
es cuando más lo necesito.

DILIGENCIA

¿Has visto a alguien diligente en su trabajo? Se codeará con reyes, y nunca será un Don Nadie. —NVI

PROVERBIOS 22:29

Disfruto mucho la historia bíblica donde Abraham decide buscarle esposa a su hijo, y encarga a Eliezer, su mayordomo, que busque una jovencita digna de él. Me imagino el peso de la responsabilidad que sintió Eliezer. Pero decidió hacer lo que mejor sabía: orar. Y en su oración, pidió que la chica elegida fuera diligente.

Él reconocería a la próxima coheredera de uno de los hombres más ricos de la época, si ella ofrecía darle agua a él y a sus camellos. Si un camello puede pasar hasta diez días sin agua y, para reponerse, bebe hasta 100 litros de agua en un momento, y si el viaje de Eliezer y sus acompañantes fue de al menos veinte días y llevaban diez camellos, tal vez Rebeca tuvo que sacar casi mil litros de agua solo para los camellos. ¡Y lo hizo!

Otra palabra para diligente es «acomedida». Rebeca no sabía que su vida se transformaría solo por su diligencia. Cuando visitas o alguien te invita, ¿te acomides a ayudar al ama de casa? ¿Te ofreces a lavar los platos? ¿Ayudas cuando alguien está teniendo problemas? El diligente sabe que tiene una tarea para hacer y con buena actitud la hace. ¡Quién sabe y llegues a ser parte de la nobleza! (YF)

¡Maldito el que no haga con gusto el trabajo que el Señor encarga!

JEREMÍAS

CON «C» DE COMPASIÓN

Deben ser compasivos, así como su Padre es compasivo. —NTV

LUCAS 6:36

*A*ntes de casarme leí un libro donde se señalaba uno de los ingredientes principales del matrimonio. Pensé en el amor, la comunicación o el respeto, pero el autor mencionaba la compasión. Desde hoy puedes empezar a practicar este importante valor que no solo te dará un buen noviazgo y luego matrimonio, sino que te ayudará en todas tus relaciones personales.

La compasión es un movimiento del alma que nos hace sensibles al mal que padece otro ser. Nos pone, por así decirlo, en los zapatos del otro. Eso hizo Jesús cuando vino al mundo para salvarnos. ¿Tú practicas la empatía?

La compasión también comprende el estado emocional del otro. Esto hace que seas sensible a cuando tu mamá tiene un mal día y la ayudas a lavar los trastos sucios, o a que si tu hermana está festejando una buena calificación, tú te unas a sus porras.

Finalmente, la compasión desea aliviar o reducir el sufrimiento del otro. Esto implica sacrificio, y recordemos que un amigo es quien pone su vida por otro. Jesús lo hizo por nosotras; debemos imitarlo. La compasión es fundamental, pues ayuda a sentar las bases para una relación duradera. Basta revisar los antónimos para imaginar cómo es una persona sin compasión: cruel, inhumana e insensible. ¡Qué horror! Mejor seamos compasivas. (KOH)

Dios bendice a los compasivos.

JESÚS

DIOS NO SE ENGAÑA

Miren a los que son buenos y honestos, porque a los que aman la paz les espera un futuro maravilloso. —NTV

SALMOS 37:37

Un ingeniero acababa de recoger una carpeta de estudios médicos en el hospital. Después, distraído, dejó sus estudios en el carrito del supermercado. Cuando se dio cuenta, regresó alarmado para indagar si habían encontrado sus papeles, pero «no sabían nada». Insistió que revisaran los videos de la tienda; días después se comunicaron con él. El responsable había sido el jefe de los guardias de seguridad. Esta persona dió algún pretexto y devolvió los documentos.

Imaginemos a Ananías y Safira cuando se descubrió su mentira; no tuvieron ni tiempo de exclamar: «¡La regamos!». Aunque este caso fue bastante extremo, en muchos más vemos que Dios desea que reconozcamos nuestro pecado y nos reconciliemos con Él. No es un viejo regañón que solo desea atraparnos y castigarnos. Le duele nuestra deshonestidad. El Espíritu Santo que habita en nosotros se entristece pues representa una pérdida de nuestra unión con el Señor.

¿Alguna vez cometiste alguna acción deshonesta? Posiblemente pensaste que era algo tan insignificante que no importaba mucho; tal vez te disculpaste con una excusa insulsa y trataste de olvidarlo. Pero algún día «el video de Dios» hizo que te remordiera la conciencia y procuraste reparar el daño, por difícil que resultara hacerlo. ¡Bien! Es esencial restaurar tu relación con Dios y a quienes hayas lastimado. (MHM)

La hermosura que se acompaña con honestidad es hermosura, y la que no, no es más que un buen parecer.

MIGUEL DE CERVANTES

SÉ DIFERENTE

No estén tristes, pues el gozo del Señor
es nuestra fortaleza. —NVI

NEHEMÍAS 8:10B

Un ejercicio frecuente en el programa de televisión «Plaza Sésamo» consistía en poder identificar las diferencias entre varios objetos. La canción decía: «Una de estas cosas no es como las otras, es diferente de todas las demás. Adivina cuál es diferente de las otras».

Quienes tenemos a Jesús en el corazón, deberíamos ser diferentes de quienes no lo tienen. Debería ser fácil identificarnos de otros por nuestro gozo. No podemos fingir una vida gozosa.

El gozo verdadero y permanente es una consecuencia de varios factores. La salvación produce gozo. Perdonar, dejar nuestras cargas cada día sobre la cruz, desarrollar nuestros dones, ocuparnos en las cosas de Dios y ayudar a los demás son otros factores que nos equilibran.

El filósofo alemán Federico Nietzsche, quien fue ateo y luchó contra el cristianismo, dijo: «Creería más en su salvación si se vieran como personas que hubieran sido salvadas». ¡Los cristianos gozosos son buena publicidad para el cristianismo!

¿Hay cosas en tu vida que te están robando el gozo? Haz una lista de ellas y escribe algo que puedas hacer hoy para no seguir permitiendo que esas cosas debiliten tu luz. Haz también una lista de todas las razones por las que puedes gozarte en el Señor y toma la decisión de estar siempre gozosa. (MG)

El gozo no es solo un accesorio de la vida cristiana. Es la señal de que estamos viviendo en el amor de Dios y que ese amor nos satisface.

ANDREW MURRAY

EL QUE PERSEVERA

Tú guardarás en completa paz a aquel cuyo pensamiento en ti persevera; porque en ti ha confiado. —RVR1960

ISAÍAS 26:3

Tomás Alba Edison, uno de los grandes inventores tiene entre sus creaciones el fonógrafo, el telégrafo impresor, el micrófono de carbón y la bombilla eléctrica. Se dice que para tener lista una bombilla, Tomás «fracasó» en mil intentos, hasta que por fin obtuvo una y, después de patentarla, se dedicó a perfeccionarla.

Si él se hubiera desanimado en las primeras pruebas, probablemente no tendría el honor de ser reconocido como el inventor del foco.

¿Vale la pena ser perseverante? ¡Claro! El mismo Señor Jesús nos aconseja serlo. En la parábola de la viuda y el juez injusto, quizá por pereza, o porque esta mujer no era alguien importante, o porque no tenía dinero, este juez no le hacía justicia. Pero ella se había propuesto insistirle día y noche hasta que él, sintiéndose fastidiado, la ayudó.

Tu perseverancia puede lograr cosas que nadie más ha logrado. Tu perseverancia puede hacerte mejor estudiante, mejor trabajadora, mejor hija de Dios. Perseverar en la oración, te dará esa petición que piensas que el Señor ya ha olvidado. Persevera en leer la Palabra de Dios y serás una mujer sabia. Persevera en ser una mujer fiel, y verás coronados tus esfuerzos con grandes bendiciones. (YF)

El que persevera, alcanza.

PROVERBIO POPULAR

ES MEJOR DAR

Deben recordar las palabras del Señor Jesús: "Hay
más bendición en dar que en recibir". —NTV

HECHOS 20:35

¿Has estado en un intercambio de regalos? ¿No te ha pasado que te esfuerzas por comprar un hermoso presente, digamos, una caja de bombones, y recibes solo una pequeña goma de mascar? ¿Cómo te has sentido? ¿Decepcionada, frustrada, enojada?

Quizá esto pasa porque estamos pensando en recibir y no en dar, pero Jesús nos enseñó lo contrario. Aun sabiendo que nosotras jamás podremos pagar Sus bendiciones, Él se goza desbordando nuestra copa con multitud de obsequios celestiales como amor, gozo y paz.

La generosidad es una inclinación por dar y compartir sin esperar nada a cambio. Se muestra cuando tenemos visitas y les damos nuestra propia cama y ocupamos la alfombra. Estamos diciendo sin palabras que nuestros invitados son importantes, tan importantes que les damos lo mejor.

Generosidad es pensar en lo que vas a regalar, buscando una sonrisa o un beneficio para el que lo recibe. Generosidad es decir palabras amables que afirmen a los demás. Generosidad es detectar lo que otros necesitan y suplirlo. Como dijo John Wesley: «Haz todo el bien que puedas, por todos los medios que puedas, de todas las formas que puedas, en todos los lugares que puedas, todas las veces que puedas, a todas las personas que puedas, todo el tiempo que puedas». (KOH)

Cuando el amor proviene de la Fuente de la
Vida Eterna, tus arroyos jamás se secarán.

CIUDADES AMURALLADAS

Como ciudad derribada y sin muro es el hombre
cuyo espíritu no tiene rienda. —NVI

PROVERBIOS 25:28

«Estaba fuera de mis casillas». «No lo pude resistir». «La carne es débil». «Así soy yo, ni modo». Estas son algunas de las maneras con que excusamos nuestro comportamiento indebido: una palabra hiriente, una mentira, una acción que solo alimenta la naturaleza carnal.

La falta de dominio propio se disculpa con «soy humana» en vez de reconocer que es ponernos a la merced del pecado —¡que ya no es nuestro dueño! — en vez de actuar como personas controladas por un nuevo Dueño.

Andar a rienda suelta es andar como un caballo sin domar. Puede parecer algo que nace de uno mismo, pero en Gálatas 5:22-23 leemos que el fruto del Espíritu incluye la templanza, es decir, el dominio propio. Como cristianas no podemos encogernos de hombros y decir «así soy», ya que la nueva naturaleza en Cristo ¡nos hace personas renovadas!

Dios te ha hecho una hermosa ciudad amurallada, protegida por Él y Su Espíritu. En la antigüedad estas ciudades eran las que resistían al enemigo y sus flechas. No dejes que te derriben meros seres humanos o malos hábitos. No descuides ninguno de tus muros, ya que por una pequeña rendija puede empezar una derrota grande. Que Jesucristo mismo sea tu fortaleza y refugio siempre. (MHM)

Doble victoria tiene aquel quien se conquista a sí mismo.
JYRUS

SIGUE LA PAZ

Apártate del mal, y haz el bien; busca la paz, y síguela. —RVR1960

SALMOS 34:14

Un hombre contrató a un albañil para que construyera una pared gigante para separar su casa de la de su hermano que vivía al frente. El albañil preguntó por qué quería construir esa pared. El hombre le dijo que habían tenido una diferencia y su hermano había desviado un río para que pasara entre las dos propiedades para que quedaran separadas. Entonces él quería una pared gigantesca para no verlo. Le dejó los materiales al albañil y se marchó a cumplir unos compromisos a otra ciudad.

Cuando regresó, en vez de encontrar la pared divisoria, se encontró con que el albañil había construido un puente que cruzaba el río y unía las dos propiedades. Al ver el puente, el hermano que había desviado el río, vino llorando para pedir perdón a su hermano y se reconciliaron. Ambos pidieron al albañil que se quedara un tiempo a celebrar el reencuentro, a lo que este contestó: «No puedo quedarme porque tengo que construir muchos puentes más».

Buscar la paz con otros y demostrarlo con todos nuestros actos no es fácil, pero la Biblia nos recomienda buscar siempre la paz y esperar en la justicia de Dios. Cuando te sientas enojada, recuerda que es Dios quien pelea tus batallas. Sé paciente.

Construye puentes. Sigue siempre el camino de la paz. (MG)

No basta con hablar de paz. Uno debe creer en ella y trabajar para conseguirla.
ELEANOR ROOSEVELT

¿ESTARÍAS DISPUESTA?

*Hermanos, os ruego por las misericordias de Dios
que presentéis vuestros cuerpos como sacrificio
vivo y santo, aceptable a Dios.* —LBLA

ROMANOS 12:1

¿Será que «sacrificio vivo y santo» significa abstenerse de pecar, servir a otros y compartir la Palabra de Dios? Sabemos que estas tareas en sí, no son un sacrificio y que hasta podemos disfrutarlas, ¿verdad? Sin embargo, ha habido quienes han sido exhibidos como tontos o como fanáticos por negarse a participar de las maldades de otros.

Ha habido algunos que han sido torturados y muertos por no negar su fe. Hay quienes han sido asesinados y echados de sus tierras. Incontables hermanos misioneros han encontrado la muerte al querer bendecir a otros con la salvación.

Estos héroes nos han demostrado que ser un sacrificio vivo y santo involucra más que no pecar o tener un ministerio. Se han dado por entero y con pasión a su Señor y han querido ser fieles hasta la muerte. ¡Y todo por amarle!

¿Cuánto estás dispuesta a sacrificar por tu Rey? ¿Sigues la corriente de los amigos o te mantienes en santidad para Él sufriendo burlas o desprecios? ¿Has pensado en servirle en forma más profunda? ¿Quizá como misionera? Recientemente, Corea del Norte decretó sentencia de muerte a quien introdujera Biblias a su territorio. ¿Aceptarías el reto? Lee biografías de misioneros como Hudson Taylor, Eric Liddell, Jim Elliot. Que tu vida sea un sacrificio vivo. (YF)

*Sacrificio es no renunciar a las cosas, sino dar
a Dios con alegría lo mejor que tenemos.*

A TIEMPO

Que estén siempre llenos del fruto de la salvación —es decir, el carácter justo que Jesucristo produce en su vida. —NTV

FILIPENSES 1:11

Se cuenta de un dependiente en Nueva York que siempre abría su negocio a las seis en punto de la mañana. A esa misma hora, siempre pasaba por ahí un caballero como parte de su rutina. No cruzaban palabra, pero durante meses ambos coincidieron en el mismo lugar. Una mañana, el caballero ya no apareció. Por la tarde, un contador buscó al dependiente para comentarle que el hombre mayor había muerto, pero le había dejado su fortuna y su negocio.

¿Por qué? Porque al ver su puntualidad y diligencia, el caballero evaluó su carácter y supo que ese hombre era confiable. Esto no significa que si somos puntuales nos volveremos millonarias, pero la puntualidad habla mucho de los frutos que producimos.

Nuestro Señor Jesús seguramente fue puntual pues esta cualidad nos habla de administración y honra. La puntualidad nos hace administrar nuestro tiempo sabiamente. Si te cuesta llegar temprano a tus citas, ¡despierta una hora antes o duerme más temprano! Todo es cuestión de organizarte.

Pero la puntualidad también habla de honrar el tiempo de los demás y así mostrar tu respeto por ellos. Llegar a tiempo a las reuniones, terminar a tiempo una cita, no abusar de los demás, son muestras de un carácter como el de Jesús. Que tu vida esté «a tiempo», porque esto traerá gloria a Dios. (KOH)

Muestra estima a otros haciendo lo que es correcto en el momento oportuno.

ANÓNIMO

OBEDECER ES SER CONSECUENTE

Aunque era Hijo de Dios, Jesús aprendió
obediencia por las cosas que sufrió. —NTV

HEBREOS 5:8

*S*e dice que durante la guerra civil en Estados Unidos, el presidente Abraham Lincoln se reunió con un grupo de ministros en un desayuno de oración. Lincoln era un hombre de fe, aunque a veces no muy ortodoxa. En algún momento uno de los pastores declaró: «Señor presidente, pidamos que el Señor esté de nuestro lado». La respuesta de Lincoln mostró una gran percepción: «No, caballeros, ¡oremos que estemos del lado de Dios!».

Estar del lado de Dios implica estar dispuestos a obedecerle a Él y a las autoridades que ha puesto en nuestra vida, por difícil que nos parezca. La obediencia es uno de los valores que más nos cuesta poner en práctica; de hecho es la base sobre la que se fundamentan muchos valores más.

Obedecer significa poner a un lado mi «viejo yo» y lo que creo que me conviene. Significa amar al enemigo y ser honesto cuando los demás se burlen de mí por hacerlo. Algo sorprendente es este versículo que nos dice que incluso Jesús tuvo que aprender la obediencia. No iba camino a la cruz con un deseo masoquista de sufrir.

¿Te cuesta obedecer algo que el Espíritu te ha mostrado que es importante? Él te dará la fortaleza de ser consecuente con tu fe. (MHM)

La obediencia voluntaria siempre es mejor que la forzada.

JENOFONTE

CHISPAS DE BONDAD

*Por lo tanto, siempre que tengamos la oportunidad, hagamos
bien a todos, y en especial a los de la familia de la fe.* —NVI

GÁLATAS 6:10

Joel es un joven bondadoso. Desde hace tiempo empezó a visitar a los niños con cáncer en el hospital. Con el tiempo empezó a conseguir ropa para los que la necesitaban. En ocasiones urgentes donaba sangre y empezó a ayudar a conseguir otros donantes por medio de Facebook. Inició un proyecto de recolección de basura reciclable con el fin de obtener fondos para poder mejorar la calidad de vida de los niños.

Ania es otra jovencita bondadosa. Ella y su mamá preparan una gran olla de guisado caliente para salir a repartirla en Nochebuena a las personas necesitadas que viven en las calles. Decidieron hacerlo porque no se sentían bien al sentarse ante una abundante mesa navideña pensando que había personas que no tendrían algo caliente que llevarse a la boca.

No solo Joel y Ania poseen sentimientos de bondad. Dios nos creó a Su imagen y semejanza. Poseemos chispas de bondad en nuestra naturaleza humana que reflejan el carácter de Dios. Dios es un Dios bueno, y cuando Él mora en nuestros corazones podemos reflejar esa bondad.

Tú tienes esas chispas de bondad en tu interior. Es posible que ya te encuentres alumbrando a otros con ellas o que estés por empezar.

Cuando aprendemos a identificar las necesidades de otros, experimentamos inexplicable gozo y satisfacción, porque quien da es bienaventurado, que significa «doblemente feliz».

¿Qué podrías hacer hoy? (MG)

Buscando el bien de nuestros semejantes, encontramos el nuestro.

PLATÓN

¿TODO EN ORDEN?

Y todo lo que te venga a la mano, hazlo con todo empeño. —NVI

ECLESIASTÉS 9:10

Cuando hablamos de responsabilidad, creemos que el trabajo a nuestro cargo merece todo nuestro empeño. Una persona responsable vigila que todo salga bien y a tiempo. Están en juego su prestigio y probablemente su salario.

Todas nosotras tenemos en mente a una compañera de escuela que siempre se distinguió por ser responsable. ¿Recuerdas a esa chica que siempre llegó temprano, muy limpiecita y arregladita y que traía todas sus tareas bien hechas y sus lecciones aprendidas? Todo el mundo quería sentarse junto a ella porque los compañeros y los maestros la respetaban.

Esto me recuerda la historia bíblica de José. Cuando sus hermanos lo vendieron y llegó a Egipto, se dio a conocer como un hombre responsable. Su amo no dudó en dejar en sus manos toda su casa. Además, dice la Biblia que era de hermoso semblante y bella presencia. Además de guapo, era cuidadoso de su persona. Cuando fue difamado y encarcelado, el encargado de la cárcel vio en él la misma cualidad que caracterizaba su vida: responsabilidad, ¡y dejó toda la cárcel bajo su mando!

Como creyentes, tú y yo estamos comprometidas a ser ejemplos de responsabilidad. Nuestra vestimenta debe estar siempre presentable; nuestros instrumentos de trabajo deben reflejar orden y cuidado; las tareas que nos son confiadas, deben ser hechas con fidelidad. Cuando muramos, nos recordarán por haber sido responsables. (YF)

El precio de la grandeza es la responsabilidad.
WINSTON CHURCHILL

UNA DISCULPA HISTÓRICA

*Perdónense unos a otros, tal como Dios los ha
perdonado a ustedes por medio de Cristo. —NTV*

EFESIOS 4:32

El 17 de febrero de 2000, el entonces presidente de Alemania, Johannes Rau, pidió ante el Parlamento de Israel perdón por la responsabilidad de su país en la muerte de seis millones de judíos durante el gobierno nazi. ¿Pero cómo pueden unas palabras borrar el genocidio y las atrocidades cometidas? Sin embargo, lo que Dios nos manda es perdonar, sin importar las circunstancias.

Suena casi imposible. Cuando en verdad te han herido, quizá las palabras no alcanzan para pedir perdón ni para otorgarlo. ¿Y qué es más difícil: pedir perdón o concederlo? Como seres humanos no podemos lograr ni lo uno ni lo otro, pero cuando Jesús vive en nuestras vidas lo podemos conseguir.

Dios nos pide que perdonemos como Él lo ha hecho. Él, por medio de Jesús, nos ha perdonado y reconciliado. Se ha olvidado de nuestros pecados; los ha echado al fondo del mar. No se la pasa recordándonos nuestras deficiencias pasadas, sino que nos invita a seguir adelante.

Si has fallado, pide perdón. Trágate tu orgullo y reconoce tu falta. Si alguien te pide perdón, concédelo con sinceridad.

Conocí a un fiel siervo de Dios que perdonó al hombre que atropelló a su hijita. Supongo que no fue fácil, ya que la niña murió debido al accidente, pero él dice que al perdonar se sintió libre, y más aún, al perdonar, el hombre asesino creyó en Jesús. (KOH)

*Solo los espíritus valerosos saben la
manera de perdonar. Un ser vil no perdona
nunca; no está en su naturaleza.*

LAWRENCE STERNE

OTRO RETO

Sean agradecidos en toda circunstancia, pues esta es la voluntad de Dios para ustedes, los que pertenecen a Cristo Jesús. —NTV

1 TESALONICENSES 5:18

*E*n fechas recientes se han lanzado varios retos en las redes sociales como el de invitar a unos amigos a publicar cinco cosas diarias por las que uno está agradecido durante una semana. Si le has entrado, habrás visto que ¡quieres seguir durante más tiempo! Se dice que expresar la gratitud con frecuencia realmente tiene el efecto de cambiar nuestra actitud predominante, ya que es demasiado fácil dejarnos dominar por las quejas sin ver cuántas bendiciones recibimos a diario.

La Biblia está repleta de exhortaciones a dar gracias a Dios. Algo que distingue el enfoque cristiano del de Facebook, sin embargo, es que nos recuerda que «en todo» debemos estar agradecidos. Como sabemos, Pablo aprendió a estar contento en cualquier situación.

Filipenses 4:6 nos recuerda que en vez de estar ansiosos, hay que presentar nuestras peticiones a Dios, dando gracias a la vez. Esa actitud, de creer que Dios ya tiene la respuesta, permite que la nube de preocupación se disipe.

Si se te hace imposible dar gracias sin importar lo que pase, recuerda que no dice «por todo», sino «en todo» o «en toda circunstancia». Que no te ganen la murmuración ni la autocompasión. Deja que un corazón agradecido cambie tu enfoque. (MHM)

Una actitud de gratitud te llenará de plenitud.

EL VALOR DE LA AMABILIDAD

*Porque el siervo del Señor no debe ser contencioso,
sino amable para con todos.* —RVR1960

2 TIMOTEO 2:24

*H*e tenido la oportunidad de viajar en el metro en diferentes países. En dos de ellos he experimentado el gesto amable de los caballeros al cederme su asiento: en Francia y en Inglaterra. La sensación de recibir un gesto amable es agradable y sobrecogedora. Te hace sentir especial.

La palabra amabilidad proviene del latín *amare* que significa «amar». El sufijo «idad» indica que es una cualidad. Así que al hablar de amabilidad estamos aludiendo al amor. Una persona amable expresa amor con sus acciones. La Biblia dice que no seamos contenciosas sino amables. Resalta el contraste de la amabilidad como una actitud positiva frente a la actitud negativa de tener un espíritu con tendencia a la pelea.

Cuando Jesús vivió en la tierra fue una persona amable con todos y también con las mujeres. En una ocasión le trajeron a una mujer adúltera buscando apedrearla por su pecado. Sin embargo Jesús hizo darse cuenta a los demás que todos cometemos faltas. Y a ella le dijo: «Ni yo te condeno, vete y no peques más».

Así como Jesús perdona nuestras faltas, nosotros podemos mostrar amor con nuestras actitudes a los demás, aun cuando hacen cosas incorrectas. Recuerda lo especial que te has sentido cuando alguien ha sido amable contigo y hazte el propósito de hacerle sentir lo mismo a las demás personas. (MG)

He aprendido que la gente puede olvidar lo que le dijiste, puede olvidar lo que hiciste, pero nunca olvidará cómo la hiciste sentir.

MAYA ANGELOU

¿CONTENTA?

Así que, teniendo sustento y abrigo, estemos contentos con esto. —RVR1960

1 TIMOTEO 6:8

Contenta: una palabra para definir que estoy a gusto con lo que tengo, con lo que soy y con lo que Dios está haciendo en mi vida. Un estado del corazón en el que hay un agradecimiento por no estar en una situación diferente y que es expresado en nuestras oraciones.

Me impactó mucho la historia de un hombre que fue a la India para recuperarse de un problema emocional. Este hombre cuenta que visitaba un barrio pobre e iba comiendo un pedazo de pan cuando vio cómo una madre cortaba con un hacha el brazo de su hijo para que pudiera mendigar. De la impresión, el pan se le cayó y numerosos niños lisiados llegaron a arrebatar el pedazo de pan.

A partir de esa experiencia, este hombre pudo valorar lo que tenía: un cuerpo completo y con salud; la comida que incluso podía escoger; un trabajo que le permitía solventar sus necesidades; gente que lo amaba; lo que había logrado en su vida.

¿Crees que mereces más de lo que tienes? ¿Te quejas porque te falta esto o aquello? Dios dice que va a proveernos de lo necesario, pero eso no incluye caprichos o berrinches.

¿Necesitamos experiencias tan impresionantes como esta para agradecer lo que tenemos? (YF)

El contentamiento no es la realización de lo que queremos, es el reconocimiento de lo mucho que ya tenemos.

ANÓNIMO

ANTE LAS CANAS

*Ponte de pie en la presencia de los ancianos
y muestra respeto por las personas de edad.
Teme a tu Dios. Yo soy el Señor.* —NTV

LEVÍTICO 19:32

Mi abuelita materna pasó sus últimos años con severas deficiencias físicas y mentales. En ocasiones nos daban risa sus locuras, pero en otras nos colmaba la paciencia. Parecía que en casa había una niña de cinco años y no una ancianita de 70. Sin embargo, jamás olvidaré el respeto con el que mi madre la trató, aun en sus condiciones. La abrazaba, conversaba con ella y la atendía como si mi abuelita estuviera al cien por ciento.

Vivimos en una sociedad donde ya no se respeta a los adultos mayores. Los chicos se burlan de los abuelos. Los abuelos son relegados a casas de asistencia y se considera un «martirio» escuchar sus historias. En muchos de nuestros hogares y de nuestras iglesias, no se les da el lugar de honor.

Pero la Biblia es clara. No nos dice que ellos se deben ganar el derecho a ser respetados, como hoy se nos enseña. Indica que en presencia de los ancianos —sean como sean y estén donde estén— debemos mostrar respeto.

Quizá parezca que no ganamos mucho con mostrar aprecio por los de más edad, pero nos equivocamos terriblemente. Si somos sabias, encontraremos en los ancianos buenos amigos, increíbles anécdotas y sabios consejos. (KOH)

La mujer bondadosa se gana el respeto.

SALOMÓN

AMIGA VERDADERA

Hay quienes parecen amigos pero se destruyen unos a otros; el amigo verdadero se mantiene más leal que un hermano. —NTV

PROVERBIOS 18:24

El perro Hachiko es todo un símbolo de la lealtad en Japón. El can de raza akita iba a esperar a su amo —el profesor Ueno— a la estación de trenes todos los días sin faltar. En mayo de 1925, el profesor no regresó, pues había fallecido de un paro cardiaco. Hachiko se quedó a vivir en el mismo sitio frente a la estación, esperando a su amo durante los siguientes nueve años de su vida. Junto a la tumba del profesor, hay un monolito en honor a Hachiko.

Nuestro proverbio subraya la importancia de la lealtad en un verdadero amigo. En la amistad sincera no hay chismes destructivos, ni palabras hirientes. Ser leal es comprometerse de manera sincera y respetar la confidencialidad. Refleja un amor que «nunca se da por vencido, jamás pierde la fe, siempre tiene esperanzas y se mantiene firme en toda circunstancia» (1 Cor. 13:7, NTV).

David y Jonatán son un excelente ejemplo bíblico de esa fidelidad. Las mujeres tendemos a ser muy sensibles, y algunas, por cualquier cosa o por celos, ya no hablan con la que antes era buena compañera. ¡Tú puedes ser diferente! El Señor te puede hacer esa persona que sabe mantener a las amigas que realmente valen la pena, al mostrar lealtad. (MHM)

La lealtad es la promesa de la verdad a uno mismo y a los demás.

ADA VÉLEZ

VALE LA PENA ESPERAR

Bueno es Jehová a los que en él esperan,
al alma que lo busca. —RVR1960

LAMENTACIONES 3:25

Se requirió paciencia para renovar la iluminación de la Capilla Sixtina, el espacio artístico más importante de la historia. Después de tres años de trabajos, 7000 puntos de luz basados en lámparas led que emiten poco calor iluminan la capilla, incluyendo la pintura *El juicio final*, en la que Miguel Ángel invirtió un año solo en hacer el boceto. Quinientos años más tarde seguimos contemplando esta obra pensando que su tiempo fue bien invertido.

Dios quiere hacer de tu vida una obra de arte. Para lograrlo, vas a necesitar paciencia. En la vida hay un tiempo correcto para todo. Mientras llega el día, puedes aguardar con esperanza o desesperarte y adelantar las cosas cuando todavía no están listas. En este caso, el resultado tal vez ya no se parezca al boceto original de Dios.

No desesperes. A su tiempo, Dios cumplirá Su propósito en ti. Deléitate en Él y concederá tus peticiones. Ni un segundo antes y ni un segundo después de su tiempo, terminarás tus estudios, la pareja idónea llegará, recibirás lo que tu corazón anhela y aun más. Cuando los años pasen te darás cuenta que valió la pena esperar. (MG)

La clave de la paciencia es ocuparte en algo mientras esperas.

LA ESPERANZA NO AVERGÜENZA

Y esa esperanza no acabará en desilusión. —NTV

ROMANOS 5:5

Brittany Maynard ha pasado a la historia, pues a los 29 años, diagnosticada con cáncer cerebral, decidió elegir el día de su muerte. Su anuncio causó polémica, pero también tristeza. Brittany eligió morir porque desconocía la esperanza.

Para los que no conocen a Cristo, la esperanza es un valor que les permite sostenerse para salir adelante en sus propias fuerzas. Sin embargo, cuando «nuestras propias fuerzas» se acaban, como en el caso de una enfermedad terminal o una muerte segura, ¿con qué se queda la gente? Bien dice la Biblia que sin Cristo vivimos sin esperanza.

Sin embargo, si tú ya eres hija de Dios, tienes una esperanza segura. Puedes tener ánimo en el día de la aflicción, sí, aun en medio de una enfermedad o la persecución, sabes que Dios tiene todo bajo control y que la muerte no es el final, sino el principio de la eternidad con Jesús.

Si nuestra esperanza en Cristo es solo para esta vida, somos dignas de conmiseración. Pero es para el hoy y el mañana pues nuestro Dios es el Dueño de todo y nuestra esperanza es un ancla firme y confiable porque es imposible que Dios mienta.

¿Conoces todas Sus promesas? La Escritura nos dan esperanza y ánimo mientras esperamos con paciencia a que se cumplan las promesas de Dios. (KOH)

El amor siempre tiene esperanzas.

PABLO

SÉ LIBRE

Prometen libertad, pero ellos mismos son esclavos del pecado y de la corrupción porque uno es esclavo de aquello que lo controla. —NTV

2 PEDRO 2:19

Si no has llegado a los 18 años, tal vez pienses que va a ser emocionante porque serás mayor de edad y libre de tomar tus propias decisiones. Ahora bien, en el sentido legal es verdad, pero la mayoría de los jóvenes todavía dependen de sus padres y tienen la responsabilidad de respetar sus reglas para el bien de todos. Y como cristiana, entiendes que la verdadera libertad no es libertinaje, sino que es una consecuencia natural de haberte mostrado responsable y madura.

Jesús declaró a los judíos que serían verdaderamente libres si Él los liberaba. Ellos en su arrogancia, erróneamente consideraban que nunca habían sido esclavos. ¡Qué mala memoria tenían en cuanto a su propia historia!

Reconocer que necesitamos a Cristo para liberarnos requiere humildad. No solo nos hace falta estar libres de los pecados que nos dominan, sino también de la culpa. Queremos estar libres de los malos hábitos y de sentir la obligación de culpar a los demás.

Cristo también nos puede liberar de la tendencia de guiarnos por nuestras reacciones y emociones en vez de seguir con firmeza la voz de su Espíritu. Serás esclava de lo que te controla. Permite que el Espíritu de Dios te controle y te dé libertad verdadera. (MHM)

Ser libre en Jesús es ser una esclava voluntaria, por amor.

¿HAS SIDO FIEL?

Ahora bien, se requiere de los administradores,
que cada uno sea hallado fiel. —RVR1960

1 CORINTIOS 4:2

Una persona fiel implica ser una persona digna de confianza, leal y estable. Sus convicciones, dichos y acciones son congruentes entre sí. No traiciona, sus valores no cambian y su integridad permanece intacta. Podemos encontrar un ejemplo vivo de fidelidad en la persona del expresidente de Estados Unidos, Jimmy Carter.

Ha sobresalido como líder mundial no solamente por ser político y notable pacificador, sino también por su labor en «Hábitat para la humanidad», en donde construye casas con sus propias manos como los demás voluntarios. Él ha conservado su sencillez y sus valores cristianos.

Cuando fue presidente, se daba tiempo para orar varias veces al día. Nunca ha dejado de dar su clase de Escuela Dominical en una iglesia pequeña en su natal Plains, Georgia. Allí frecuenta a sus amigos de la infancia. La influencia y el poder jamás han sido motivo para dejar a sus amigos, a su iglesia, a su esposa o sus principios.

Tratemos de seguir su ejemplo. Puedes estar segura que si eres una amiga, esposa y sierva fiel, algún día Dios te dirá: «¡Hiciste bien, sierva buena y fiel!». (MG)

La fidelidad tiene un corazón tranquilo.

WILLIAM SHAKESPEARE

¿TIENES VALOR, O TE VALE?

¡Sé fuerte y valiente! No tengas miedo ni te desanimes, porque el SEÑOR tu Dios está contigo dondequiera que vayas. —NTV

JOSUÉ 1:9

En la Biblia se dice vez tras vez «No temas» o «No tengas miedo». Dios sabe que es fácil ser vencidos por el temor del «qué dirán», o de decir la verdad, defender nuestras creencias, proteger a los desvalidos o ser diferentes del *statu quo*. También tememos a lo desconocido y los retos, como hablar en público o practicar rápel.

Josué es uno de los principales ejemplos de la valentía en la Biblia. Entre los espías que entraron a la futura tierra prometida y vieron hasta gigantes, solo él y Caleb se atrevieron a proclamar: «¡Sí podemos vencerlos!». Su valor iba de la mano de una fe férrea en un Dios omnipotente. El pastorcito David enfrentaba leones y, contra todos los pronósticos, derribó al gran Goliat. Se escudaba no en la armadura, sino en el Todopoderoso de Israel.

Cada individuo enfrenta diferentes desafíos, y puede ser que algo sencillo para tus compañeros es para ti como escalar una montaña. Pero así como Moisés, con su timidez y su tartamudeo, fue grandemente usado por el Señor al obedecerlo, tú también puedes caminar con fe, sabiendo quién te acompaña. Aun tomando pequeños pasos, verás que la fuente de tu valor no te abandonará nunca. (MHM)

El hombre valiente no es el que no siente miedo, sino aquel que conquista ese miedo.

NELSON MANDELA

UN CORAZÓN SENSIBLE

Les daré un corazón nuevo, y pondré en ustedes un espíritu nuevo; les quitaré el corazón de piedra que ahora tienen, y les daré un corazón sensible. —RVC

EZEQUIEL 36:26

Cuando Dios nos hizo a Su imagen y semejanza, nos dotó de las mismas cualidades que Él posee: amor, templanza, paciencia, bondad y sensibilidad. El pecado ha deteriorado las cualidades divinas en cada persona y, por eso, Dios tiene que recrear el corazón humano. Eso quiere decir que una característica de los que somos portadores de un espíritu nuevo, es un corazón sensible.

Pero ¿qué es tener un corazón sensible? Es poder percibir en otras personas, sin que nos lo digan, sus sentimientos o su forma de ser. Marcos, en su capítulo tres, nos narra una historia sobre la sensibilidad del Señor Jesús. Dice que, siendo día de reposo, entró a la sinagoga y vio a un hombre con una mano paralizada y, seguramente, pidiendo ayuda con la mirada.

Percibiendo el ambiente y los pensamientos de los que lo rodeaban, preguntó si era bueno hacer el bien en el día de reposo. Pero nadie quiso responder porque sabían que el Señor los confrontaba con su insensibilidad. Jesús percibió que había dureza en sus corazones y sintió enojo y tristeza. Aun así, sanó a aquel hombre.

¿Será la sensibilidad una cualidad que tenemos que cultivar? Como mujeres, Dios ha puesto un poquito más de sensibilidad en nosotros y por ahí se dice que tenemos un sexto sentido.

¿Qué tal si lo aprovechamos para hacer el bien? (YF)

Crea en mí, oh Dios, un corazón limpio.

DAVID

BRILLANTE OPTIMISMO

Sabemos que Dios va preparando todo para el bien de los que lo aman, es decir, de los que él ha llamado de acuerdo con su plan. —TLA

ROMANOS 8:28

*H*ay personas que iluminan la habitación con su presencia. Son alegres, sonríen, van recorriendo el lugar al que llegan saludando a todo el mundo porque son conocidos y queridos. No son estrellas de rock ni personajes de la política. Tienen problemas como todo el mundo. Se enferman, tienen parientes que llegan a morir o su situación económica no es buena.

¿Por qué estas personas actúan así? ¿Provienen de otro planeta? La respuesta es simple: son optimistas. Se enfocan en el lado brillante de las cosas. Es como si cada mañana, al despertar, tomaran de su buró unos lentes especiales que solo ven lo positivo de lo que les pasa. Sus sentimientos de seguridad y confianza rebasan los de temor e incertidumbre.

A pesar de que nuestro temperamento natural puede no ser optimista, nos ayuda mucho recordar siempre que Dios permite que todas las cosas ocurran para nuestro bien. Aun cuando pareciera que las cosas no están bajo Su control, Dios siempre tiene el control.

Ten confianza en Dios, ámalo y demuéstrale ese amor con tu obediencia. No quiero arruinarte la sorpresa, pero si lo haces, al final todo saldrá bien. (MG)

Mantén tu rostro hacia la luz del sol y no verás la sombra.

HELEN KELLER

VOLANDO COMO EL ÁGUILA

En cambio, los que confían en el Señor encontrarán nuevas fuerzas; volarán alto, como con alas de águila... —NTV

ISAÍAS 40:31

¿*Has* visto las águilas volar? Pareciera que no tienen problema alguno y que no se cansan. Pero la realidad es que también pasan hambre y deben huir de sus depredadores. Sin embargo, Isaías 40 nos recuerda que nadie se compara a Dios. El Creador de toda la tierra nunca se debilita ni se cansa.

Israel, en el pasaje que mencionamos, se quejaba: «Dios se ha olvidado de mí. No le importa lo que me pasa». ¿Te has sentido así? ¿Te has dejado dominar por este cansancio emocional?

Isaías dice: «¿Qué no has entendido, Israel? Dios no viene y va. ¡Es eterno! Y sabe todo de todo. Así que te puede dar fortaleza. Sí, aún los jóvenes se cansan, pero si confías en Dios no te fatigarás».

Estamos hablando de ese cansancio espiritual que viene cuando no vemos las promesas de Dios cumplidas, o cuando parece que todo va mal. Pero aquellos que hemos confiado en Cristo podemos volar alto como las águilas, porque no se trata de nuestras fuerzas, sino las del Todopoderoso.

Sus promesas son el aire que nos ayuda a vencer el viento. Su Palabra es suficiente para sostenernos aunque por dentro creamos desmayar. ¿Cansada de esperar eso por lo que tanto oras? No te desanimes. Confía en Dios y surcarás los cielos de la fe como un águila. (KOH)

Correrán y no se fatigarán.
ISAÍAS

LA HERMOSURA DE LOS ÁRBOLES

Será como árbol firmemente plantado junto a corrientes
de agua, que da su fruto a su tiempo, y su hoja no se
marchita; en todo lo que hace, prospera. —LBLA

SALMOS 1:3

¡Cuántas veces hemos admirado la belleza de los árboles! Algunos amantes de la fotografía coleccionan imágenes de ellos: simétricos pinos cargados de nieve, flexibles palmeras, álamos con sus hojas bicolores bailando en el viento, coloridos arces con sus encendidos tonos otoñales, fuertes robles ofreciendo su refrescante sombra. Algunos nos regalan suculentas frutas. Otros nos alegran con preciosas flores, como los brotes color lila de las jacarandas o las llamas anaranjadas del tulipán africano.

En varias ocasiones los escritores bíblicos comparan a los creyentes con árboles. El versículo de hoy describe a la persona de fe como un árbol que siempre es verde y que da fruto. ¿Y cuál es el secreto de su condición? Está firmemente plantado junto a arroyos que lo alimentan, así como la persona que se nutre del poder de Dios en Su Palabra. Jeremías 17:7-8 dice que los que confían en el Señor no se marchitarán por las sequías de la vida y, aunque lo normal es que los frutos se produzcan en una sola estación, ¡nunca dejan de producir fruto!

Aunque en la vida pasarás por diferentes temporadas, con la presencia de Dios en tu vida podrás mantener la frescura y ser fructífera en todo tiempo. Así como los árboles bendicen de muchas maneras a la humanidad, también lo puedes hacer tú. Mantén tus raíces en el agua fresca que te dará vida siempre. (MHM)

Un árbol es conocido por sus frutos,
un hombre por sus hechos.

BASILIO EL GRANDE

ITSI BITSI ARAÑA

Cuatro cosas son de las más pequeñas de la tierra,
y... más sabias que los sabios... La araña que atrapas
con la mano, y está en palacios de rey. —RVR1960

PROVERBIOS 30:24, 28

Los científicos han observado la diversidad de formas en el tejido de las telarañas. Las arañas que se encuentran saludables en su interior, lo manifiestan al exterior tejiendo telarañas más resistentes y simétricas que las arañas que no lo están.

Algunas crean patrones en zigzag en algunas partes de su telaraña con una seda diferente. Esta refleja mejor los rayos ultravioleta y permite atraer y sostener a mayor número de insectos, lo que beneficia su supervivencia. Experimentos con arañas bajo el efecto de la cafeína mostraron que estas tejieron telarañas débiles y sin forma.

Este proverbio tiene mucha razón, las arañas son sabias. ¿Has experimentado con el tejido? No es algo fácil. Con cada decisión y cada actitud vamos tejiendo nuestra vida. Nuestra salud interior también se ve reflejada exteriormente con nuestros hechos. Así como las formas simétricas de una bella telaraña, el equilibrio en las diferentes áreas de nuestra vida puede hacer de esta una verdadera obra de arte.

Sé sabia para mantener una mente sana libre de orgullo y rencor, un cuerpo sin vicios y ejercitado, y una mente libre de impureza. Será agradable contemplar la obra de arte que harás con tu vida. (MG)

Con cada gesto de amor que realizas hoy, tejes una valiosa hebra del manto que te abrigará mañana.

LA SENCILLEZ DE UNA PALOMA

*... sed, pues, prudentes como serpientes, y
sencillos como palomas. —RVR1960*

MATEO 10:16

Comparada con otros animales, la paloma tiene cualidades sorprendentes. Su gran inteligencia le ha permitido adaptarse al ambiente creado por el hombre. Es monógama y ambos padres cuidan de sus crías. Es una de las aves que vuela más rápido.

Tiene una vista tan aguda, que en algunos países es parte del equipo de rescate en alta mar.

Ha sido un animal muy respetado entre las culturas antiguas y actualmente se ha tomado como símbolo de la paz y sencillez. Precisamente el Gran Maestro habla de ella como sencilla.

Un ejemplo de sencillez fue Hadasa. Por ser hermosa, fue arrebatada de su familia para ser llevada ante Asuero, rey de Persia. Las chicas con esa suerte solo tenían dos posibilidades: o ser la futura reina o ser una concubina más del rey. Hegai, el eunuco del rey que estaba a cargo de ella, aconsejó sabiamente. Para presentarse ante el rey, ella solo pidió lo que Hegai le sugirió. Me imagino que las demás pedían joyas, vestidos y cosméticos costosos para asegurarse el reinado.

Posiblemente alguna le tuvo envidia por la preferencia que Hegai le tenía. ¡Quizá hasta le hizo la vida imposible! Pero el Señor honró su sencillez, y ha sido la única reina judía de un gran imperio. Su nombre persa era Ester. ¿Eres sencilla o caprichosa? (YF)

*El Señor guarda a los sencillos;
estaba yo postrado y me salvó.*
DAVID

TRABAJANDO EN EQUIPO

Pero tú me has hecho fuerte como un buey salvaje;
me has ungido con el mejor aceite. —NTV

SALMOS 92:10

El profesor indica que la calificación del siguiente parcial se basará en un trabajo de equipo. Tú: a) te quieres morir, b) te emocionas, c) piensas con quién armar tu equipo. La realidad es que trabajar en equipo es difícil porque hay roces entre las personas y las cosas no salen como uno quiere.

Pero el trabajo en equipo es necesario para la vida, más aún para el crecimiento como iglesia. En el Salmo 92 David está hablando de los enemigos que lo rodean, pero concluye que Dios le hará fuerte como un buey salvaje. Y este animal nos enseña mucho del trabajo en equipo.

Los bueyes almizcleros viven en el Ártico. Sus enemigos son los lobos. Cuando se acercan, los bueyes se agrupan en un círculo cerrado. A esta formación se le llama falange, y resulta casi imposible que los lobos la atraviesen. Cada segmento del círculo está guardado por un buey adulto, y si uno decide atacar, el resto cierra filas nuevamente, y si el buey se fatiga, regresa al círculo y otro toma su lugar.

Nuestra fuerza está en el Señor, pero cuando la iglesia se une en oración somos como ese grupo de bueyes almizcleros que cierra filas. No tengas miedo de dar a conocer tus peticiones o gratitudes. La unión hace la fuerza. (KOH)

Comparte tus necesidades para que otros oren;
ora cuando otros compartan sus necesidades.

BELLEZA ECUESTRE

No seas como el mulo o el caballo, que no tienen
entendimiento, que necesitan un freno y una
brida para mantenerse controlados. —NTV

SALMOS 32:9

Uno de los animales que más aparece en las obras de arte es el caballo, ya sea paciendo tranquilamente o galopando con elegancia y velocidad. De alguna manera se le admira, en parte por la forma en que se acopla al jinete humano cuando unidos cubren distancias largas, atraviesan barreras o ganan batallas.

En la antigüedad esta criatura fue esencial para el transporte y el comercio, siempre y cuando se le pudiera domar para servir al ser humano. De otra manera su temperamento difícil le ganaba el apelativo de orgulloso o rebelde.

En la Biblia, los caballos a menudo representan el poder y el orgullo humano, los israelitas acudían a los egipcios paganos para obtenerlos. En el mar Rojo, los «invencibles» carros de guerra con sus caballos fueron derrotados por la mano poderosa de Dios. Por otro lado, el rey Salomón importaba estos animales y ¡poseía 12 000 caballos para tirar los carros de guerra! Desgraciadamente, parece que confiaba más en estos que en el Señor. Pero imagínate, ¿de qué le hubieran servido si no se hubieran domado?

Tú y yo, si andamos a rienda suelta, cometemos barbaridades, como el caballo descontrolado que se desboca y deja a su jinete discapacitado. Dios nos quiere sujetar con amor para ser útiles en sus manos, al convertirnos en lo que Él quiere que seamos.

Déjate domar por el Señor. (MHM)

La fuerza bajo control es fuerza realmente admirable.

CHICA INDISCRETA

Como anillo de oro en el hocico de un cerdo es la mujer hermosa que carece de discreción. —LBLA

PROVERBIOS 11:22

*G*ossip Girl o *Chica indiscreta*, es una serie de televisión muy popular entre los jóvenes. En la trama, *Gossip Girl* es un blog que narra los chismes de un grupo de jóvenes multimillonarios de Nueva York.

Los personajes siempre están impecablemente vestidos con la última moda de los diseñadores. Haciendo honor a su nombre, la serie expone antivalores como el amor libre, el engaño, el amor a las riquezas y la homosexualidad, como algo común y cotidiano, algo parecido a un cerdo que se complace en estar revolcándose en la suciedad. Belleza externa, pero un corazón vacío.

Algunas versiones del versículo de hoy se refieren a este tipo de mujer como necia, tonta o indiscreta a pesar de ser hermosa. El oro representa lo valioso y permanente; el cerdo, la indiscreción y la insensatez.

Discreción es la cualidad de una persona que se caracteriza por su moderación, prudencia y sensatez. Pon más atención a tu belleza interior que a las cosas materiales. Las prendas de marca no son las que te hacen valiosa, sino tu integridad. No te dejes engañar ni deslumbrar. Nunca traiciones tus valores. (MG)

La hermosura es engañosa, la belleza es una ilusión, ¡solo merece alabanzas la mujer que obedece a Dios!

PROVERBIO

¿TIENES SED?

Como el ciervo brama por las corrientes de las aguas,
así clama por ti, oh Dios, el alma mía. —RVR1960

SALMOS 42:1

Qué animal tan impresionante es el ciervo, especialmente el macho con su gran cornamenta. Al caminar lo hace con elegancia principesca e incluso, cuando se agacha a tomar agua, pareciera que está haciendo una reverencia.

Siempre pensé que cuando este Salmo alude a que el ciervo brama por agua, era porque estaba sediento. Estudiar el comportamiento de este animalito, nos dice mucho más. Durante la época de celo, los machos buscan a las hembras en los arroyos donde ellas beben agua. Delimitan su territorio con su orín y emiten un sonido gutural llamado berreo que utilizan con diferentes propósitos.

El ciervo berrea para llamar la atención de las hembras y conformar su harem. Berrea para alejar a los contrincantes. Si el rival no hace caso de su berreo y no quiere salir del territorio delimitado, se entabla una lucha de cornamentas. El vencedor berreará proclamando su triunfo.

El escritor de este Salmo, conocía bien la conducta de los ciervos y la compara con nuestro deseo de Dios. Un ciervo berrea para encontrar a sus hembras, para defender su dominio, para proclamar su victoria. ¿Nuestro deseo de Dios es mayor que el de encontrar a una pareja, o el de proteger nuestras posesiones, o el de obtener éxitos? ¿«Berrea» tu alma por tener un encuentro con tu Dios? (YF)

Mi alma tiene sed de ti, Dios de la vida; ¿cuándo vendré a presentarme ante ti, mi Dios?

DAVID

UNA CIERVA AMADA

Como cierva amada y graciosa gacela. Sus caricias te satisfagan en todo tiempo, y en su amor recréate siempre. —NTV

PROVERBIOS 5:19

Cuando era niña vi la película de *Bambi*. Lloré mucho cuando la madre de Bambi muere a manos de un cazador. En tiempos bíblicos, la cierva y la gacela eran animales apreciados por su delicadeza, tanto así que en Proverbios se les compara con una esposa. Ella, como una gacela llena de gracia, satisface a su marido y lo cautiva con su amor.

Tal como lo imaginas, la Biblia está hablando de relaciones sexuales. Dios decidió bendecir la intimidad entre un hombre y una mujer que se cobijan bajo el pacto matrimonial que es para toda la vida.

Tristemente, nuestra sociedad invita a las jóvenes a tener relaciones antes y fuera del matrimonio, e incluso anima a que tengan varias parejas sexuales. Sin embargo, quienes viven así no les interesa en lo absoluto el camino de la vida, sino que van tambaleándose por un sendero torcido y, lo peor, ¡no se dan cuenta! ¡Pierden la honra!

Desde hoy, comprométete a ser una cierva amada que compartirá su amor únicamente con su cónyuge. Reserva tus manantiales solo para tu esposo. De lo contrario, serás una cierva atrapada que morirá a manos de cazadores. Y como concluye Proverbios 5, el hombre que no escucha la instrucción: «… queda preso por sus propios pecados […]. Morirá por falta de control propio; se perderá a causa de su gran insensatez». (KOH)

Di no al sexo antes del matrimonio. Di sí a guardarte pura para el día de tu boda.

FRESCURA ESPIRITUAL

Los mensajeros confiables refrescan como la nieve en verano. Reviven el espíritu de su patrón. —NTV

PROVERBIOS 25:13

*L*os historiadores cuentan que los siervos del emperador Moctezuma subían al volcán Popocatépetl para buscar nieve limpia y cargar un bulto durante cinco horas hasta Tenochtitlán. Allí el gran emperador la saboreaba en una copa de oro, endulzada con miel de abeja, adornada con flores «de colores vistosos». ¿No se te antoja?

El proverbio de hoy utiliza una imagen poco usual, la de nieve en verano. Una tormenta de nieve sería toda una calamidad —de hecho lo confirma Proverbios 26:1—, sobre todo en tiempo de cosecha, como mencionan algunas traducciones. Se considera que más bien se refiere aquí a la nieve que se usaba para enfriar las bebidas así como usamos el hielo actualmente. Un jugo de frutas bien frío cuando hace mucho calor… ¡qué rico!

Y así es el mensajero diligente, el que trae buenas nuevas o cumple con esmero su trabajo. Su jefe se siente refrescado, libre de penas y preocupaciones.

Jesucristo fue un mensajero fiel y, por serlo, dio alegría a Su Padre. Le costó mucho más de lo que sufrían los indígenas que subían a lo alto y tambaleaban bajo su carga de nieve durante largas horas. El resultado fue más que un agradable deleite temporal, pues refresca tu alma cuando sorbes su «agua viva». Comparte el agua refrescante de Cristo y serás una bendición. (MHM)

Súbete a un monte alto, portador de buenas nuevas.

ISAÍAS

TE CONOCE POR TU NOMBRE

Él cuenta el número de las estrellas; a todas
ellas llama por sus nombres. —RVR1960

SALMOS 147:4

Antiguamente se pensaba que en el firmamento había más estrellas que los granos de arena de todas las playas de nuestro planeta. Se calculaban 100 000 trillones de estrellas en el universo, pero según una investigación reciente, las estrellas pequeñas y tenues conocidas como «enanas rojas» son mucho más prolíficas de lo que se pensaba, lo que triplicó el número de estrellas totales a 300 000 trillones.

Para obtener la cifra, los científicos aplican un sistema de medición parecido al que se usa para calcular granos de arena de una playa; cuentan las estrellas de una pequeña zona, en este caso la Vía Láctea, y lo multiplican en función de las dimensiones y del espacio.

Si Dios conoce a cada una de ellas por su nombre ¡cuánto más a cada uno de Sus hijos! Al salir a la calle nosotros solo vemos gente, tal vez rostros, pero Dios ve a Pablito, el niño que vende dulces en una esquina, a Samantha subiendo al autobús, sintiéndose incomprendida por sus padres. Dios conoce tu nombre. Te conoce a ti y todo lo que te pasa.

Imagina tu nombre susurrado con la voz de Dios. Él lo pronuncia con amor cada día. Responde a Su llamado. (MG)

En las palmas de las manos te tengo esculpida.

DIOS

LA HORMIGA

... las hormigas, gran ejército sin fuerza que asegura su comida en el verano. —DHH

PROVERBIOS 30:25

Me sorprenden estos insectos cada vez que los observo.

¡Cuántas cualidades en un solo ser diminuto! Son demasiado organizadas y ordenadas, y algunas son niñeras (cuidan de las larvas); albañiles (construyen el hormiguero); aguadoras; exploradoras (inspeccionan dónde obtener comida); y hasta guerreras (conforman un ejército para defender el hormiguero).

Cuando alguna encuentra comida, deja un rastro de feromonas que las demás siguen y refuerzan sin desviarse. Trabajan en equipo y entre ellas no existe la competencia. Además, organizan su tiempo: trabajan en verano y descansan en invierno.

Se cuenta que una ocasión, el conquistador turco-mongol Tamerlane, huyendo de sus enemigos, se escondió por unas horas. En el lugar, observó a una hormiga que llevaba un grano de trigo a la cima de un escalón. Sesenta y nueve veces el grano se le cayó casi llegando al final, pero ella una y otra vez intentó la hazaña. La septuagésima vez, logró subir con el grano y seguir su camino. Tamerlane decidió que iba a ser perseverante y decidido como ella. Tamerlane fue el último de los grandes conquistadores nómadas de Asia Central y conquistó 8 millones de kilómetros cuadrados de Eurasia.

¿Has pensado que el Señor quiso darnos lecciones con las hormigas? ¿Cómo sería la raza humana si todos reuniéramos las cualidades de ellas? ¿No te gustaría ser organizada, perseverante, decidida y diligente como una hormiguita? (YF)

No hay mejor predicador que la hormiga, que no dice nada.

BENJAMÍN FRANKLIN

UNA HIGUERA SABIA

Pero la higuera también se negó diciendo:
«¿Dejaría yo de producir mi dulce fruto, solo para
mecerme por encima de los árboles?». —NTV

JUECES 9:11

Esta es la historia de cuatro árboles. Se necesita un rey, alguien que gobierne. Pero ni el olivo, ni la higuera, ni la vid aceptan. ¡Están ocupados haciendo muchas cosas! Solo la zarza, que no hace nada productivo, acepta.

Esta parábola la contó Jotam en medio de un turbulento episodio bíblico en que Abimelec quería ser injustamente el rey. Él era un asesino, indigno del puesto. Quizá hoy día baste revisar los periódicos para constatar que hay muchos gobernantes que no son dignos del cargo. Pero antes de ver a los demás, analicemos nuestras vidas unos instantes.

En la vida tendremos oportunidades de «subir», ya sea en la escuela, el trabajo o incluso la iglesia. La pregunta es: ¿dejaremos lo más por lo menos? ¿A qué nos ha llamado Dios? Examinemos siempre nuestras motivaciones. ¿Buscamos alabanza, prestigio o poder cuando nos «ascienden»?

La higuera eligió ser productiva y beneficiar a los demás antes de anhelar una posición de liderazgo. Los gobernantes de este mundo ansían la fama y las riquezas ilícitas. Tristemente, aun en las iglesias encontramos gente así. Pero nosotras busquemos agradar a Dios, no a los hombres, ni a nosotras mismas. Que nuestro dulce fruto sea para la gloria de Dios. (KOH)

El que se humilla, será exaltado.

TRIGO SALUDABLE

... no sea que al recoger la cizaña, arranquen el trigo junto con ella. —NBLH

MATEO 13:29

Tanto ha influido la Biblia en nuestra lengua que existen expresiones que tuvieron su origen en ella. Una de ellas es «meter cizaña» en el sentido de crear discordia. La cizaña es una planta muy parecida al trigo que se denomina «falso trigo». Crece en las mismas zonas y, de hecho, se considera una maleza de ese cultivo. Pero por la semejanza entre los dos, si alguien trata de quitar la cizaña, puede por equivocación, arrancar también el grano bueno.

Según este pasaje, el diablo es el que siembra la cizaña. ¿Su fin? Ahogar el trigo para que no crezca debidamente. Se usa la palabra cizaña para referirse a un vicio que se mezcla con las buenas acciones o a cualquier práctica o persona que sirve para malear a otra persona.

Entre los cristianos puede haber individuos que «siembran» chismes, demuestran actitudes que alejan a otros de Cristo o aun practican vicios que confunden a los débiles. Pero la parábola nos advierte que no nos toca juzgar, pues podrían no ser incrédulos sino creyentes que no andan en el Espíritu.

Si se les «arranca», podría afectar para mal a las «plantas» en crecimiento, y si son creyentes carnales, es posible que se alejen aún más de la fe. Que la cizaña no estorbe tu fe; ora por esas personas y Dios será el juez final. (MHM)

Tú eres la buena semilla... ¡que se note!

EL GUSANO ROJO

En cambio yo, más que hombre parezco un gusano. Soy la burla
de hombres y mujeres; todo el mundo me desprecia. —TLA

SALMOS 22:6

¡*C*ómo debió haberse sentido David cuando escribió esto! Al mismo tiempo estaba profetizando sobre el sufrimiento de Jesucristo. Jesús citó palabras de este Salmo cuando estaba colgado en la cruz al sentirse rechazado por la humanidad.

La palabra hebrea utilizada aquí para gusano es *tolát* que significa «gusano rojo». El «coccus ilicis» es un gusano que hay en Israel del cual se obtenía la tintura carmesí. Pareciera que al ser golpeado, se había desangrado. Por eso el salmista hace referencia a él. Cuando es tiempo de dar a luz a sus hijos, la hembra de este gusano sube a un árbol y allí muere, tal como Cristo, quien voluntariamente dio su vida por los suyos.

No podemos evitar ser rechazadas, pero podemos decidir no sentirnos como un gusano al que se puede pisar. Jesús nos comprende. Él sabe de qué se trata ser despreciado. No bases tu seguridad en la forma en que otros te valoren.

Necesitamos tener en lo profundo de nuestra alma una identidad que provenga de una fuente que nunca se agote. Jesús es esa fuente. Recuerda el precio que Él pagó por tu vida. (MG)

Es necesario que se acepten unos a otros tal y como son, así como Cristo los acepto a ustedes.

PABLO

EJÉRCITOS DE LANGOSTAS

Y os restituiré los años que comió la oruga, el
saltón, el revoltón y la langosta, mi gran ejército
que envié contra vosotros. —RVR1960

JOEL 2:25

*C*recí con las canciones de *Cri-Crí*, el grillito cantor, así que siempre pensé que las langostas, los chapulines, los saltamontes o los grillos, eran buenos animalitos. Ellos usan sus fuertes patas traseras para saltar; tienen mandíbulas poderosas para devorar la hierba a su paso y alas para emigrar en bandada.

Son capaces de reproducirse a tal grado que llegan a formar ejércitos voladores y oscurecer el cielo por kilómetros. En un metro cuadrado, puede haber más de 50 000 langostas. Como no tienen estómago, comen, evacuan y pueden consumir en un día lo que pesan. Crecen por etapas, y quizá el profeta Joel, al decir «oruga, saltón, revoltón y langosta», se refiera a sus fases de desarrollo.

Viendo el lado bueno, ayudan a exterminar plantas no deseadas y son parte del menú de muchos pueblos, incluyendo México. El lado malo es que un enjambre de langostas termina con todo lo verde, símbolo de vida.

Hay tiempos en nuestra vida que los problemas son como langostas: oscurecen nuestro entorno. Van y vienen y se llevan tiempo valioso, amistades de años, la vida de los que amamos.

¡Nos dejan sin razón de vivir! Y entonces nos damos cuenta de que necesitamos ayuda sobrenatural, ayuda de Dios. Y al recurrir a Él, tenemos la promesa: «Yo restituiré...» ¡Aférrate a ella! (YF)

Puede ser que mande langostas para que devoren las cosechas... pero si mi pueblo, se humilla y ora... perdonaré sus pecados y restauraré su tierra.

DIOS

ANSIOSA INQUIETUD

*Miren cómo crecen los lirios. No trabajan ni cosen
su ropa; sin embargo, ni Salomón con toda su gloria
se vistió tan hermoso como ellos.* —NTV

LUCAS 12:27

¡No tienes nada qué ponerte para la fiesta! Te invitan a un evento y abres el clóset y… ¡no encuentras nada! Realmente tienes ahí muchos vestidos, pero la expresión implica que no existe nada «nuevo», «deseable», «moderno», «atractivo» y «que no me lo hayan visto antes» para dicha ocasión.

Para las mujeres, la ropa es un tema de «ansiosa inquietud». Nos preocupamos, nos afanamos y caemos en la trampa de querer más. Jesús nos lleva a contemplar las flores que lucen hermosas en su sencillez y luego nos dice: «Busquen el reino de Dios por encima de todo lo demás, y (Dios) les dará todo lo que necesiten».

Buscar el reino de Dios implica hacer de Jesús nuestro Rey en todas las áreas de nuestra vida, aún de la ropa. Él ha prometido que cubrirá nuestras necesidades básicas para no padecer por el clima. Pero no menciona «marcas» ni cantidad de pares de zapatos.

Así que cuando esa ansiosa inquietud toque tu puerta porque te gustaría un nuevo par de botas para el invierno o una falda floreada para el verano, lleva a Dios tu inquietud y hazle Señor de ese deseo. Él concederá tu petición o te dará paz para esperar otro momento y otra prenda. (KOH)

*Al Señor le interesa todo sobre ti,
incluso el tema de la ropa.*

DIOS DESEA NUESTRO BIEN

Hasta los leones jóvenes y fuertes a veces pasan hambre, pero a los que confían en el Señor no les faltará ningún bien. —NTV

SALMOS 34:10

La fuerza de los grandes felinos es impresionante. Aun sus entrenadores deben tener mucho cuidado porque, por mansos que puedan parecer con los que trabajan con ellos, un zarpazo puede ser mortal.

Un caso famoso es el del capitán Carlos Camacho, el fundador del zoológico Africam Safari en Puebla, México. Murió al tratar de defender a unos turistas negligentes que, a pesar de las advertencias, descendieron de su coche en el área de tigres.

Camacho, en vez de dispararle al tigre, empezó a pegarle con la cacha de su arma y recibió numerosas heridas, que después se infectaron y causaron su muerte.

Con razón 1 Pedro 5:8 describe a Satanás como león rugiente. Es mejor no confiarnos para que no nos ataque. Por otro lado, después del tigre, el león es el segundo felino más grande y el macho puede llegar a pesar hasta 250 kilos. ¡Imagínate cuánto tendrá que comer para saciarse! Y como dice el salmo, aun el rey de las bestias puede pasar hambre.

Pero el mensaje de hoy nos resalta que Dios proveerá para los que confían en Él. Tal vez estés preocupada por alguna necesidad en este momento, pero recuerda que tu Padre celestial promete que no te faltará «ningún bien». (MHM)

Pero en cuanto a mí, el acercarme a Dios es el bien.

ASAF

RECUERDA LA SOMBRILLA

*... si tuviereis fe como un grano de mostaza, diréis
a este monte: Pásate de aquí allá, y se pasará;
y nada os será imposible.* —RVR1960

MATEO 17:20

En un poblado pequeño, los campesinos se desesperaron por la sequía. Acordaron ir juntos con el pastor de la iglesia. Le dijeron que pensaban que lo único que podían hacer era orar para que lloviera. Acordaron reunirse todos los días a orar en la iglesia.

Después de dos semanas preguntaron al pastor por qué Dios no escuchaba sus oraciones. El pastor respondió: «La Biblia dice que si pedimos creyendo, recibiremos. Si en verdad alguien hubiera creído que llovería, habría traído su paraguas, y nadie lo hizo. Creo que no tuvimos fe».

Jesús quiso enfatizar que nuestra fe es poca comparándola a un grano de mostaza, una semillita que lleva en sí misma un potencial tan grande que llega a ser un gran árbol.

Aun cuando la Biblia menciona a grandes héroes de la fe, nadie ha visto montes moviéndose por ahí. Jesús hablaba figurativamente. La mostaza simboliza la fe, y la montaña, el reino de Dios. Así que un poco de fe puede mover la voluntad de Dios. Puede mover a los ángeles y a todo el reino en nuestro favor. Si pides bien, ¡puedes recibir respuesta a tus peticiones! Desarrolla tu fe. (MG)

¿Es una fe sincera la fe que no actúa?

JEAN—BAPTISTE RACINE

SOY UNA OVEJA

Y nosotros, que somos tu pueblo, que somos ovejas de
tus prados, gracias te daremos siempre, ¡cantaremos
tus alabanzas por todos los siglos! —DHH

SALMOS 79:13

¿Sabías que la oveja es un animal completamente aprovechable? No solo disfrutamos su carne que es deliciosa, sino que con su pelo se fabrica estambre de lana; su piel se usa para crear zapatos o chaquetas; su grasa es transformada en velas, jabones y cosméticos; se hace queso de su leche; con los huesos se fabrican gelatina y fertilizantes; de sus pezuñas se sacan botones, peines y pegamentos; con sus intestinos se hacen hilo quirúrgico y cuerdas para violín; de sus vísceras se crean medicamentos; su placenta se usa para fabricar cosméticos finos; sus cuernos se usan como instrumentos musicales…

En fin, ¡no hay algo de la oveja que se tenga que desechar! Pareciera que entre los animales, está diseñada para servir en su totalidad. Además, es un animal dócil y depende íntegramente del cuidado del pastor.

De la misma manera, Dios te diseñó para Él, para disfrutar cada parte de tu ser. Quiere que, así como las ovejas, dependas absolutamente de Él, que te dejes guiar, amar y cuidar; que tus pensamientos estén conscientes de su presencia; que al mirar, tus ojos busquen solo lo bueno; que tus manos hagan misericordia a los necesitados; que tus pies caminen con rectitud y le sigan; que tu carne desee obedecerle; que tu boca le cante con exaltación y hable justicia. Sé útil a tu Pastor. (YF)

Mis ovejas oyen mi voz, y yo las conozco, y me siguen.
JESUCRISTO

¿INSIGNIFICANTE?

Así que no tengan miedo; para Dios ustedes son más valiosos que toda una bandada de gorriones. —NTV

MATEO 10:31

A veces te sientes insignificante, yo también. Pero en ocasiones esto es más que un pensamiento, es un estado anímico que continúa día tras día. Y en ocasiones tenemos razones «válidas» para sentirlo: no somos la hija consentida, no cantamos bonito, no brillamos en calificaciones, o tal vez hemos vivido situaciones dolorosas que nos hacen pensar que no valemos nada.

Los gorriones son avecillas que comen grano y otros insectos, y que hacen sus nidos en los tejados. En los días de Jesús, estos pajarillos se vendían por el precio mínimo, menos de un cuarto de dólar. Eran tan insignificantes que si uno compraba cuatro, se daba uno extra.

Y aun así, de estas poco estimadas avecillas, Jesús dice: «¿Cuánto cuestan dos gorriones: una moneda de cobre? Sin embargo, ni un solo gorrión puede caer a tierra sin que el Padre lo sepa… Así que no tengan miedo; para Dios ustedes son más valiosos que toda una bandada de gorriones».

No importa lo que sientas, la realidad es que eres valiosa para Dios. Dios no se olvida de un solo gorrión. Ninguno cae a tierra sin que Él lo sepa. Y tú eres más importante para Él que una avecilla. Él tiene contados tus cabellos y te quiere abrazar. Ven a Él hoy en oración y deja que te susurre lo mucho que te quiere. (KOH)

Eres preciada para Dios.

UN OCÉANO DE AMOR

... sepultará nuestras iniquidades, y echará en lo profundo del mar todos nuestros pecados. —RVR1960

MIQUEAS 7:19

¿*E*n dónde pasaste tus mejores vacaciones? Sin duda para muchas fue en alguna playa. Aparte del sol y la arena, algo tiene el mar que fascina a la gente: el ritmo tranquilizante de sus olas, sus colores cambiantes y sobre todo su extensión tan vasta. Al saber que su profundidad alcanza hasta los 11 kilómetros, podemos ver el mar como un reflejo terrenal del poder y la inmensidad de Dios y Su amor.

Miqueas compara el perdón del Señor Dios con echar nuestros pecados en el fondo del mar. A varios kilómetros debajo de las aguas y con toneladas de presión, ¡difícilmente puede salir algo a la vista otra vez! Aunque tal vez después de ver la película Titanic, creas que aún puede aparecer un anillo después de décadas. Pero esta no es la idea que nos comunica Dios.

La holandesa, Corrie Ten Boom, que vivió en los campamentos de concentración en la Segunda Guerra Mundial, recalca que cuando Dios arroja nuestras iniquidades en las profundidades, es como si pusiera allí un letrero: ¡Prohibido pescar!

Si estás tentada a repasar tus errores del pasado y sentirte todavía culpable, ¡recuerda dónde están y no olvides el letrero! No dejes que Satanás te asedie con lo que el Señor ha declarado: «Desaparecido por siempre». (MHM)

Espero que puedan comprender, como corresponde a todo el pueblo de Dios, cuán ancho, cuán largo, cuán alto y cuán profundo es su amor.
PABLO

EL DISCERNIMIENTO

Como perro que vuelve a su vómito, así es el
necio que repite su necedad. —RVR1960

PROVERBIOS 26:11

Un hombre preguntó al gran predicador Moody: «Ahora que soy cristiano ¿tendré que dejar el mundo?». A lo que este respondió: «De ninguna manera, usted no tiene que dejar el mundo, pero si su testimonio cristiano es muy claro, el mundo lo va a dejar a usted muy pronto».

Aprender de los errores cometidos en el pasado nos protege de nuevos fracasos. Cuando no aprendemos nuestra lección, y tropezamos dos veces con la misma piedra, somos necios, insensatos o tontos.

La Biblia compara esta acción a la de un perro que regresa a comer su vómito. Lo que nos hace diferentes a los animalitos que actúan con base en su instinto, es nuestro intelecto y nuestra capacidad para tomar decisiones razonadas.

Estamos en el mundo, pero no somos de este mundo. Somos cristianos viviendo en un mundo que no lo es. Todas las cosas han sido hechas nuevas en tu vida. No regreses a lo que ya dejaste atrás. Pidamos sabiduría al Señor para distinguir la inmundicia y alejarnos de ella. (MG)

La maldad de muchos no está en lo que dicen acerca de su causa, sino en lo que dicen sobre sus contradicciones.

JOHN F. KENNEDY

CUIDADO CON EL DRAGÓN

Y fue lanzado fuera el gran dragón, la serpiente antigua,
que se llama diablo y Satanás... —RVR1960

APOCALIPSIS 12:9

En dos libros de la Biblia se usa el término «serpiente» para referirse al diablo, el enemigo de Dios. Uno es Génesis y el otro Apocalipsis. El apóstol Juan, en Apocalipsis, le llama «la serpiente antigua» refiriéndose a la serpiente que ha engañado al ser humano desde el principio de la creación. También se le llama «el gran dragón».

Si buscas esta palabra en una enciclopedia, encontrarás que muchas culturas (los chinos, los griegos, los romanos, los aztecas, los hebreos y muchos más) hablan en sus escritos de un animal alado parecido a una gran serpiente y que echa fuego por la boca. Muchos, incluso, lo adoraron.

El diablo astutamente ha guiado al ser humano a venerar animales que lo representan. Actualmente, se sabe de grupos que usan símbolos que lo describen y que encubiertamente le rinden culto o que abiertamente le dan honra.

Satanás ha infestado nuestro ambiente de todas las prácticas prohibidas en la Palabra de Dios y necesitas estar preparada para rechazar juegos como la ouija, horóscopos, lectura de cartas y cualquier cosa que viene a nosotros disfrazada de «ayuda», pero que es un lazo para aprisionarnos en sus redes. Ten cuidado.

Con el diablo no se juega. (YF)

No pienses que el diablo es broma.

ALICE COOPER

RUTINAS Y RUTINAS

Creaste la luna para que marcara las estaciones,
y el sol sabe cuándo ponerse. —NTV

SALMOS 104:19

Quizá eres la señorita «tengo todo bajo control». O tal vez portes la bandera de «no me gusta la rutina». Lo curioso es que todos somos víctimas de los ciclos. Algunos seguimos la moda francesa de *métro-boulot-dodo*, que es una expresión que literalmente significa: metro, trabajo, dormir, y que define la rutina de cuando uno trabaja, es decir: de la casa al trabajo y del trabajo a la casa.

Otras preferimos la rutina de «como y me da sueño; despierto y me da hambre». Pero a final de cuentas, vivas bajo la productividad o la holgazanería sigues un ciclo, ¿por qué?

Porque así creó Dios al mundo. Él puso la luna y el sol para marcar estaciones y el paso de los días. Todo sigue una secuencia.

Y si miras con atención alrededor, verás que es hermoso observar un árbol perdiendo sus hojas y luego floreciendo. No hay nada más sublime que una puesta de sol o la salida del sol. Dios todo lo hizo hermoso.

Te invito a decir como Salomón: «La luz es agradable; qué hermoso es ver el amanecer de un nuevo día» (Ecl. 11:9, NTV). Disfruta cada mañana y sigue la rutina de conocer más a tu Señor antes de salir a la escuela o al trabajo. Ese hábito jamás te cansará. Todo lo contrario, te llenará de energía para enfrentar la vida. (KOH)

Busca a Dios de mañana.

UN DIOS MATERNAL

*¡Oh Jerusalén, Jerusalén! [...]. Cuántas veces quise
juntar a tus hijos como la gallina protege a sus pollitos
debajo de sus alas, pero no me dejaste. —NTV*

MATEO 23:37

Durante un temblor en Murcia, España, una madre joven logró salvar la vida de sus dos hijos cubriéndolos con su cuerpo, aunque ella murió bajo escombros. Otra mamá norteamericana quedó parapléjica porque con su cuerpo bloqueó su coche sin el freno puesto cuando iba a despeñarse con sus hijas dentro. Antes niñas, ahora las jóvenes han hecho un video alabando a su mamá por ser tan valiente y arriesgar su vida.

La imagen más común de Dios es como padre fuerte, pero en el lamento de Jesús tenemos una imagen muy maternal y vulnerable de protección. La madre gallina no ataca; abre sus alas y espera que sus polluelos corran a refugiarse de alguna zorra o algún halcón. Pero ellos tienen libre albedrío y pueden declarar su independencia y quedarse expuestos al peligro.

Jehová había querido muchas veces que Israel acudiera a la sombra de Sus alas y se había resistido. Y al final Jesucristo mismo fue nuestro escudo contra Satanás al cubrirnos y recibir, Él mismo, las flechas de la muerte.

¿Perdida o atacada? Acude a refugiarte bajo las alas del Señor. Si ya comprendes ese amor protector, compártelo con tus amistades que siguen viendo a Dios como distante o vengador. (MHM)

Dios te llama por nombre y ha dado Su todo por ti.

TU GUARDAESPALDAS

Como Jerusalén tiene montes alrededor de
ella, así Jehová está alrededor de su pueblo.
Desde ahora y para siempre. —RVR1960

SALMOS 125:2

La ciudad de Jerusalén, cercada por montes, era una fortaleza casi imposible de ser invadida por los enemigos. Al norte está el monte Scopus, al este, el monte de los Olivos, al sur está el monte del Mal Consejo y al noroeste el Mashpa. Muchas otras colinas han servido como protección a la ciudad.

Una de las interpretaciones del nombre hebreo de la ciudad *Yerushalaim* considera que este procede de las palabras hebreas *yeru* que significa casa y *shalem* o *shalom* que significa paz, por lo que significaría literalmente «casa de la paz». La apariencia inquebrantable de estos montes era un recordatorio de la protección permanente de Dios hacia la ciudad, y sus habitantes podían morar en paz.

En la actualidad, en muchas partes del mundo han proliferado los fraccionamientos cerrados que ofrecen mayor seguridad a sus habitantes que desean ser protegidos de la delincuencia. Cada día es mayor el número de personas que contratan seguridad privada cuando tienen los recursos para hacerlo. Buscan vivir en paz.

Tú tienes un guardaespaldas personal. Dios te tiene rodeada con su protección y su cuidado. Él te cubre con Sus alas como la gallina a sus polluelos. No solo hoy... siempre. Puedes vivir en paz. (MG)

No temas, porque yo estoy contigo.
DIOS

AMISTAD, FRESCURA DE ROCÍO

¡Mirad cuán bueno y cuán delicioso es habitar los hermanos juntos en armonía! Es... como el rocío de Hermón. —RVR1960

SALMOS 133:1, 3

¿Te has preguntado por qué en la mañana hay gotitas de agua sobre todo? Pareciera que quiso empezar a llover y se detuvo. Es el rocío. Y se forma porque la humedad que tiene el aire, se enfría y se condensa.

Nuestro Dios es muy sabio e ideó este fenómeno para mantener húmedas las hojas y las raíces de las plantas mientras reciben el agua necesaria cuando hace mucho calor.

El monte Hermón es el monte más alto de Israel y es el único que tiene nieve todo el año. Las aguas de su deshielo forman el río Jordán. ¡Y mira qué comparación hace David con la amistad y el rocío del monte Hermón! Un buen amigo nos hace la vida deliciosa y la llena de frescura como el rocío en tiempo de calor.

La amistad es una idea maravillosa de Dios para que disfrutemos la vida. Y mucho más que eso, cuando Dios ve una amistad maravillosa, ¡envía su bendición y vida eterna! ¿Son tus amigos como el rocío? ¿Eres tú una buena amiga que trae frescura a los que te rodean en tiempos de sequía? Decide hoy habitar con tus hermanos en la fe juntos en armonía. (YF)

Y amigo hay más unido que un hermano.

SALOMÓN

TAN CIERTO COMO EL ARCO IRIS

He puesto mi arco iris en las nubes. Esa es la señal de
mi pacto con ustedes y con toda la tierra. —NTV

GÉNESIS 9:13

El arco iris nos habla de luz, nos muestra los colores, nos recuerda cuentos de niños y leyendas que se han inventado en torno a él, pero sobre todo, nos debe hacer pensar en una promesa. Dios hizo el pacto con la humanidad de no volver a destruir al hombre ni a la tierra con agua.

Muchos, muchos años después, aun cuando hay huracanes, tsunamis e inundaciones, el mundo no ha sufrido una destrucción masiva por medio del agua. Dios ha sido fiel.

Si ha cumplido ese pacto, por supuesto que lo hará en los muchos más que ha convenido con la humanidad, con la familia de Abraham, pero sobre todo, con los que hemos creído en Su Hijo Jesús como Salvador de nuestras almas.

¿Qué promesa necesitas hoy? «No te dejaré, ni te desampararé»; «aún cuando yo ande en el valle más oscuro, no temeré, pues tú estás a mi lado»; «el que cree en mí no perecerá jamás»; «nadie las arrebatará de la mano de mi Padre». Aférrate con confianza a la promesa bíblica que hoy venga a tu mente en el momento de necesidad pues Dios es fiel. Nunca ha fallado, ni lo hará. Para muestra, un arco iris. (KOH)

Dios es fiel a Sus promesas.

VIVIENDO EN LA ROCA

Los conejos, pueblo nada esforzado, y ponen
su casa en la piedra. —RVR1960

PROVERBIOS 30:26

*N*os encanta que Dios nos dé «fuerzas de águila» y otras características de animales conocidos por su fuerza o majestuosidad. Pero este versículo nos pone como ejemplo al humilde conejo o tejón, según la traducción. Son «animalitos de poca monta mas construyen su casa entre las rocas».

Los tejones son pequeños, sin garras y tienen dientes débiles. Tienen pocas maneras naturales de defenderse. Sin embargo, se han descrito como sumamente sabios porque viven en compañía bajo o entre las piedras, lo cual les da gran seguridad. Si se acerca un enemigo, tienen centinelas que con un chirrido avisan y los demás corren para sus madrigueras.

Se parecen a los cristianos que somos débiles y a solas no podemos llevar una vida pura, resistir las pruebas o protegernos del pecado. Pero nos podemos defender «viviendo en la Roca», en Cristo que es la roca de la salvación (Deut. 32:15), la roca que es más alta que nosotros (Sal. 61:2). En 1 Corintios 10:4 aprendemos que la roca de la que bebieron agua los israelitas en el desierto representaba a Cristo.

Por indefensa que te sientas, en la Roca encontrarás fortaleza. Por otro lado, así como los tejones se fortalecen en su comunidad, tu familia cristiana es otro factor de protección que te puede advertir: «¡Cuidado! ¡Alerta!». cuando hay peligros a tu alrededor. (MHM)

El débil dirá fuerte soy. con poder del Señor.
MICHAEL LEDNER

CUIDA TU BOCA

Aguas profundas son las palabras de la boca del hombre; y arroyo que rebosa, la fuente de la sabiduría. —RVR1960

PROVERBIOS 18:4

¿Qué pienso cuando oigo la palabra «arroyo»? Bueno, pienso en agua cristalina que calma la sed; en un riachuelo que corre mansamente y riega la hierba que se apiña a su paso; en un sonido armonioso que puede arrullarme. No tiene un gran caudal como el río y corre el peligro de secarse si no hay lluvia o corriente que lo alimente. Es muy fácil que sus aguas se enturbien y que pierda su frescura y claridad.

Nuestro versículo de hoy, dice que la boca del hombre (y de la mujer) que habla de manera profunda, lo hace con sabiduría. Si decidimos hablar con tiento, escogiendo lo que expresamos y le ponemos «gracia» como dice Pablo, entonces hablaremos con sabiduría. Entonces nos pareceremos a «un arroyo que rebosa».

Nuestro hablar debe «regar» con frescas palabras a los que nos oyen. Debe ayudar a calmar la desesperación o la ira. Debe parecerse a un arroyo manso y confiable. Debe hablar cosas profundas. ¿Qué tal cosas de Dios?

Hay veces que hablamos con las amigas cosas de las que se avergonzaría el Señor Jesús. Nuestro arroyo está en peligro de enturbiarse. Cuidemos lo que hablamos. (YF)

Sea vuestra palabra siempre con gracia, sazonada con sal.

PABLO

TRECE AÑOS

Fue por la fe que hasta Sara pudo tener un hijo,
a pesar de ser estéril y demasiado anciana. Ella
creyó que Dios cumpliría su promesa. —NTV

HEBREOS 11:11

¿Cuántos años tendrás en trece años? Quizá ya estés casada, con hijos o trabajando en una empresa. Pero en la vida de Sara pareciera que durante trece años el tiempo se detuvo. Su vida venía acelerada: salió de Ur, despidieron a Lot, su esposo salvó a su sobrino de unos guerreros, nació Ismael, pero entre el final del capítulo 16 de Génesis y el principio del capítulo 17 transcurrieron trece años.

Trece años de silencio en que la promesa de Dios de darle un hijo —pues Sara era estéril— no se cumplió. ¿Imaginas cómo se sentía esta mujer anciana? Pero lo que la Biblia resalta en Sara es su fe. Sara consideró que Dios era fiel, así que le creyó.

Todas estamos a la espera de la respuesta a una oración o una promesa. La pregunta es: ¿estamos dispuestas a esperar, aunque pasen trece años?

Leí una reciente encuesta en que la mayoría de los solteros cristianos norteamericanos declaran no querer esperar al matrimonio para tener relaciones sexuales. ¡Qué tristeza! Cuando no esperamos suceden cosas desagradables —pregúntaselo a Sara y a Agar— (si no conoces la historia, lee Génesis 16). Pero lo cierto es que la espera trae buenos resultados si va acompañada por la fe. Espera en Dios pues Él cumplirá; aún si pasan trece años o más. (KOH)

Sara fue una mujer ordinaria con una fe extraordinaria.

DIOS NO TE RECHAZA

A partir de entonces, Agar utilizó otro nombre para referirse al SEÑOR, quien le había hablado. Ella dijo: «Tú eres el Dios que me ve»... —NTV

GÉNESIS 16:13

Leemos el relato de Sarai la estéril y cómo pidió a su esclava Agar que tuviera relaciones con Abraham para tener descendencia, y nos parece escandaloso. Pero de hecho era una práctica culturalmente aceptable. Todavía hoy siguen siendo controversiales varias formas de concebir cuando la pareja es infértil, entre ellas la fecundación *in vitro* y la práctica del «vientre de alquiler». A fin de cuentas, ¡lo último es parecido al caso de Agar!

A pesar de su posición inferior de esclava, al embarazarse Agar trató con desprecio a Sarai. El resultado esperado fue que la esposa legítima trató a Agar duramente hasta que huyó. Dios envió un ángel con el encargo de que regresara y le prometió darle incontables descendientes. Humillada, Agar reconoció que el Dios Eterno se fijaba aun en ella y la tomaba en cuenta para bendecirla. Y usó el nombre «El roi» o «el que ve» para ese Dios.

¿Te has sentido inferior a otras compañeras a quienes las prefieren por una causa u otra? ¿Te han hecho a un lado las envidiosas? Tal vez has huido de la presencia de las personas que te tratan con desprecio. Posiblemente alguna vez hayas pensado que a Dios no le importas. Pero Él te quiere decir que es el Dios que te ve y tiene un plan para ti. (MHM)

Las personas que lograron más en la historia del mundo, muchas veces lo hicieron por ser persistentes a pesar del rechazo y la burla.

LA NOVIA IDEAL

... ¿Quién es este varón que viene... hacia nosotros?
Y el criado había respondido: Este es mi señor. Ella
entonces tomó el velo, y se cubrió. —RVR1960

GÉNESIS 24:65

La historia de Isaac y Rebeca es apasionante. Disfrutarás los detalles en Génesis 24. Rebeca pertenecía al pueblo de Dios, era hermosa, virgen, amable y trabajadora. Tuvo una actitud dispuesta a obedecer la voluntad de Dios. ¡Qué hermosas cualidades!

Cuando conoció a Isaac, ella tomó el velo y se cubrió reflejando modestia, dignidad y respeto. Actualmente muchas mujeres hacen lo contrario, se descubren para atraer al sexo opuesto, pero terminan por atraer a la persona equivocada.

A veces las chicas se enfocan más en andar buscando al chico perfecto en vez de ocuparse en desarrollar las cualidades que hagan de ellas la novia ideal para cuando llegue la persona correcta. No existe la esposa perfecta, pero sí existen muchas maneras de convertirse en una excelente esposa.

Supérate y sé sabia. Mantente pura. Si hubo impureza en tu pasado, Dios limpia tu corazón para empezar de nuevo.

Desarrolla un bonito carácter y ocúpate en el servicio del Señor. Y no te asustes cuando veas llegar muchos camellos. (MG)

Estar preparado es importante, saber esperar lo es aún más, pero aprovechar el momento adecuado es la clave de la vida.

ARTHUR SCHNIT

UN DIOS COMPASIVO

*Entonces Dios se acordó de Raquel; y Dios la escuchó
y le concedió hijos. Y ella concibió y dio a luz un
hijo, y dijo: Dios ha quitado mi afrenta... —LBLA*

GÉNESIS 30:22-24

Raquel es uno de los personajes bíblicos que me causan simpatía. La vida de Raquel fue difícil. Su hermana se casó con su prometido por decisión de su padre, convirtiéndose en la segunda esposa. Eso sembró rivalidad entre ellas, y su hermana, al ver que no era la preferida del esposo, trataba de sentirse superior porque tenía hijos.

En ese tiempo, no tener hijos era una maldición para una mujer. Raquel desesperada, quería morirse y durante catorce años, soportó esa situación. De repente, el Dios de Raquel, viendo su aflicción, decide «acordarse» de ella y le concede tener un hijo.

¿Qué fue lo que movió a Dios a quitar el sufrimiento de Raquel? ¿Lo buena que era?

¡Claro que no! Pareciera que Raquel no era tan leal a su Dios porque se robó los ídolos de su padre. Y aun así, conociendo su corazón, el Dios verdadero tuvo compasión de ella y le dio a José. José llegó a ser gobernador de Egipto, ¿te acuerdas?

Ten por seguro que nuestro Dios tiene planes de restaurar tu corazón y tu vida. No importa lo que has hecho ni cuántos pecados has cometido. Él es compasivo y actúa con misericordia. (YF)

*Porque yo sé los planes que tengo para vosotros,
planes de bienestar y no de calamidad,
para daros un futuro y una esperanza.*

DIOS

REGALOS INESPERADOS

Cuando el Señor vio que Lea no era amada, le concedió que tuviera hijos, pero Raquel no podía concebir. —NTV

GÉNESIS 29:31

Lea no tenía brillo en la mirada. Raquel era hermosa. Jacob se enamoró de Raquel, pero se casó con ambas. Entonces inició una rivalidad entre hermanas que duró muchos años. ¿Qué peleaban? El amor de Jacob. Pero Dios notó las lágrimas de Lea al sentirse una esposa no deseada y actuó.

Veamos que Dios no obligó a que Jacob la amara. Eso iría en contra de su persona pues Dios ha creado hombres, no robots.

¿Qué hizo entonces? Le dio a Lea otro regalo: hijos. La mitad de las tribus de Israel descienden de seis hijos directos de Lea, y además, tuvo una hija, la única que se menciona del patriarca Jacob.

Quizá no eres amada. No eres la preferida de tus padres o maestros. Lo cierto es que Dios lo ve. Sería lindo que Dios te concediera que quienes no te aman, te amen. Pero Dios da la libertad a todos de cambiar y elegir, y si ese otro no desea amar, no lo hará.

Sin embargo, Dios te ama tanto que te concederá un regalo mejor. Como Lea, tal vez tardes en reconocerlo. Pero cuando comprendas que Dios está al pendiente de ti, podrás decir como Lea cuando nació su cuarto hijo: «¡Ahora alabaré al Señor!». (KOH)

Alaba a Dios por lo que tienes, en lugar de culparlo por lo que no tienes.

LIZ CURTIS HIGGS

UNA MADRE EXCEPCIONAL PARA UN HIJO EXCEPCIONAL

... Al ver que era un niño excepcional, lo escondió durante tres meses. —NTV

ÉXODO 2:2

¿*H*as visto tus fotos de recién nacida? Tal vez sean poco halagadoras. Mi primer hijo nació flaquito, rojo, arrugado y casi calvo. En una página para futuros papás dice: «Casi todos los recién nacidos tienen algunas características particulares. Afortunadamente, son transitorias».

Pueden tener la cabeza alargada, las orejas dobladas, la nariz achatada y los párpados hinchados. Suelen tener un vello fino en la espalda y los hombros, de tal manera que tengan cierto parecido a los monos. Pero toda madre cree que sus hijos son hermosos.

De alguna manera, Dios le dio una visión a Jocabed y vio que el bebé Moisés era excepcional. Hechos 7:20 dice: «Fue agradable a Dios». El Señor dio inteligencia excepcional a esa madre para idear el plan de colocar a Moisés en un canasto donde lo descubriría la hija del faraón, y luego ¡ofrecerse de nodriza para su propio hijo! Así pudo criarlo por un tiempo y enseñarle sobre Jehová y Su amor.

Al conocer a Simón, Jesús le puso por sobrenombre Pedro, o piedra. Aunque era un hombre voluble que llegó a negar a Cristo, Dios lo convertiría en toda una roca de la fe, un predicador usado de forma poderosa por Dios. Jesús mismo tiene una visión de lo que quiere que seas tú. Confía en Él y serás esa creación excepcional. (MHM)

Las personas ordinarias pueden lograr grandes cosas por tener un Dios extraordinario.

CALLADITA TE VES MÁS BONITA

Moisés había tomado por esposa a una egipcia, así que Miriam y Aarón empezaron a murmurar contra él... Y el Señor oyó sus murmuraciones. —NVI

NÚMEROS 12: 1, 2

*M*iriam se distinguió por sus cualidades de liderazgo. Desde niña fue independiente. Demostró audacia al lograr que su misma madre cuidara a su pequeño hermano. Moisés logró una excelente sinergia con Aarón y Miriam para enfrentar el gran reto de guiar al pueblo.

Pero la seguridad de su liderazgo y su celo por lo que Miriam consideraba correcto la llevó a murmurar contra su hermano. Dios se enojó y la disciplinó por medio de lepra, y aunque Dios la sanó por petición de Moisés, no se le vuelve a mencionar sino hasta su muerte.

¿Te has enojado al escuchar a alguien que está murmurando de otro a quien amas? Dios también se enoja cuando murmuramos en contra de sus siervos fieles. Dios toma muy en serio la amistad con quienes tienen una relación cotidiana con él.

A veces llegamos a pensar que podemos hacer mejor las cosas que el pastor o los líderes que Dios ha puesto. Pero tú nunca murmures. Acuérdate de Miriam. (MG)

Se murmura más por vanidad que por malicia.

FRANCOIS DE LA ROCHEFOUCAULD

UNA PARTERA SABIA

Pero las parteras temieron a Dios, y no hicieron como les mandó el rey de Egipto, sino que preservaron la vida a los niños. —RVR1960

ÉXODO 1:17

¿A quién le darías un encargo importante? ¿A alguien de confianza? Fúa era una de las parteras egipcias en quienes el Faraón confiaba y a quienes les había encomendado una tétrica misión: matar a los varoncitos que nacieran de una mujer hebrea. Al estar presentes Fúa y la otra partera, matarían al niño y dirían a su madre que había nacido muerto.

¿Qué pensó Fúa al oír la orden del Faraón? No sabemos. Solo tenemos la declaración: «Las parteras temieron a Dios». ¿Cómo es que Fúa conocía y temía al Dios verdadero? Quizá, el acercamiento íntimo con las mujeres hebreas le enseñaba que el Dios hebreo era más grandioso que los dioses de Egipto, y llegó a temerle. Pero, desobedecer una orden del faraón era la muerte, así que la defensa fue: «Las mujeres hebreas son más robustas y dan a luz antes que la partera venga a ellas».

Y era cierto. Dios había preparado el cuerpo de las hebreas para no esperar a la partera. El Señor evitó que las parteras mintieran para librarse. Por su temor, Dios prosperó a Fúa. Me pregunto si esa familia fue parte de los egipcios que marcharon con los hebreos hacia la tierra prometida.

Si tienes temor de Dios y actúas de acuerdo a Su Palabra, Él va a respaldarte. (YF)

Es necesario obedecer a Dios antes que a los hombres.

PEDRO

OBEDIENCIA TOTAL

Pero Séfora, la esposa de Moisés, tomó un cuchillo de piedra y circuncidó a su hijo... Después de ese incidente, el Señor lo dejó en paz. —NTV

ÉXODO 4:25, 26

*M*oisés estuvo a punto de morir de regreso a Egipto porque no había circuncidado a su hijo. ¿Por qué? Moisés vivió 40 años en una corte egipcia y luego otros 40 años en un desierto. Quizá olvidó que la circuncisión era más que un rito. Era un pacto de Dios con Su pueblo.

Su esposa Séfora no era israelita, y quizá se opuso a la circuncisión o no le tomó importancia hasta que comprendió el enojo del Señor y actuó enseguida. Gracias a que Séfora actuó, Dios los dejó seguir su camino y Moisés pudo cumplir su llamado.

A veces olvidamos que tenemos un Dios santo y justo. Su mismo amor lo impulsa a disciplinarnos cuando desobedecemos o ignoramos sus mandatos. Al hacerlo, nos protege de peligros y nos lleva a una vida más santa.

Quizá hoy tu crecimiento o tu llamado se ha estancado porque no estás obedeciendo. Quizá no te has querido bautizar e identificar con el pueblo de Cristo. Tal vez aún conservas un novio inconverso o no has querido dejar un hábito pecaminoso. Sea lo que sea, Dios solo te «dejará en paz» hasta que obedezcas. Actúa pronto como Séfora, pues solo así podrás continuar en el camino del crecimiento. (KOH)

La desobediencia trae consecuencias negativas.

DIOS NO VE TU PASADO

Sé que el Señor les ha dado esta tierra... el Señor su Dios es el Dios supremo arriba, en los cielos, y abajo, en la tierra. —NTV

JOSUÉ 2:9, 11

*S*i te preguntara quién era una gran mujer de fe, tal vez mencionarías a María o a Jocabed, de quienes solo sabemos cosas positivas. Pero ¿sabías que la única mujer mencionada por nombre en «el capítulo de la fe» (Heb. 11), es la prostituta Rahab?

Además, es de las pocas mujeres en la genealogía del Mesías en Mateo 1. Por lo general solo se les mencionaba en casos excepcionales. Rahab tenía tres características en su contra: ser mujer (en una cultura dominada por varones), ser gentil (no del pueblo de Dios) y ser prostituta.

Cuando el rey de Jericó mandó decir a Rahab que sacara fuera a los espías israelitas que había escondido en su casa, no lo obedeció y avisó que ya se habían ido. Ella relató que «se derretía el corazón» de los de Jericó, al saber del imponente poder de Jehová al abrir el mar Rojo y dar la victoria a los israelitas sobre sus enemigos.

Santiago subraya que la fe de Rahab se expresó en sus obras: ocultó a los espías y también dejó la cuerda de color escarlata en su ventana como señal para que encontraran después a su familia. Dios no ve tu pasado; ve el color escarlata de la sangre de Cristo y tu fe en Él. ¡Demos gracias por ello! (MHM)

La sangre de Cristo borra nuestro pasado.

PEDID Y SE OS DARÁ

Concédeme un gran favor —respondió ella—. Ya que me has dado tierras en el Neguev, dame también manantiales... —NVI

JOSUÉ 15:17

De niña practicaba piano en casa de mi maestra. Le pedí a mi papá que comprara uno. Después de varios años, supe lo que era llorar de alegría el día en que llegó un hermoso piano a la casa. Mi papá nunca olvidó mi petición y cuando la situación económica lo permitió, me concedió ese hermoso regalo.

La Biblia también cuenta de un papá generoso: Caleb. Dio como herencia unos terrenos de suelo desértico a su hija Acsa. Ella y su esposo necesitarían mucha agua para poder prosperar, así que Acsa se atrevió a pedir a su padre unos manantiales ¡y Caleb se los concedió!

Dios es un padre generoso y bueno. No tenemos que vivir en un desierto de soledad, carencias, dolor o tristeza. Ten confianza de expresarle tus deseos y necesidades. El refrescará tu alma y concederá las peticiones de tu corazón. Quizá, como mi piano, no veas resultados inmediatos, pero Dios te ama y actuará en el momento adecuado, con la respuesta acertada a tus necesidades y anhelos. (MG)

Si ustedes, que son malos, saben dar cosas buenas a sus hijos, con mayor razón Dios, su Padre que está en el cielo, dará buenas cosas a quienes se las pidan.

JESÚS

DOS HEBREAS CON AGALLAS

Gobernaba en aquel tiempo a Israel una mujer,
Débora, profetisa, mujer de Lapidot. —RVR1960

JUECES 4:4

Una mujer gobernó a Israel en tiempos escabrosos para las mujeres. Es difícil que los pueblos acepten a mujeres como gobernantes. Débora era profetisa de Dios y animó a Barac a pelear contra los enemigos de Israel. Pero Barac no iría a la guerra sin ella. Era su apoyo y necesitaba sentirse seguro.

Gracias al valor que ella le infundió, reunió a 10 000 guerreros y, con la ayuda del Señor, acabaron con todo el ejército de Sísara. Pareciera que, en la historia bíblica, Débora fue la única mujer gobernante puesta por Dios.

Curiosamente, la historia moderna de Israel habla de otra mujer como gobernante. Golda Meir fue el brazo derecho de David Ben-Gurión, quien proclamó la independencia de Israel. Él dijo que Golda era «la mujer judía que consiguió el dinero que hizo posible la creación de Israel que pasaría un día a los libros de historia». Tiempo después, Golda llegó a ser primer ministro de Israel y enfrentó ataques terroristas árabes como la masacre de once atletas israelíes en las Olimpiadas de Munich, y la guerra de Yom Kippur que ganaron los judíos.

Dios puede usarnos como apoyo y ánimo para que otros alcancen grandes logros. Si hacemos bien nuestro papel, quizá lleguemos a… ¿gobernadoras? Lee las historias de estas grandes mujeres, pero sobre todo, sé valiente como Débora. (YF)

No nos gustan las guerras, incluso cuando las ganamos.

GOLDA MEIR

ENEMIGO EN CASA

La más bendita entre las mujeres es Jael, la esposa
de Heber, el ceneo. Bendita sea más que todas
las mujeres que viven en carpas. —NTV

JUECES 5:24

*J*ael tenía al enemigo en casa. El capitán Sísara huía de los israelitas que ganaban la batalla al mando de Barac. Sísara era amigo de la familia, así que pidió asilo y Jael lo dejó pasar. Le ofreció leche y Sísara se quedó dormido.

Nosotras tenemos al enemigo en casa a través de programas de televisión, películas y páginas de Internet. Se presentan como amigos, pero así como Sísara oprimió al pueblo de Israel sin piedad durante 20 años, nuestros enemigos solo esperan la oportunidad para esclavizarnos. ¿Te ha pasado que piensas en un programa de televisión todo el día, o que la imagen de una película no te deja, o que te has vuelto adicta a una página de Internet?

¿Qué hizo Jael? Tomó un martillo y una estaca. Clavó la estaca en la sien del capitán cananeo y él murió. Y aunque nos parezca una escena sangrienta, Débora, en su cántico la llama «bendita» porque destruyó al enemigo del Señor.

En ocasiones solo podemos vencer al enemigo con una acción violenta. Quizá esto requiera que apaguemos el televisor, o saquemos el DVD de la habitación, o nos obliguemos a ver Facebook solo una hora al día. El enemigo en casa es peligroso. Quiere robarnos nuestras mentes y apartarlas del Señor. Como Jael, toma la estaca y actúa. (KOH)

El enemigo mayor que roba nuestra hambre del Señor... no es un video pornográfico, sino una serie televisiva banal que vemos cada noche.

JOHN PIPER

DIOS SOBRE LAS TRADICIONES

... A donde tú vayas, yo iré; dondequiera que tú vivas, yo viviré.
Tu pueblo será mi pueblo, y tu Dios será mi Dios. —NTV

RUT 1:16

Una joven pareja —él de origen judío— deseaba encontrar al Dios verdadero y se propuso estudiar los libros sagrados de varias religiones. Ella empezó a leer la Biblia mientras él manejaba en la carretera. Inició con Mateo 1, «un registro de los antepasados de Jesús el Mesías». Siguió con la larga lista y él quedó boquiabierto: «Pero... ¡es un libro judío!».

La genealogía que a muchos aburre fue para él la prueba de la ascendencia pura del Mesías; los dos investigaron más hasta creer en Jesús y con el tiempo ser traductores bíblicos en una lengua mexicana.

La moabita Rut está allí como la tatarabuela del rey David. Esta mujer rompió con sus tradiciones y sus dioses para seguir a su suegra Noemí a Israel, aunque su esposo había muerto. Dios le proveyó un nuevo esposo de una forma nada convencional. Fue bendecida y fue de bendición a muchas generaciones por romper con costumbres paganas y entregarse al Dios verdadero.

¿Alguna vez has investigado tu árbol genealógico? Es fascinante saber de tus antepasados y, en algunos casos, puedes descubrir cómo Dios obró en sus vidas. Seguramente varios de ellos fueron valientes y abrieron nuevos caminos al dejar atrás tradiciones que no agradaban a Dios. Da gracias a Dios por su ejemplo y atrévete a escoger «el camino, la verdad y la vida». (MHM)

Dos caminos se bifurcaban en un bosque, yo tomé el menos transitado, y eso hizo toda la diferencia.

ROBERT FROST

DULCE Y AMARGA

... Tan pronto entraron en el pueblo, toda la gente se sorprendió al verlas y se armó un gran alboroto. Las mujeres decían: ¡Miren, pero si es la dulce Noemí! —TLA

RUT 1:19

Es muy interesante observar la concordancia que existe entre la vida y temperamento de los personajes bíblicos y su nombre.

Noemí significa «dulce» en hebreo. Sin duda fue una suegra ejemplar. ¡Pocas nueras eligen vivir con su suegra!

Su vida no siempre fue color de rosa. Tuvo que emigrar para subsistir, conoció el hambre. Sus hijos murieron. Un día dijo: «No me llamen Dulce, llámenme Mara que significa "amargura", porque en grande amargura me ha puesto el Todopoderoso». Pero Dios no la abandonó. Le dio sustento y recobró su dulzura convirtiéndose en una amorosa abuelita.

Es inevitable pasar por diversas pruebas. Es la manera en que Dios nos perfecciona. Pero no te amargues ni pierdas la esperanza. La frustración genera insatisfacción y neurosis. Dice un proverbio que no hay mejor medicina que tener pensamientos alegres. Bríndate la oportunidad de ser una jovencita feliz y a su tiempo una dulce esposa, una buena suegra y una amante abuelita. (MG)

La vida es un arco iris que incluye el negro.
YEVGENY YEVTUSHENKO

TODAS TENEMOS UN SAMUEL

Y a su debido tiempo, después de haber concebido,
Ana dio a luz un hijo, y le puso por nombre Samuel,
diciendo: Porque se lo he pedido al Señor. —LBLA

1 SAMUEL 1:20

¿Sabías que entre el pueblo judío muy religioso, es imprescindible que el varón tenga hijos? Si después de diez años de matrimonio no hay hijos, el hombre tiene la obligación de divorciarse de su mujer aunque la ame, y buscar otra con la que pueda tenerlos.

En tiempos bíblicos, el hombre no se divorciaba, sino que podía tener otra mujer si su esposa no le daba hijos. El no tener hijos era la peor afrenta que podía sufrir una mujer. Esta era la situación de Ana. Era la primera esposa de Elcana, pero como ella no tenía hijos, Elcana tuvo que casarse con Penina. Y Penina era cruel y humillaba a Ana.

Llegó el momento en que Ana no pudo soportarlo más. ¡Cada año era lo mismo! Así que derramó su corazón delante de Dios y expuso su petición: «Que dieres a tu sierva un hijo varón». El Señor compasivo concedió la petición de Ana. En agradecimiento, ella le puso a su hijo el nombre hebreo Shmu-el (Samuel en español), que quiere decir «Dios oye».

En mi experiencia, he recibido muchísimas contestaciones a peticiones hechas al Señor. Se puede decir que cada contestación es un Shmu-el en mi vida. «Dios oye» debería ser la frase con la que cada día se llene de esperanza nuestro corazón.

¿Cuál es tu Shmu-el de hoy? (YF)

Y cuando él clamare a mí, yo le oiré,
porque soy misericordioso.

DIOS

BUEN JUICIO

¡Gracias a Dios por tu buen juicio! Bendita seas, pues me has impedido matar y llevar a cabo mi venganza con mis propias manos. —NTV

1 SAMUEL 25:33

En el pasado los matrimonios eran arreglados, y los padres de Abigail no hicieron un buen trabajo al casarla con Nabal. Aun cuando era rico, la Biblia le llama perverso e insensato. El nombre Nabal, precisamente, significa «necio, tonto, atolondrado». Abigail, sin embargo, era una mujer sensata y de buen juicio.

Gracias a su intervención, David no cometió una matanza producida por la ira al tratar de razonar con un «necio». Abigail evitó un baño de sangre, y como en un cuento de hadas, el «malo» murió y Abigail se casó con David, el futuro rey.

Sin embargo, reflexionemos en el nombre de Abigail. Significa «fuente de gozo» o «la alegría del padre». Me hace pensar que su nacimiento trajo gozo a sus progenitores, del mismo modo que, aunque Nabal no la apreció, fue una fuente de gozo y paz en el hogar.

Tenemos dos caminos: ser «los Nabal» o «las Abigail». ¿Cómo saber quién somos? Es cuestión de analizar lo que sale de nuestra boca: ¿ira y contienda?, ¿buen juicio y palabras conciliadoras? Busquemos ser como Abigail, sensatas, de buen juicio, una fuente de gozo para los que nos rodean, aun cuando solo estemos acompañadas por gente necia e insensata. (KOH)

La mujer sabia edifica su hogar, pero la necia con sus propias manos lo destruye.

SALOMÓN

MODESTA Y APROPIADA

Y quiero que las mujeres se vistan de una manera modesta.
Deberían llevar ropa decente y apropiada... —NTV

1 TIMOTEO 2:9

«**A**y mamá, ¡si todas mis amigas la están usando! ¡No seas tan anticuada!». Palabras más, palabras menos, son comunes en las chicas. Si lo que «está de moda» es la ropa entallada, escotes o minifaldas, de todas formas se sienten obligadas a usarla. Mientras más enseñes, más atractiva, según los dictados de la moda.

Pocas están conscientes de cómo su vestimenta afecta la mente de los hombres. ¿Realmente quieren atraer miradas libidinosas en vez de admiración por su apariencia pulcra?

A Betsabé le han tachado de seductora por bañarse al aire libre, aunque la Biblia nunca sugiere que ella tuviera la culpa de que el rey David fuera tentado a adulterar por verla desnuda. Pero los hogares de la época no tenían baños, aunque muchos tenían un patio interior donde las familias acostumbraban bañarse. Desde la azotea del palacio, seguramente el rey estaba en una posición más alta en que podía invadir la privacidad de Betsabé.

Pero aun si haya sido inocente la acción de Betsabé, debió haber pensado más en cuidar su modestia «por si las dudas» para evitar consecuencias indeseadas. Piensa bien en la belleza que agrada a Dios, que consiste principalmente en lo interior, pero también en una cara radiante que refleja su luz. (MHM)

Respétate, y date a respetar.

LA LEY DEL MOMENTO OPORTUNO

Ester le respondió: —Si he agradado a Su Majestad,
y le parece bien cumplir mis deseos, me gustaría que
usted y Amán vengan a otro banquete... —TLA

ESTER 5:8

*A*ún sin las palomitas de maíz, se puede disfrutar del Libro de Ester más que cualquier película premiada. Su semblanza, belleza y virtudes hacen de ella una de las mujeres más impactantes de la historia. Una de esas virtudes fue dominar el arte de encontrar el momento oportuno para tener una conversación crítica con su esposo el rey, uno de los hombres más poderosos de la época.

Se preparó con oración, ayuno y pidió a otros su apoyo en oración. Se preparó físicamente presentándose ante el rey luciendo espectacular. Preparó un cálido ambiente en su banquete. No se apresuró. Su prudencia e intuición femenina le dictaron esperar hasta que se dieran las circunstancias ideales para lograr un buen resultado.

Para solucionar conflictos que se presentarán en tu diario vivir, será necesario confrontar, comunicar y entablar conversaciones críticas con las personas. Aprende de Ester a orar, pedir ayuda a otros y ser prudente. Quizá hoy es el momento oportuno de preparar palomitas de maíz y leer la historia de Ester. (MG)

En esta vida todo tiene su momento;
hay un tiempo para todo.
SALOMÓN

PARA FE, LA DE ELISABET

¡Dichosa tú que has creído, porque lo que el
Señor te ha dicho se cumplirá! —NVI

LUCAS 1:45

Pareciera que la Biblia está destinada al género masculino. Muy pocas mujeres son el personaje principal de las historias que en ella se relatan. ¿Te has preguntado si Dios tiene cuidado de nosotras las mujeres? Afortunadamente, el mismo Dios de la Biblia nos dejó ejemplos escritos que muestran que Él nos favorece especialmente cuando tenemos fe.

Elisabet, la esposa de Zacarías el sacerdote, era estéril. ¿Cuántas veces Zacarías oró al Señor pidiéndole un hijo? Tanto lo había hecho que su fe se había convertido en incredulidad. Cuando Gabriel le anuncia que va a tener un hijo, no lo cree y se queda sordomudo por un tiempo.

Aunque la Biblia no nos lo dice explícitamente, pareciera que pasaba lo contrario con su esposa Elisabet. No había perdido la esperanza y estaba muy segura de que tener fe tiene su recompensa. Así que, cuando María la visita, entre otras bendiciones, Elisabet le dice: «¡Dichosa tú que has creído, porque lo que el Señor te ha dicho se cumplirá!».

Elisabet estaba segura de esta declaración porque ella misma la había experimentado. En esos momentos estaba esperando a su hijo Juan, un hijo pedido por ella y su esposo, prometido por Dios y ya engendrado. ¿Estás dispuesta a seguir esperando el cumplimiento de una promesa de Dios? ¡No dejes que tu fe decaiga! (YF)

Sin fe es imposible agradar a Dios.

ESCRITOR DE HEBREOS

BIENAVENTURADA

Eres bendita porque creíste que el Señor
haría lo que te dijo. —NTV

LUCAS 1:45

Era una muchacha de tu edad, quizá más joven, pero recibió la noticia más impactante del mundo. ¡Sería la madre de Jesús!

Sabemos muy poco de María. Desconocemos su apariencia física. ¿Era alta o de pequeña estatura? ¿Rubia o morena? Tampoco sabemos mucho de su personalidad. ¿Era tímida o el alma de una fiesta?

Sin embargo, en su vida resaltan la obediencia, la disponibilidad y la fe. Cuando su prima Elisabet alaba su fe, quizá pensaba en su propio esposo, quien cuando el mismo ángel —Gabriel— le anunció que tendría un hijo, no reaccionó con la misma confianza que la joven María y quedó mudo hasta que el niño nació.

En Hebreos 11 se nos dice que sin fe es imposible agradar a Dios. María creyó en la existencia de Dios, confió en que recompensaría su fe ¡y recibió un hermoso hijo!

¿Deseas acercarte a Dios? Entonces debes estar convencida que Él es real y que Él te busca de manera personal. La bendición de María puede ser la tuya también. Solo es necesario que pongas tu fe en Jesús como tu Salvador (quien puede librarte del pecado) y como tu Señor (quien dirige tu vida y tiene un plan para tu bien). (KOH)

María creyó que Dios cumpliría Su promesa. ¿Y tú?

DEL AFÁN A LA FE

El Señor le dijo: —Mi apreciada Marta, ¡estás preocupada
y tan inquieta con todos los detalles! Hay una sola
cosa por la que vale la pena preocuparse... —NTV

LUCAS 10:41-42A

La vida actual está llena de distracciones. Siempre estamos viendo o escuchando algo, mucho más con el Internet.

Recientemente reportaron que los jóvenes revisan su celular cada 15 minutos en promedio. Además de distraídos, nos enteramos más rápido de terribles desastres en todo el mundo y es fácil imaginar que nos podrían afectar. ¡Qué angustia!

Me identifico mucho con Marta, no por su naturaleza servicial, sino por «preocupona» y aprehensiva, un manojo de nervios.

Una versión de la Biblia dice que estaba «afanada y turbada». No podía calmarse, preparar algo sencillo, disfrutar a sus invitados y, sobre todo, escuchar a Jesús.

Jesús le recordó que esto último era lo primordial. Después, cuando fallece su hermano Lázaro, Marta ha aprendido algo. Es la primera que sale al encuentro de Jesús, dejando sus tareas.

Además, confiesa abiertamente su fe: «Siempre he creído que tú eres el Mesías, el Hijo de Dios, el que ha venido de Dios al mundo».

Así como Marta avanzó del afán a la fe, lo puedes hacer tú. Fija tus ojos en Aquel que quiere darte perdón, paz y vida eterna.

Ese enfoque nuevo hará que las preocupaciones dejen de dominarte. (MHM)

No se preocupen por nada; en cambio, oren por todo.

PABLO

LO BUENO Y LO MEJOR

Esta tenía una hermana que se llamaba María, la cual,
sentándose a los pies de Jesús, oía su palabra. —RVR1960

LUCAS 10:39

*P*iensa en un lugar en el que te sientes segura, amada, aceptada y en paz. ¿La escuela? No siempre. ¿El hogar? Tal vez es un buen lugar pero, sin duda, el mejor lugar para estar es a los pies de Cristo.

La Biblia describe a María de Betania sentada a los pies de Jesús en varias ocasiones. Un día Jesús estaba de visita en casa de María. Su hermana Marta escogió algo bueno: atender a Jesús lo mejor posible, y estaba afanada con los quehaceres. Jesús dijo que María había escogido lo mejor: estar con Él.

Este relato nos orienta en relación a nuestro orden de prioridades. A veces lo bueno es enemigo de lo mejor. Es posible ocuparse tanto, aun en actividades de la iglesia, que no tenemos tiempo de estar con Jesús.

Juan Wesley dijo: «Tengo tanto que hacer que pasaré varias horas en oración antes de hacerlo». No hay mejor lugar en este mundo que arrodillarse a los pies de Cristo. A sus pies te sentirás segura. A sus pies el corazón no se turba ni tiene miedo. A sus pies hay paz. (MG)

A veces estamos tan ocupados en la obra del Señor, que nos olvidamos del Señor de la obra.

ANÓNIMO

UN TRATO DIFERENTE

Habiendo, pues, resucitado Jesús... apareció
primeramente a María Magdalena, de quien
había echado siete demonios. —RVR1960

MARCOS 16:9

*E*n tiempo de Jesús, una mujer no tenía valor. El nacimiento de una niña era motivo de tristeza. Si era menor de doce años podía ser vendida como esclava, o si era mayor, el padre podía darla en casamiento.

Ya casada, tenía que pagar por su mantenimiento haciéndose responsable de todo el trabajo de la casa más hilar y tejer. No podía salir a la calle sin cubrirse el rostro y ningún hombre debía hablar con ella en público. No debía educársele ni enseñarle la ley de Moisés (Torá), y había un dicho: «Vale más quemar la Torá que transmitirla a las mujeres».

Si no tenía hijos, era por castigo divino. Se consideraba mentirosa por naturaleza y solo el marido podía divorciarla. Todavía, algunos varones judíos recitan: «Gracias por no haberme hecho esclavo, pagano o mujer».

¿Piensas en lo desvalorizada que se sentía una mujer? Imagina a María Magdalena, quien había tenido siete demonios. ¿Cómo era tratada? El Señor Jesús rompió con todas esas leyes ridículas y trató a las mujeres como seres valiosos, revelando que Dios nos considera imagen y semejanza suya. María Magdalena recibió el honor de ser la primera en mirar al Señor resucitado. ¿Te has sentido sin valor alguna vez? Ven a Jesús. Él va a darte un trato diferente. (YF)

Ya no hay hombre ni mujer, porque todos
ustedes son uno en Cristo Jesús.

PABLO

MANOS SABIAS

... El cuarto estaba lleno de viudas que lloraban
y le mostraban a Pedro las túnicas y demás
ropa que Dorcas les había hecho. —NTV

HECHOS 9:39

Aún conservo un separador que mi hermana me hizo en punto de cruz con un osito leyendo libros. Una amiga muy especial me regaló para mi boda un cuadro para la cocina hecho en punto de cruz, y cuando nació mi primer hijo le hizo un hermoso retablo con su nombre y unos ositos. Ellas usaron sus manos para obsequiarme algo especial.

Tabita, o Dorcas en griego, siempre hacía buenas acciones y ayudaba a los pobres. Cuando enfermó y murió, los creyentes de Jope se sintieron tan desconsolados que hicieron venir a Pedro quien se encontraba en una ciudad cercana.

Lo llevaron al cuarto de la planta alta donde las viudas le mostraron las túnicas y demás ropa que Dorcas les había hecho. Ella había tocado sus vidas a través de manos cariñosas. Pedro, en el poder del Espíritu, resucitó a Dorcas y se armó una agradable reunión a su alrededor.

Quizá te guste tejer o coser o bordar. Tal vez seas buena para las manualidades. A través de tus manos puedes bendecir a otros por medio de obsequios y detalles que reflejen que te preocupas por los demás. Y qué mejor si mientras tejes o trabajas bañas lo que estás haciendo con oraciones a favor de esa persona. (KOH)

Señor, dame manos cariñosas.

PORTADORAS DE REALEZA

*Una de [las mujeres] era Lidia, de la ciudad de
Tiatira, una comerciante de tela púrpura muy
costosa, quien adoraba a Dios... —NTV*

HECHOS 16:14

Confieso que soy fanática del color morado en todos sus tonos, y cuando supe que en la antigüedad era usado «solo por la realeza», casi me daba aires de reina. De hecho, el púrpura es un tono especial del morado que provenía originalmente de varias especies de caracoles marinos. Se extraía rompiendo los moluscos, pero cada uno daba solo una gota de tinta.

Se requería que murieran 250 000 caracoles para obtener 30 gramos de la sustancia, así que ¡puedes imaginarte lo prohibitivo que era su costo! En la Roma antigua su uso estaba restringido por ley, tanto así que se permitía solo para el emperador hasta el siglo iv.

Un dato curioso: en la costa de Oaxaca, México, los tintoreros mixtecos utilizan un tinte de caracol para sus tejidos, pero lo extraen sin dañar a los moluscos.

La primera creyente de Europa, Lidia, era vendedora de púrpura, así que se considera que era una mujer rica con nexos de alto rango. Cuando creyó en Cristo, llegó a ser hija del Rey celestial. Pero no se daba aires sino, de manera contraria, inmediatamente quiso servir a otros, sobre todo insistiendo que Pablo y Silas se hospedaran en su casa. Como Lidia, tú eres portadora de realeza, no por lo que vistes, sino porque eres hija del Rey. (MHM)

¿Reflejas los «colores» del Rey?

¿CRISTIANOS PIRATAS?

Trayendo a la memoria la fe no fingida que hay en ti, la cual habitó primero en tu abuela Loida, y en tu madre Eunice, y estoy seguro que en ti también. —RVR1960

2 TIMOTEO 1:5

En cuanto a bolsos se refiere, Louis Vuitton, Prada, Hermes, Chanel, Salvatore Ferragamo, Gucci y Dior son de las marcas más cotizadas. Pero han proliferado las copias pirata. Si se adquiere un bolso original en el extranjero, en la aduana llamarán a un valuador experto. Examinará el artículo y, si es original, se pagará el impuesto correspondiente. Si es copia, será confiscada.

Hay dos criterios para distinguir una copia del original: el primero es examinar el interior. La copia tendrá un interior de mala calidad. Y el otro es el tiempo: el original será más durable.

Así como hay bolsos de imitación, también hay cristianos con una fe que no es auténtica. Eunice, mamá de Timoteo, tenía una «fe no fingida». La heredó de Loida y la transmitió a Timoteo. Tres generaciones es bastante para pasar la prueba del tiempo. Su fe era genuina. El fruto de sus vidas daba testimonio de ello.

Se puede dudar de la fe de algunas personas solo con mirar lo que publican en Facebook. No son congruentes. Con el tiempo, terminan mal. Si Dios, el valuador de corazones echa un vistazo a tu interior, ¿encontrará una fe auténtica? (MG)

Ser original no es ser diferente, es ser auténtico.

LA DESCONOCIDA DÁMARIS

Algunas personas se unieron a Pablo y creyeron. Entre ellos estaba Dionisio, miembro del Areópago, también una mujer llamada Dámaris, y otros más. —NVI

HECHOS 17:34

*D*ios decidió que figuraran en Su Palabra nombres de los que nunca sabremos el trasfondo. Y el nombre de Dámaris se encuentra en el Libro de Hechos de los Apóstoles sin ninguna otra referencia sobre ella más que era mujer.

Un detalle que podemos saber es que era de Atenas, la capital de Grecia y el centro de adoración de innumerables dioses.

Pablo expresa su asombro cuando visita Atenas y dice: «En todo observo que sois muy religiosos». Hasta tenían un altar «al Dios no conocido» por si les faltaba alguno. La ciudad tenía un conjunto de jueces llamado Areópago, que decidía sobre leyes y enjuiciaba a los delincuentes. Cuando Pablo predicó delante del Areópago, Dionisio, uno de estos jueces, creyó en el Señor junto con Dámaris. Dionisio era un hombre importante, podemos pensar que Dámaris también lo era y por eso se la nombra aparte de los «otros más» que también creyeron.

Quizá el trasfondo religioso de Dámaris estaba lleno de decepciones espirituales y cuando oyó del Dios verdadero, su corazón encontró por fin lo que todos los dioses griegos no tenían y le entrega su corazón. Esto bastó para que Dios eternizara su nombre en Su Palabra. Nuestro nombre también ha sido eternizado en el Libro de la Vida. ¿No es motivo suficiente para regocijarnos? (YF)

Pero no os regocijéis de que los espíritus se os sujetan, sino regocijaos de que vuestros nombres están escritos en los cielos.

JESÚS

MI CASA ES TU CASA

*Y como él era del mismo oficio, se quedó con
ellos y trabajaban juntos, pues el oficio de ellos
era hacer tiendas de campaña.* —NBLH

HECHOS 18:3

Al pagar la cuenta en un hotel, entregan una hojita con preguntas y piden evaluar la atención que se brindó. La hospitalidad es importante en el rama turística. Es la cualidad de acoger y tratar con amabilidad y generosidad a los invitados aun cuando sean extraños.

Priscila poseía esta cualidad. Ella y su esposo fueron una pareja ejemplar. Hospedaron a Pablo, a Apolos y la iglesia se reunía en su casa. La hospitalidad también es importante en el hogar y en el ministerio. Es reconfortante recibir de los anfitriones un guisado recién preparado y una cama dónde descansar. Gracias a Dios por todas aquellas «Priscilas» que te hacen sentir en casa aun cuando estás lejos de ella.

Tal vez desde ahora recibes la visita ocasional de compañeros, de tu amiga especial o de familiares. En el futuro, cuando formes tu propio hogar, serás la «Priscila» de la casa.

Imagina que, al dejar tu hogar, les entregaran a los invitados una hojita de evaluación como en los hoteles. ¿Cómo calificarían nuestra atención, amabilidad y limpieza? ¿«Mala», «satisfactoria», «buena» o «excelente»? (MG)

*Invitar a alguien equivale a encargarse de
su felicidad en tanto esté con nosotros.*

JEAN ANTHELME BRILLAT-SAVARIN

UNA CHICA DESPISTADA

Cuando llamó Pedro a la puerta del patio, salió a escuchar una muchacha llamada Rode... —RVR1960

HECHOS 12:13

*¡C*ómo me identifico con Rode! Cuando las emociones me dominan, no actúo adecuadamente. Pero veamos el trasfondo: Pedro estaba encarcelado y al día siguiente, Herodes lo mataría. Así que «la iglesia hacía oración ferviente a Dios por él». Y Rode estaba ahí, orando fervientemente por Pedro.

Cuando el ángel enviado por Dios libró a Pedro de la cárcel, Pedro buscaba ponerse en contacto con los hermanos cuanto antes y huir. Así que, a la medianoche, llega apresuradamente a la casa de María, la madre de Marcos, y toca con desesperación.

¡No quiere ser visto! Oyendo, Rode sale a abrir, pero cuando escucha la voz de Pedro, se entusiasma tanto que no abre y entra emocionada a decirles a todos quién había llegado.

Tal vez Rode oraba con fe y por eso tuvo el privilegio de ver contestada su oración. Quizá los demás no esperaban la contestación tan pronta, puesto que trataron a Rode de loca y concluyeron que no era Pedro, sino su ángel.

No importa si tú y yo somos despistadas cuando nos dominan las emociones. Lo importante es que nuestra oración ferviente vaya acompañada de fe. El Señor estará complacido por eso y nos mostrará sus maravillas si confiamos en sus promesas. (YF)

Es, pues, la fe la certeza de lo que se espera, la convicción de lo que no se ve.

ESCRITOR DE HEBREOS

MI ABOGADO

... pero si alguno peca, tenemos un abogado que defiende nuestro caso ante el Padre. Es Jesucristo, el que es verdaderamente justo. —NTV

1 JUAN 2:1

Zoila encubría un terrible secreto, era algo tan horrible que no se atrevía a contarlo. Cuando escuchó de Jesús, puso su fe en Cristo y su vida cambió. Sin embargo, la culpa la atormentaba cada vez que veía un bebé. Zoila se había hecho un aborto. No concebía que Dios la perdonara.

Por fin un día abrió su corazón y se lo contó a una amiga cristiana. Ella la guió a 1 Juan 2:1. Le dijo: «Cristo es tu abogado defensor. Él ya pagó por tus pecados, todos ellos, y ahora puedes presentarte delante de Dios sin culpa alguna».

«¿Pero mi conciencia?», le preguntó Zoila. Su amiga le hizo leer la misma epístola, en el capítulo 3, versículos 19 y 20. «Nuestras acciones demostrarán que pertenecemos a la verdad, entonces estaremos confiados cuando estemos delante de Dios. Aun si nos sentimos culpables, Dios es superior a nuestros sentimientos y él lo sabe todo».

Quizá tú también cargas un pecado a cuestas. O tal vez has cometido algo terrible, ya siendo creyente. No importa lo que hagas, tu Abogado te defiende. Solo basta que le creas. «Queridos amigos, si nos sentimos culpables, podemos acercarnos a Dios con plena confianza» (1 Jn. 3:21). ¡Gracias a Dios por nuestro Abogado! (KOH)

¿Quién nos condenará? Nadie. Porque Cristo murió por nosotros.

PABLO

SEAMOS SEGUIDORAS

*La mujer dijo: —Sé que el Mesías está por
venir, al que llaman Cristo... —NTV*

JUAN 4:25

«Soy cristiana». Lo decimos fácilmente, como una etiqueta que desgraciadamente crea reacciones negativas en algunas personas. En ocasiones piensan que crees herejías, o que todo se te prohíbe, o que te la pasas rezando.

Un misionero que conozco prefiere decir: «Soy seguidor de Cristo». Pero muchos no saben que el nombre Cristo es una palabra griega que significa Mesías, «ungido de Dios». En los tiempos bíblicos se ungía con aceite a quienes Dios llamaba para una misión especial, como los reyes y profetas.

Pero el Mesías en realidad era único, y en el Antiguo Testamento se profetizó que sería enviado por Dios para salvar a los judíos. Sería descendiente del rey David, como lo fue Jesús. Sufriría por llevar sus pecados y sería entre otras cosas «Dios poderoso, Padre eterno».

Desde Génesis Dios prometió que enviaría al que diera la verdadera respuesta al problema del corazón rebelde. En Jesús «el Cristo» Dios cumplió con sus promesas. Quiere que seas —no de nombre solamente sino de corazón— hija suya y seguidora suya. Originalmente el término «cristiano» surgió como insulto, como decir «pequeños Cristos», pero para nosotros no debe ser un insulto sino un privilegio. ¡Que seas un pequeño Cristo para los que te rodean! (MHM)

Señor, seguirte quiero guiado por tu luz.

EL PAN QUE SACIA

Yo soy el pan que da vida. —DHH

JUAN 6:48

Uno de los ingredientes básicos en la alimentación mundial es el pan. Tiene formas diferentes de acuerdo a cada necesidad.

Puede ser una hamburguesa o un hot dog en Nueva York, una *baguette* o un *croissant* en Francia, el *döner kebab* en Alemania, la *focattia* en Italia o una hojaldra en México.

El pan se adapta para satisfacer las diferentes necesidades diarias de cada persona en particular. Así es Jesús. El pan es para el hambre lo que Jesús es para el alma. Jesús dijo: «Yo soy el pan de vida». Él puede satisfacer lo que requiere cada persona. Es consuelo para el que sufre, compañía para el solitario, ayuda al enfermo y también al sano. Puede saciar el hambre de amor y nutre con fuerzas y esperanza a quien no tiene ningunas.

Jesús es capaz de satisfacer cualquier necesidad que tengas. En Él puedes estar completa. Pero así como el pan se come todos los días, también a Él hay que invitarlo a la mesa todos los días. Jesús nos sustenta a través de la oración y nos nutre por medio de Su Palabra. (MG)

No solo de pan vivirá el hombre, sino también de toda palabra que salga de los labios de Dios.

JESUCRISTO

EL DIOS FUERTE

*Porque un niño nos es nacido, hijo nos es dado, y el
principado sobre su hombro; y se llamará su nombre
Admirable, Consejero, Dios Fuerte... —RVR1960*

ISAÍAS 9:6

*C*uando era adolescente, personas de otra secta casi me convencieron de que el Señor Jesús no era Dios. Fue un tiempo difícil porque estaba confundida. Así que pedí en oración que Dios mismo me enseñara la verdad. ¡Y el Señor contestó!

Abría mi Biblia y encontraba versículos tanto en el Antiguo Testamento como en el Nuevo, que se referían a Jesús como Dios. El versículo de hoy es uno de ellos. «Dios fuerte» puede traducirse como «Dios poderoso» o «Dios invencible». Hermoso, ¿verdad?

Tiempo después, hablando con un joven judío, nos acusó de politeístas. «Eso no es cierto», le dije. Pero aseguraba que sí porque creemos que Jesús es Dios. Repuse que yo creía lo que las Escrituras hebreas decían sobre el Mesías, y mencioné este versículo. No quiso aceptar mi traducción española y sacó su Tanaj (Antiguo Testamento) y leyó en hebreo. Mientras leía, su cara cambiaba asombrada. «¡No puede ser!», replicó. Volvió a releer y mirándome, dijo: «Tengo que preguntárselo al rabino».

«¿Por qué al rabino si el Tanaj es muy claro?», le dije. Su contestación fue: «Porque las cosas difíciles las debemos consultar con los sabios». Espero que el Espíritu Santo haya iluminado su corazón pues el Señor Jesús es Dios porque la Biblia lo enseña. Nunca lo dudes. (YF)

*Cristo, el cual es Dios sobre todas las
cosas, bendito por los siglos.*

PABLO

UN DIOS CERCANO

... todo fue creado por medio de él y para él. —RVR1960

COLOSENSES 1:16

Imagina que un virus entra en tu computadora y tienes problemas con Microsoft. Mandas un correo al responsable y dos días después, a la puerta de tu casa está Bill Gates, el fundador y creador de la empresa para arreglar el asunto.

¿Imposible? Probablemente.

La Biblia nos dice que Dios, en sus tres personas, creó el mundo, por eso Génesis 1 usa el plural: «Hagamos a los seres humanos a nuestra imagen». Pero Dios no es un Creador que está lejos, como Bill Gates que se encuentra en su casa de Seattle mientras que millones de personas usamos sus productos alrededor del mundo.

Cuando el virus del pecado entró al mundo y echó a perder el hardware, el software y todo lo creado, Dios no mandó a sus especialistas, sino que por medio de Jesús se hizo carne y habitó entre nosotros. El Creador se hizo como una de Sus criaturas para tomar nuestro lugar y rescatarnos del pecado.

Si crees que Dios está lejos de ti, entonces no has creído en el Dios de la Biblia. El Dios que allí se revela es un Dios personal, cercano y accesible. Si ya eres su hija, ¡está en ti! Si aún no has creído en Él, ¿qué esperas? El Creador está a la puerta de tu casa. ¿Le dejarás entrar? (KOH)

¡Mira! Yo estoy a la puerta y llamo.

JESÚS

EL SIGNIFICADO DEL ΙΧΘΥΣ

*Pues no me avergüenzo de la Buena Noticia acerca
de Cristo, porque es poder de Dios en acción
para salvar a todos los que creen... —NTV*

ROMANOS 1:16

Una vez un alumno mío traía su dije del pez que lleva las letras «ΙΧΘΥΣ», aunque las letras realmente son diferentes de las del español. Pensé que era cristiano evangélico y le di la oportunidad de expresar su fe: «¿Qué significa eso?». Se ruborizó y masculló: «No sé». No volvió a usar esa cadena, y solo tiempo después supo que yo era creyente también.

En la iglesia primitiva se usó ese símbolo como un acróstico para «Jesús Cristo, Hijo de Dios, Salvador» que forma la palabra «pez» en griego. Así los cristianos perseguidos podían identificar de forma secreta los lugares en donde se reunían los creyentes. Jesús —o Yeshúa en hebreo— tiene la misma raíz que el nombre Josué. Significa «Yahvé (Jehová) es salvación». ¡No por casualidad indicó el ángel a José que aquel sería el nombre de su hijo!

Si te gusta usar símbolos cristianos que realmente sean oportunidades de compartir tu fe de manera positiva y no solo «moda». Si no los usas, de todas maneras tu forma de actuar y hablar son las mejores señales de una vida transformada. No te avergüences de Jesucristo, Hijo de Dios y Salvador de todos los que lo buscan. (MHM)

Si alguien les pregunta acerca de la esperanza que tienen como creyentes, estén siempre preparados para dar una explicación.

PABLO

CONSEJERO ADMIRABLE

... y se le darán estos nombres: Consejero admirable,
Dios invencible, Padre eterno, Príncipe de paz. —TLA

ISAÍAS 9:6

¿Tenis o botas? ¿Ensalada o panino?¿Bruno Mars o Katty Perry? Decisiones. Cada día tomamos miles de ellas. Algunas serán más difíciles que solo elegir cómo vestirnos, qué desayunar o qué música escuchar. Tres de estas decisiones serán trascendentales en tu vida.

La más importante es decidir si aceptas o rechazas a Jesús como Salvador y Señor de tu vida. También deberás elegir tu carrera y tu pareja. Elegir bien es lo que hace la diferencia en la vida de las personas. Buenas decisiones tendrán buenas consecuencias y malas decisiones traerán malas consecuencias, afectándonos o beneficiándonos de por vida.

Por ello, necesitas un consejero. El mejor de ellos es Jesús. Consejero es uno de Sus nombres. Él fue tentado lo suficiente como para entender lo que ello significa. Fue rechazado lo suficiente como para comprender tus sentimientos y guiarte hacia personas seguras. Te conoce tanto que puede satisfacer todas tus necesidades. Quedarás admirada de Sus consejos y la vida tan exitosa que tendrás si los sigues. (MG)

Te haré entender, y te enseñaré el camino en que debes andar; sobre ti fijaré mis ojos.

DIOS

EL CORDERO DE DIOS

... vayan en seguida a sus rebaños, escojan el cordero para sus respectivas familias, y mátenlo para celebrar la Pascua. —NVI

ÉXODO 12:21

¿Te has preguntado por qué la Biblia llama al Señor Jesús «Cordero de Dios»? Cuando los israelitas eran esclavos en Egipto, para que el faraón los dejara ir, Dios utilizó nueve plagas que afectaron solo a los egipcios y no a los hebreos. Sin embargo, la décima plaga afectaría también a los hebreos si ellos no marcaban con la sangre de un cordero los dinteles de su casa.

Es como si Dios hubiera visto a los hebreos tan malvados como los egipcios y decidió que solo los que se «cobijaran» bajo esa sangre tendrían a salvo a sus primogénitos. Yo creo que algunos egipcios que temían al Dios de Israel, supieron de esta forma de salvarse y la aprovecharon.

Juan el Bautista llamó al Señor Jesús: «... el Cordero de Dios que quita el pecado del mundo» (Jn. 1:29, LBLA). ¿Te imaginas? El mismo Dios hecho hombre, decidió venir al mundo para ser tratado como el cordero de la Pascua: tenía que ser sacrificado; Su sangre debía ser derramada; los que confiaran en ese sacrificio, debían cobijarse bajo Su sangre para protegerse de la condenación del infierno.

Todos los que tenemos a Jesús como nuestro Cordero, estamos libres de condenación. ¿Has llevado delante de Dios a Jesús como el Cordero que quita tu pecado? ¿Estás cobijada bajo Su sangre? (YF)

Y sin derramamiento de sangre no se hace remisión.

EL ESCRITOR DE HEBREOS

PADRE ETERNO

... y será llamado... Padre Eterno... —NTV

ISAÍAS 9:6

*M*ientras cuatro chicas realizaban una dinámica para encontrar lo que tenían en común, descubrieron que ninguna tenía un padre. La primera lo perdió en un accidente a la edad de 10 años. La segunda jamás conoció a su padre; era hija de una madre soltera. Los padres de la tercera se divorciaron cuando ella iba al jardín, así que tuvo un padre de fines de semana que con el paso del tiempo desapareció. Y la cuarta concluyó que aunque su padre vivía con ella, su relación era más fría que un témpano de hielo.

La figura paterna es vital para el desarrollo. Tristemente, como en el caso de estas cuatro señoritas, muchas crecen sin un padre. Pero la Biblia está llena de buenas noticias. Y una es esta: Jesús es nuestro Padre Eterno.

Él es el Padre que siempre nos escucha y al que siempre le interesamos, quien siempre está allí para defendernos y guiarnos. Es el Padre que disciplina y que se muestra severo ante nuestro pecado, pero que ama profundamente y perdona sin guardar rencor.

Quizá tú no has tenido la figura de un padre; no te desanimes. En Dios puedes encontrar el abrazo del Padre que todas anhelamos. En este día déjate abrazar por Él. ¿Cómo?

Simplemente habla con Él y déjate amar. (KOH)

Y a pesar de todo, oh Señor, eres nuestro Padre.

ISAÍAS

OVEJITAS SIN TEMOR

... yo soy la puerta de las ovejas [...] los que entren a través de mí serán salvos. Entrarán y saldrán libremente y encontrarán buenos pastos. —NTV

JUAN 10:7,9

En la actualidad hay mucha confusión en cuanto a la espiritualidad y existen decenas de opciones para «realizarse» o «buscar a Dios». De hecho, se considera aceptable que cada quien crea su propia mezcolanza de creencias. Algunos compañeros te dirán: «Hay muchos caminos a Dios» y creen que todos son válidos. ¿Será? Jesús dijo que Él era la puerta, no una de muchas puertas.

Los judíos se tenían por ovejas de Dios, su rebaño, pero habían sufrido bajo muchos líderes o «pastores» que no obraban con amor. Curiosamente, Jesús se presenta en Juan 10 no solo como el buen pastor, sino también como puerta del redil. No solo cuida de las ovejas con ternura; es también la puerta que los protege de las inclemencias del tiempo y de depredadores peligrosos. Esa misma puerta se les abre para que salgan a pastar en «delicados pastos» de día. Se dice que en ocasiones el pastor montaba guardia en la entrada y ¡él mismo era la puerta!

La frase «serán salvos» del pasaje también significa «tendrán seguridad». ¿Te sientes segura con Jesús? Si has entrado a su redil eterno, él promete su protección, cuidado y alimentación.

¿Crees que las ovejas tendrían temor en esa situación? Lo dudo. Descansa sabiendo que Cristo es la puerta y también el buen pastor. (MHM)

Jesucristo es la puerta que se abre de par en par cuando buscas estar a salvo.

NO CREAS TODO LO QUE TE DIGAN

Jesús le dijo: Yo soy el camino, y la verdad y la vida... —RVR1960

JUAN 14:6

*L*os gnomos le decían a la hermosa princesita: «Eres una de noso-tros... Tú no eres princesa... Te dejamos en este castillo cuando eras una bebé». La princesa les creyó. Se miraba en el espejo cada día más parecida a un horrible gnomo. Ella no sabía que esos seres habían hechizado su espejo. Un día el hechizo se rompió y la princesa pudo darse cuenta de su belleza y de quién era en realidad.

Así como la princesa del cuento, empezamos a creer mentiras: «No eres lo suficientemente buena... No eres tan inteligente... No vas a poder... No eres tan bonita». Los «gnomos» de nuestra vida pueden ser los mensajes erróneos de la sociedad, las palabras de otros, o nuestra misma mente que nos traiciona.

Necesitamos aferrarnos a una fuente confiable para conocer nuestra identidad. Jesús es esa fuente que no nos mentirá. Él es la verdad.

Puedes creer que como hija del Rey, eres una obra formidable y maravillosa; amada, aceptada, dotada con los dones y habilidades que necesitas para cumplir el propósito para el cual Dios te creó. La Palabra de Dios es el único espejo confiable que te dirá la verdad. Mírate en ella todos los días. (MG)

Solo la verdad os hará libres.

JESUCRISTO

VIENEN TIEMPOS DE JUSTICIA

Dios es juez justo, y un Dios que se indigna
cada día contra el impío. —LBLA

SALMOS 7:11

«¡Justicia! ¡Justicia!». Es el grito que se oye, mientras escribo, en las calles de México. La desaparición de cuarenta y tres estudiantes de Ayotzinapa, la noche del 26 de septiembre del 2014 en Iguala, Guerrero a manos del gobierno, exige justicia. Todo México está indignado.

Pero este no es un caso único. Alrededor del mundo hay incontables muestras de injusticia: niños muriendo de hambre cuando otros acumulan riquezas incalculables; mujeres y niños robados de sus hogares son explotados sexualmente. Muchos cristianos son despojados, perseguidos y asesinados. En el mundo musulmán, las mujeres viven en terror continuo, sin derechos ni protección. Personas que han sido víctimas de maldad, acuden a los tribunales buscando justicia, pero encuentran jueces comprados y corruptos. ¡Vivimos tiempos de injusticia!

La buena noticia es que Dios es un Juez justo y hace justicia perfecta. En la Biblia tenemos una promesa: «Así como de la tierra brotan las semillas, y en el jardín nacen las plantas, así Dios hará brotar la justicia y la alabanza entre todas las naciones» (Isa. 61:11). Vienen tiempos cuando el Señor Jesús regresará a la tierra a reinar ¡y hará justicia!

Si has sido víctima de injusticia, pronto verás que el Señor te va a mostrar Su justicia. (YF)

¿Y acaso Dios no hará justicia a Sus escogidos, que claman a Él día y noche? ¿Se tardará en responderles?

JESÚS

EL CAMINO

... Yo soy el camino... —RVR1960

JUAN 14:6

«¿Quién soy? ¿De dónde vengo? ¿A dónde voy?». Estas preguntas surgen en la adolescencia y se profundizan con el paso de las años. Todas las personas se cuestionan esto tarde o temprano, y las religiones y filosofías pretenden dar una respuesta.

Los grandes líderes religiosos como Buda, Mahoma, José Smith, Carlos Tazze Russell y otros más han hablado de tales temas y algunos de ellos incluso se han basado en la Biblia para responderlas. Pero ninguno de ellos se ha atrevido a decir lo que pronunció Jesús: «Yo soy el camino».

Cristo es el único que ha dicho: «Yo sé de dónde he venido y a dónde voy» (Juan 8:14). Jesús nos explicó que Él es el origen de las cosas como Creador. Él es la meta de la carrera. Al final de la vida, estaremos con Él. Pero aún más, Él es el único medio para llegar a ese objetivo. ¿Hemos tomado ese camino?

Debemos poner nuestra fe en Cristo. Así de sencillo. Muchas sectas dicen: «Estamos de acuerdo. Jesús es el camino al cielo. Hay que creer en Él. Y además…» (vestir de tal forma, hacer ciertas prácticas, orar en ciertos lugares). Ese «además» jamás aparece en el verdadero Evangelio. Solo cree en Jesús y serás salva. Toma el camino correcto. (KOH)

Y ustedes conocen el camino que lleva a donde voy.

JESÚS

RESURRECCIÓN, NO REENCARNACIÓN

Jesús le dijo: —Yo soy la resurrección y la vida. El que cree en mí vivirá aun después de haber muerto. —NTV

JUAN 11:25

Los budistas creen que después de esta vida, nuestro espíritu vuelve a ser reencarnado en otro ser, ya sea humano o animal. Se habla del karma, que básicamente trata de que las obras de esta vida tienen consecuencias en la otra. Tal vez parezca algo parecido a lo que enseña la Biblia, pero ¡para nada lo es!

En la reencarnación desaparece la esencia de tu ser, aunque los resultados de tus pecados o tus buenas obras hacen que en la otra vida seas un ser superior o inferior. No existe la gracia para el perdón de los pecados.

Gracias a Dios, ¡tenemos puesta la esperanza en algo mucho mayor a la reencarnación! Jesucristo murió y realmente volvió a la vida con un cuerpo transformado; promete que esa resurrección es nuestra también, si hemos muerto al pecado con Él. Además de esa seguridad para el futuro, sabemos que ya somos criaturas nuevas desde adentro cuando ese poder transforma nuestro ser.

Hoy, si naciste de nuevo, tienes vida nueva en Cristo. Estás libre de la pena del pecado. Un día, tendrás un cuerpo renovado y disfrutarás por siempre la libertad de la presencia del pecado.

¡Todo porque tienes un Salvador vivo y no un líder espiritual que yace todavía en su tumba! (MHM)

Si no existe la resurrección, ¿de qué sirve nuestra fe?

PABLO

LA CONEXIÓN CORRECTA

Yo soy la vid, vosotros los pámpanos; el que permanece en mí, y yo en él, éste lleva mucho fruto; porque separados de mí nada podéis hacer. —RVR1960

JUAN 15:5

*S*omos seres sociales. Las chicas hablamos tres veces más que los chicos. Deseamos comunicar. Nos gusta estar «conectadas» todo el tiempo con nuestras amigas en las redes. Ya hace más de 2000 años Jesús hablaba sobre permanecer conectados. Lo hizo usando la figura de la vid.

Cada año, del tronco principal de la cepa de la vid, salen unas ramitas accesorias llamadas pámpanos o sarmientos. De ellos saldrán las hojas que sostendrán los racimos de uvas. Jesucristo dijo que Él es «la vid verdadera» y nosotros somos como los pámpanos. Tenemos que estar conectadas a la vid para vivir y dar fruto.

Podemos estar falsamente conectadas con la gente, tener muchos amigos y seguidores en las redes sociales, y aun así sentirnos solas. El enemigo nos distrae con conexiones falsas.

Tu conexión mas importante debe ser con Dios. A veces somos flojas para orar. Nos distraemos pensando en otras cosas. Nos quedamos dormidas antes del «Amén». Una oración puede ser sencilla pero si logramos conectarnos realmente con «la vid verdadera», no solo nuestra oración sino nuestra vida entera será más fructífera. (MG)

La oración eficaz del justo puede mucho.
SANTIAGO

TENEMOS VIDA DE LA VIDA

Le dijo Jesús: Yo soy la resurrección y la vida; el que cree en mí, aunque esté muerto, vivirá. —RVR1960

JUAN 11:25

¿*H*as pensado qué deformados están los valores hoy en día?

Estamos viviendo un tiempo difícil en la historia. Las escuelas han optado por acomodarse a la enseñanza falsa, contradictoria e incomprobable de la evolución y todo el conocimiento gira alrededor de esta creencia. Dios no debe estar presente en ningún objeto de estudio. Por ende, la vida no tiene valor porque es producto de una explosión y de… ¡miles de millones de años!

Echar fuera a Dios de la existencia humana, ha multiplicado la maldad y el respeto por la vida es nulo. Se matan animales por diversión; se asesinan bebés aún no nacidos por conveniencia; se destruyen lugares que ayudan a nuestra supervivencia; son más importantes las cosas y, por tener fama y poder, se desaparece lo que estorba.

El Señor Jesús dice que Él mismo es la vida. Eso me hace pensar que cada ser viviente tiene algo del Señor Jesús. Cada bebé o animalito que nace en este mundo, ha sido formado por Él mismo y le ha impartido su vida. ¡Cómo cambia el panorama si lo miramos de este modo! ¡Cuán valiosa es una persona si vemos en ella al Señor Jesús! Nuestro aprecio por las personas, animales y plantas puede tener otra motivación: tienen vida de la Vida. ¡Tienen vida de Jesús! (YF)

Y Él es antes de todas las cosas, y todas las cosas en Él subsisten.

PABLO

EN MIS ZAPATOS

¡Miren! ¡La virgen concebirá un niño! Dará a luz un hijo, y lo llamarán Emanuel, que significa «Dios está con nosotros». —NTV

MATEO 1:23

Cuando el misionero Bruce Olson estuvo con los Motilones escuchó la siguiente leyenda. Narraba sobre un hombre Barí que deseaba ayudar a las hormigas a construir una buena casa, pero él era tan grande que las hormigas le temían. Entonces, de manera milagrosa, se transformó en una hormiga para así ayudarlas.

Bruce Olson utilizó esta leyenda para explicar a la tribu indígena sobre la encarnación de Jesús. No bastó con que Dios nos viera desde lo alto y se compadeciera de nosotros. Se hizo como uno de nosotros y caminó el mismo sendero para así salvarnos.

En clase de Psicología aprendí que simpatía significa compadecerse e identificarse con alguien que sufre. La empatía, sin embargo, va un paso más allá. Busca meterse en los zapatos del otro y vivir como el que sufre. Un hombre rico puede sentir simpatía por los pobres y dar dinero. Muy diferente sería que dejara su mansión y viviera en los basureros con ellos para así ayudarles.

Jesús, sin embargo, estuvo en nuestros zapatos. Emanuel, Dios con nosotros, te puede comprender y ayudar porque sabe lo que es tener hambre o sed, lo que es ser despreciado e incomprendido. Acude a Él, pues Él está con nosotros, y entiende bien lo que es traer puestos nuestros zapatos. (KOH)

Dios estuvo con nosotros en toda la peregrinación de nuestra vida.

CHARLES SPURGEON

MEJOR QUE UN PRÍNCIPE AZUL

*Pues nos ha nacido un niño, un hijo se nos ha
dado; el gobierno descansará sobre sus hombros,
y será llamado... Príncipe de Paz. —NTV*

ISAÍAS 9:6

*E*n teoría, toda jovencita sueña con su príncipe azul, ese galán caballeroso, apuesto y amoroso que es todo un ramillete de virtudes. Es su «alma gemela», su media naranja, quien le brindará amor sin fin. Sin embargo, la pareja nunca podrá llenar ese molde idealizado por completo. Así como ninguna persona es perfecta, tampoco lo será él. Eso sí, los dos pueden crecer juntos hacia la «perfección» o la madurez cristiana, hacia la imagen de Cristo.

Dios dio al profeta Isaías una visión del Mesías venidero, quien entre otras cosas sería Príncipe de Paz. La *shalom* en hebreo significa paz o bienestar, mucho más que la falta de conflicto. Representa no solo la paz entre dos entidades, sino también paz interior.

Dios nos puede brindar su paz «que sobrepasa el entendimiento» (Fil. 4:7), y que no depende de circunstancias fáciles.

Si buscas que algún ser humano satisfaga todas tus necesidades, serás desilusionada. El Príncipe de Paz, sin embargo, puede llenarte de Su paz y fortaleza ante los embates de la vida. Su espada de dos filos guiará tu vida. Nunca te desilusionará. A Su lado serás realeza y con Su presencia podrás ser sembradora de paz también. (MHM)

*Dios bendice a los que procuran la paz,
porque serán llamados hijos de Dios.*

JESÚS

REY DE REYES

Y en su vestidura y en su muslo tiene escrito este nombre:
REY DE REYES SEÑOR DE SEÑORES. —RVR1960

APOCALIPSIS 19:16

*R*oma es «la ciudad eterna», plena en belleza y arte. Monumentos y construcciones de diferentes periodos de la historia conviven en perfecta armonía. ¿A qué obedece su exquisita longevidad? Ya desde siglos antes, los egipcios pensaban que la duración de un imperio estaba determinada por la duración de sus edificaciones. Los romanos lo sabían y trabajaron mucho para lograr la mezcla perfecta de materiales en sus ladrillos y concreto. Y aún cuando muchos edificios y monumentos siguen en pie, el imperio decayó.

Solo existe un reinado eterno; un Rey sobre todos los reyes de la tierra. Jesucristo es el Rey de los siglos, el Dios y Hombre a la vez en perfecto equilibrio para salvarnos y entendernos. ¿Cómo responder ante tal verdad?

En Él habita corporalmente toda la plenitud de la Deidad. No podemos ignorarlo, resistirlo o menospreciarlo. ¿Qué se hace con un Rey? Servirle. Pero espera, este Rey es diferente a todos los demás. Te amó hasta entregar Su vida misma sufriendo los clavos y la cruz. ¿Qué harás con este Rey? ¿Corresponder a tal amor? Servirle con amor y obediencia es una manera de decir: «Te amo, Rey». (MG)

Quien no vive para servir, no sirve para vivir.

TERESA DE CALCUTA

¿CUÁNTA LUZ REFLEJAS?

... —Yo soy la luz que alumbra a todos los que viven en este mundo. Síganme y no caminarán en la oscuridad, pues tendrán la luz que les da vida. —TLA

JUAN 8:12

¿Has pensado que las cosas que dijo Jesús de sí mismo, lo colocan como Dios entre los humanos? Si no es cierto lo que decía, entonces mentía o estaba loco. C. S. Lewis escribió: «Un hombre que fuese solo hombre y dijera las cosas que dijo Jesús, no sería un maestro de moral. Sería un lunático (al mismo nivel del hombre que dice que es un huevo revuelto), o sería un demonio infernal».

Jesús dijo ser la luz del mundo. Entonces, ¿qué características tiene la luz para parecerse a su Creador? La luz es inexplicable: es a la misma vez onda y partícula (un físico podría explicárnoslo vagamente). Es energía y hace que los cuerpos cambien (nuestra piel y la de los animales cambian de color; las plantas crecen).

La luz tiene una velocidad que no puede ser superada; contiene los colores y emite calor. Por un proceso químico, activa el nervio óptico del ojo y así percibimos las imágenes.

¿Puedes relacionar la luz con el Señor Jesús? Él es incomprensible: Dios y Hombre a la vez. Acude a nuestro llamado al instante, impartiendo su energía y llenando nuestra vida de color y calor. Y lo más importante: solo a través de Él vemos a Dios. Además, nos ha hecho luz para reflejar lo que es Él. ¿Reflejas Su luz? (YF)

Vosotros sois la luz del mundo.

JESÚS

UN MAESTRO DIFERENTE

—¡María! —dijo Jesús. Ella giró hacia él y exclamó:
—¡Raboní! (que en hebreo significa «Maestro»). —NTV

JUAN 20:16

*P*uedes pensar en tres buenos maestros que has tenido desde el preescolar? ¿Qué características los hicieron «buenos» en tu mente? ¿Eran pacientes, amorosos, comprensivos, inteligentes o interesantes? Quizá dominaban su materia o te hacían enamorarte de su tema.

En tiempos bíblicos un maestro era mucho más que un catedrático. Un rabino era más que un hombre con conocimiento. Debía aplicar lo que sabía a su vida diaria. De ese modo, los alumnos —o discípulos— pasaban el mayor tiempo posible alrededor de su maestro. Su objetivo no era pasar una materia o graduarse, sino ser como su maestro.

En la Biblia vemos que los discípulos no pasaron de año por recitar los Diez Mandamientos o hacer una lista con todos los milagros de Jesús. En Hechos recibieron, por así decirlo, su diploma, cuando: «... los identificaron como hombres que habían estado con Jesús» (Hech. 4:13). ¿A qué se debió esto? A que hablaban como Él, pensaban como Él, actuaban como Él.

¿Es Jesús tu Maestro? ¿Qué clase de alumna eres? Recuerda que la clave no está en acumular conocimiento, sino en pasar tiempo con tu Raboní. Aparta un tiempo diario para orar, para leer la Biblia, para pensar en Jesús. Deja que Él te vaya moldeando para que otros sepan que tú has estado con Jesús. (KOH)

Pero ustedes, no permitan que nadie los llame «Rabi», porque tienen un solo maestro y todos ustedes son hermanos por igual.

JESÚS

LA ESTRELLA DE LA MAÑANA

Yo Jesús he enviado mi ángel para daros testimonio de estas cosas en las iglesias. Yo soy la raíz... la estrella resplandeciente de la mañana. —RVR1960

APOCALIPSIS 22:16

Recuerdo que de joven un vistazo al cielo nocturno me llenó de un gran anhelo de conocer al Creador de esa belleza. Lo innumerable de las estrellas y planetas, su belleza y la maravilla de su luz que viaja largas distancias... todo habla del infinito e inmenso poder de Dios.

Hay una lumbrera que resalta en el cielo matutino cuando las demás se han desvanecido. En realidad es el planeta Venus, también llamado «el lucero del alba». Es el objeto luminoso más visible después del sol y la luna y se ve las primeras tres horas después del atardecer y las últimas tres horas antes del amanecer.

Los cristianos somos viajeros y en la antigüedad estas personas se guiaban por las estrellas de noche. Dice Jesús que Él es esa estrella tan hermosa y brillante que da esperanza porque el amanecer es inminente. Hemos conocido la luz de Su gloria, pero solo en parte; cuando estemos con Él en la eternidad será como el sol mismo, que quitará la oscuridad y el pecado por siempre.

Así como te emociona ese lucero cuando aparece y alumbra el cielo aunque no haya luna, gózate en Jesucristo, nuestra esperanza de un nuevo día. Recuerda que la estrella de la mañana anuncia la llegada del sol; no dejes que las sombras de las pruebas apaguen su mensaje brillante. (MHM)

Tendrán la misma autoridad que yo recibí de mi Padre, ¡y también les daré la estrella de la mañana!

JESUCRISTO

EL LEÓN VENCEDOR

... No llores más, que ha salido vencedor el heredero del trono de David, a quien se le llama el León de Judá... —TLA

APOCALIPSIS 5:5

*A*slan, que significa León en turco, verdadero personaje principal de las Crónicas de Narnia, «era un león inmenso, peludo y brillante y se mantenía de pie frente al sol naciente». Hijo del emperador Allende de los Mares, brindaba protección y seguridad a los habitantes de Narnia.

Un día, la bruja blanca reclama el derecho de la sangre de Edmund como un sacrificio. Aslan se ofrece para que lo ejecuten a él en su lugar. La bruja le clava un cuchillo al buen león y cuando una víctima inocente es asesinada en lugar de un traidor, la muerte no tendría efecto, así que el león vive.

De esta manera, la obra de C. S. Lewis, ilustra la persona y obra de Cristo. También la Biblia se refiere a él como «León de Judá». Aun cuando en su primera venida fue llevado al matadero como un cordero, en Apocalipsis, cuando se hace referencia a Su segunda venida, contrasta Su poder, gloria y majestad como un león vencedor.

En Jesucristo puedes encontrar protección y redención. Fundamenta tus esperanzas en quien ha vencido. Puedes sentirte segura. Algún día escucharás tu nombre pronunciado por sus labios. (MG)

¡El volverá con poder y gran gloria!

EL MEJOR ACUERDO

*Pero ahora a Jesús... se le ha dado un ministerio
que es muy superior al sacerdocio antiguo porque
él es mediador a nuestro favor... —NTV*

HEBREOS 8:6

Enfermo y arrepentido, Javier le confesó a Susana que había sido infiel y que tenía el virus del VIH. Susana, devastada, pensó que ella también estaba contagiada y que sus hijos podían estar en peligro. Sometiéndose a exámenes, el resultado fue que ella estaba infectada. Sus hijos no tenían el virus, aunque el menor, Pedro, tendría que hacerse otros estudios después de diez años para corroborar que no tenía la enfermedad.

Furiosa y dolida contra Javier, Susana planeó abandonarlo. Con lágrimas en los ojos, Sandra y Pedro mediaron entre sus padres: «No queremos que se separen. Queremos tenerlos a los dos».

Susana amaba a sus hijos, así que, aguantándose su dolor, se reconcilió con Javier.

El versículo de hoy nos dice que el Señor Jesús es el mediador de un mejor pacto o de un mejor acuerdo entre nosotros y Dios. Teníamos un problema con Dios: le habíamos ofendido y, airado con nosotros, exigía justicia. El Señor Jesús, viendo este desacuerdo, y amando a las dos partes, quiso reconciliarlas y propuso un arreglo: Él se ofrecería para recibir el castigo que merecía la parte ofensora (nosotros) y haría justicia a la parte ofendida (Dios).

Medió entre nosotros y Dios. ¡Qué agradecido debe de estar nuestro corazón por tan maravilloso acuerdo! ¿No te parece? (YF)

Pues, hay un Dios y un Mediador que puede reconciliar a la humanidad con Dios, y es el hombre Cristo Jesús.
PABLO

NUESTRO REDENTOR

Nuestro Redentor, cuyo nombre es el Señor de los Ejércitos Celestiales, es el Santo de Israel. —NTV

ISAÍAS 47:4

En la Biblia redención significa «comprar de vuelta» o «sacar a alguien de la cautividad por medio del pago de un rescate». Por ejemplo, un esclavo podía comprarse de vuelta al pagar el equivalente o el precio de un esclavo superior.

En el Antiguo Testamento, Dios aceptó ofrendas simbólicas. Por medio de la vida de un animal, en especial los corderos, Dios aceptaba este precio en lugar de la vida del pecador. Sin embargo, estos sacrificios jamás fueron suficientes pues el hombre continuaba pecando. Entonces vino Jesús.

Nuestro Señor vino para pagar el precio de nuestro rescate. Se ofreció como alguien superior. Además, sustituyó nuestras vidas pecaminosas por su vida perfecta. De ese modo, nos compró de vuelta para Dios. Su sacrificio ha invalidado los sacrificios de animales, ya que fue tan perfecto que solo se necesitó una vez y para siempre.

Si queremos estar libres de las consecuencias del pecado en nuestras vidas debemos confiar en la obra de nuestro Redentor. Jesús ya pagó el inmenso precio por nuestras vidas. ¿Has reconocido tu necesidad de redención? ¿Has creído en Cristo como tu Redentor? Entonces, como Job puedes decir: «Pero en cuanto a mí, sé que mi Redentor vive, y un día por fin estará sobre la tierra». (KOH)

Conocer a Dios sin conocer la propia miseria del hombre es tan dañino como conocer la miseria sin conocer al Redentor que puede curarle de ella.

BLAISE PASCAL

EL BUEY DE LAS PIRAÑAS

Pero él fue traspasado por nuestras rebeliones
y aplastado... Fue golpeado... fue azotado para
que pudiéramos ser sanados... —NTV

ISAÍAS 53:5

En la zona del pantanal del estado de Mato Grosso, Brasil, hay muchos ríos que se desbordan en temporada de lluvias. Al ser una zona de ganado, es necesario cruzar esos ríos con mucho cuidado, sobre todo porque allí abundan las pirañas, peces pequeños pero mortíferos.

Los vaqueros colocan un buey río abajo para que las pirañas lo ataquen, y así la sangre sigue por la corriente del río. Se desvía la atención de los peces y pasan los demás animales sin peligro. El buey se sacrifica para salvar a los demás.

¡Qué impresionante metáfora para representar la obra salvadora de Jesús en la cruz! El enemigo de las almas le dio muerte y Su sangre fluyó para dejarnos a salvo. Uno murió por muchos, como aun el sumo sacerdote Caifás indicó sin saber que eran proféticas sus palabras, de que era mejor que un solo hombre muriera por el pueblo.

¡Que «las pirañas» no te asusten! No tienen poder sobre ti puesto que Dios puso un substituto en tu lugar. No temas la muerte ni la condenación. Comparte esta verdad con otros, que saben que no merecen que Dios les salve, pero muchas veces no entienden que Jesucristo tomó su lugar al ser crucificado. Esta «parábola moderna» puede servir para que entiendan de otra manera lo que significa la salvación. (MHM)

Salvación se escribe... con sangre.

EL PRIMERO

*Cristo también es la cabeza de la iglesia... Él es el
principio, supremo sobre todos los que se levantan de
los muertos. Así que él es el primero en todo. —NTV*

COLOSENSES 1:18

El número uno nos encanta. Queremos el primer lugar de la fila, el primer premio de la competencia, el primer puesto en el cuadro de honor, el primer ascenso en la compañía. El número uno nos da la idea de algo primordial, superior, especial, y luchamos por obtenerlo.

Pero una y otra vez nos equivocamos. Un segundo o tercer lugar nos desaniman. Peor aún, frente al espejo sabemos que detrás del trofeo o el diploma aún hay áreas de nuestra vida que nos avergüenzan. En pocas palabras, tenemos un número uno falso.

Solo hay un número uno verdadero: Cristo. Él es el primero en todo. Es supremo sobre toda criatura. Es el único ser perfecto que puede lograr todo, vencer a todos y estar sobre todo. ¿Y sabes qué es lo más increíble? Que Él dejó ese número uno para venir a esta tierra y morir por nosotras.

Sin embargo, Dios ha declarado que Su Hijo es el principal, el primero, el único. Le ha dado el honor que merece y a nosotras solo nos resta inclinarnos ante Él. Cuando reconocemos que a Él le pertenece el primer lugar, ya no importa si somos el dos, el tres o el veinte. Con Cristo en la cabeza, todo se acomoda en su sitio. (KOH)

Que Cristo ocupe el primer lugar en nuestras vidas.

UN DIAMANTE RARO Y PRECIOSO

*He aquí, pongo por fundamento en Sion una
piedra, una piedra probada, angular, preciosa,
fundamental, bien colocada... —LBLA*

ISAÍAS 28:16

Una mujer quería deshacerse de pedazos de oro que ya no le servían. Llevó un pañuelo con la pedacería a un comprador y le dijo que le diera lo que quisiera. El comprador, obviamente, le dio menos del valor real. Cuando el comprador revisó las piezas, vio una piedra que pensó era de fantasía. Cuando la examinó, se dio cuenta que era diferente a las piedras que comúnmente manejaba, así que la llevó con un tasador profesional. Para su sorpresa, la joya era un diamante muy costoso. La mujer que se deshizo de ella ni siquiera sabía lo que tenía.

Los diamantes tienen cualidades exclusivas: dureza (considerado el material más duro del planeta); rareza (es difícil encontrarlos en la naturaleza) y belleza o perfección (los de máxima pureza, son los diamantes incoloros y perfectamente transparentes).

Cuando la Biblia nos dice que el Señor Jesús es una piedra preciosa, probada, fundamental y angular, nos está describiendo a un diamante, ¿no lo crees? ¡Ah, pero Él es mucho más precioso que un diamante! Ahora, cada vez que leas tu Biblia y encuentres expresiones como: «El Señor es mi roca», acuérdate que Él no es una roca cualquiera, es un diamante raro y precioso, en donde puedes construir tu fe. No vayas a deshacerte de Él como la mujer de la historia. (YF)

El Señor es mi roca, mi baluarte y mi libertador; mi Dios, mi roca en quien me refugio.

DAVID

LA PALABRA

En el principio la Palabra ya existía. La Palabra
estaba con Dios, y la Palabra era Dios. —NTV

JUAN 1:1

*¿C*uál es tu materia preferida? Los años escolares son emocionantes pues vamos adquiriendo nuevos conocimientos y nos per-
feccionamos en cierta área. ¿Pero te imaginas a una persona que sea
un experto en todas las áreas y todos los temas?

Los griegos admiraban tanto la sabiduría y la razón que veneraban
a Atenea, la diosa de la sabiduría, las artes y la civilización. Esta diosa
provenía del dios Zeus directamente, pero no tenía madre. Llegó al
mundo ya completa, adulta y sabia en todas las áreas. Pero no se trataba más que de una estatua sin vida, una propuesta de algo que sería
ideal.

Cuando el apóstol Juan escribió su Evangelio apeló a una audiencia
universal, y quizá por eso describió a Jesús como la Palabra de Dios.
La palabra que usó fue *Logos*, que denota a una persona más que a una
idea filosófica. En otras palabras, Juan declara que Jesús es la encarnación de la sabiduría, la razón y el conocimiento, pues es Dios mismo.

Para los griegos eso era muy difícil de aceptar. ¿La sabiduría encarnada? ¿Una persona que supiera todo de todo? Aún hoy muchos
buscan la razón, pero no están dispuestos a rendirse ante la Palabra de
Dios. Que tú y yo, como Juan, veamos Su gloria, la gloria del único
Hijo del Padre. (KOH)

La Palabra se hizo hombre y vino a vivir entre nosotros.
JUAN

SOLECITO PARA EL ALMA

Para ustedes que temen mi nombre, se levantará el
sol de justicia trayendo en sus rayos salud... —NVI

MALAQUÍAS 4:2

Alisson se puso gabardina y botas. Después de varios días lluviosos tomaría un vuelo para visitar a sus padres. El avión se mecía por la turbulencia y las nubes podían verse en la ventanilla. El avión se elevó aún más. Inesperadamente apareció el sol radiante, no había más nubes y el vuelo se tornó apacible. Alisson se dio cuenta de que aun cuando el clima en la ciudad había sido tormentoso, el sol siempre había estado ahí.

Algo similar ocurre en nuestro vivir. La vida no siempre es justa. Hay días nublados y turbulentos. Las cosas no salen como lo esperamos. Las personas que se supone debían apoyarnos no siempre lo hacen. Alguien nos juzgó injustamente. Pareciera que les va mejor a personas que a nuestro parecer no lo merecen.

La buena noticia es que Dios es justo y tiene todo bajo control. Él es el «sol de Justicia» que con sus rayos brinda calor a nuestra alma iluminando y trayendo salud a nuestros días nublados.

Cuando pases por esos días recuerda que aun cuando no lo ves, Él siempre está ahí y al final Sus rayos de justicia te iluminarán. (MG)

El bien siempre triunfa sobre el mal.

EL AUTOR

*Puestos los ojos en Jesús, el autor y
consumador de la fe... —RVR1960*

HEBREOS 12:2

*M*e gusta escribir cuentos y novelas. Es apasionante inventar mundos y personajes, darles vida y diálogos, y de algo siempre estoy segura al comenzar un proyecto: cómo va a terminar la historia. El resto lo voy componiendo en la marcha.

Por ello, me apasiona pensar en Jesús como un autor. No solo escribió con Su dedo en el suelo, sino que escribe en nuestros corazones. Somos cartas abiertas para los que no creen. Sé que quizá nos gustaría saber qué pasará en los capítulos posteriores al presente, pero debemos confiar en el Autor de nuestra salvación. Y de algo podemos estar seguras, conocemos el final, que es en realidad solo el principio: estar para siempre con Él.

Como escribió C. S. Lewis en su último libro de Narnia: «Este es el final de todas las historias, y podemos decir con toda verdad que ellos vivieron felices para siempre. Pero para ellos era solo el comienzo de la historia real. Toda su vida en este mundo y todas sus aventuras en Narnia habían sido nada más que la tapa y el título: ahora, por fin, estaban comenzando el "capítulo primero de la gran historia", que nadie en la tierra ha leído; que nunca se acaba; en la cual cada capítulo es mejor que el anterior». (KOH)

La historia de Dios es la mejor de todas. Tú y yo somos parte de ella. ¡Qué privilegio!

COMO JESÚS

Más bien, vístanse con la presencia del Señor Jesucristo... —NTV

ROMANOS 13:14

¿Te acuerdas cuando de niña te vestías con la ropa de tu mamá? Mi hija tiene casi dos años y se pone mis zapatos. El otro día se pintó los labios con mi lápiz labial. Yo hice lo mismo en su momento con la ropa de mi madre, y un día, si Dios te concede hijas, vivirás la misma experiencia.

En tiempos bíblicos había un dicho: «De tal madre, tal hija». Del mismo modo, cuando me veo ahora encuentro muchos parecidos con mi mamá. Incluso ¡hago lo mismo que ella! ¿Por qué? Dos razones: imitación y genes. Algunas cosas las aprendí, y muchas otras cosas surgen de manera inconsciente.

Del mismo modo, Pablo nos da el mejor modelo de vestido que podamos encontrar: Jesús mismo. Nos exhorta a dejar a un lado el pecado y vestirnos de la presencia de Cristo. ¿Es eso posible?

¡Sí lo es! En primer lugar, podemos imitarlo. Actuar como Él, hablar como Él, pensar como Él. Eso lo lograremos al pasar tiempo con Él en oración y estudio de Su Palabra.

En segundo lugar, ¡tenemos sus genes! Somos una nueva criatura, y ya que tenemos el Espíritu Santo, Él irá trabajando para que cada día seamos más parecidas a Jesús. Toma el mejor atuendo para este día. Vístete de Cristo. (KOH)

Vístete de Jesús esta mañana. Hazlo parte de tu vida este día.

RAY STEDMAN

GUERRERAS DE LA LUZ

... Por eso, dejen de lado sus actos oscuros como si se quitaran ropa sucia, y pónganse la armadura resplandeciente de la vida recta. —NTV

ROMANOS 13:12

¿Alguna vez jugaste a ser héroe o heroína? Es posible que tú o tus hermanitos hasta hayan poseído su sable de luz. ¡Cómo fascinan a los niños esas personas con sus poderes especiales y que obran para bien en defensa de los demás! Pues, imagina que toda tu indumentaria estuviera infundida de luz: ¡la impresión que causaría!

Efesios 6 nos ofrece una descripción detallada de la armadura que nos hace falta para defendernos del mal. El pasaje de Romanos contrasta nuestra vestimenta vieja y pecaminosa con la nueva que debemos ponernos, la que Jesucristo nos regaló. Esta traducción aclara que representa una vida justa y recta.

Por ser armadura, nos protege de los ataques del mal: del ejército de fuerzas malignas que nos rodean en este mundo oscuro y sobre todo del enemigo de nuestras almas.

¿Se burlan tus compañeros de tu fe? ¿Te tildan de «monjita»? En ocasiones uno padece de acoso o *bullying* por no acompañar a otros en sus travesuras. No por eso escondas tu escudo, tu espada y tu casco que resplandecen de luz brillante. (MHM)

¿Será posible que los que ridiculizan «tu armadura», en realidad tienen celos?

UNA VERSIÓN MEJORADA

Y os habéis vestido del nuevo hombre, el cual se
va renovando hacia un verdadero conocimiento,
conforme a la imagen de aquel que lo creó. —LBLA

COLOSENSES 3:10

*E*n 1975, cuando usábamos máquinas de escribir, mimeógrafos y papel calca, Bill Gates y Paul Allen introdujeron el uso de la computadora personal. En los años 80, su sistema Windows revolucionó al mundo y conocimos los disquete. En los años 90 nos sorprendió el fax y de cuando en cuando teníamos que aprender a usar una versión mejorada de Windows.

Cuando dominamos Windows XP, este se hizo obsoleto porque se creó Windows Vista, y así sucesivamente hasta llegar al fantástico escritorio de Windows 8 con sus innumerables iconos de apps y conectividad a la nube.

Algo parecido sucede cuando nos convertimos en seguidores de Cristo. Dios nos hace nuevas personas y nos va perfeccionando. Sin embargo, de cuando en cuando se asoman las antiguas actitudes negativas y malos hábitos. Es entonces cuando tenemos que «actualizarnos» y recordar que hay una nueva y mejorada versión de nosotras mismas.

No permitas que aflore tu antigua naturaleza. Cuando te vistes de la nueva mujer que Dios ha creado en justicia y santidad, te gustará cada día más la nueva versión de ti. Perfeccionarás tus dones y tu personalidad, cumpliendo su magnífico propósito en tu vida. (MG)

Toda transformación requiere sacrificio.

DAN BROWN

LA DONCELLA GUERRERA

Protéjanse con la armadura que Dios les ha dado, y así podrán resistir los ataques del diablo. —TLA

EFESIOS 6:11

Un poema del siglo XVI llamado *La doncella guerrera*, cuenta que el rey requiere un varón de cada casa como soldado para ir a la guerra. Al saberlo, un anciano se queja porque su mujer le dio siete hijas y ningún hijo. La hija menor se ofrece para ir a la guerra en lugar de su padre y durante años, bajo la armadura, esconde sus delicadas manos, sus senos y sus pequeños pies. El hijo del rey llega a sospechar de su condición femenina y al tratar de descubrirla, ella huye a su casa.

Pareciera que las armaduras solo están hechas para los hombres, ¿verdad? Pero en el mundo espiritual, tanto hombres como mujeres estamos en una guerra y Pablo nos dice la razón: «El diablo nos acecha». Busca cualquier descuido para acometer con furia y separarnos de nuestro General, el Señor Jesús.

Necesitamos estos recursos para estar firmes: 1) casco de la salvación: ¿eres salva? 2) Coraza de justicia: ¿actúas de acuerdo a los mandatos de Dios? 3) La espada del Espíritu: ¿memorizas partes de la Biblia? 4) Escudo de la fe: ¿escuchas lo que el maligno te dice o le crees a Dios? 5) Calzado del evangelio: ¿caminas hasta otros para compartirles la bendición que hay en Cristo?

Hoy no tienes porqué fingir ser un varón para ser un soldado, ¡eres una guerrera! Porta tu armadura con confianza en tu Capitán. (YF)

Tú, pues, sufre penalidades como buen soldado de Jesucristo.
PABLO

ANTEOJOS DE COMPASIÓN

Dado que Dios los eligió para que sean su pueblo santo y amado por él, ustedes tienen que vestirse de tierna compasión... —NTV

COLOSENSES 3:12

Los conocedores de la moda nos informan que necesitamos ciertas piezas básicas para un buen guardarropa, como un pantalón negro de vestir, unas zapatillas oscuras y una blusa blanca. Del mismo modo, Pablo nos dice que como pueblo santo y amado por Él, debemos tener ciertas cosas básicas en nuestro vestuario espiritual.

En estos días aprenderemos de ellas, pero comencemos con tierna compasión. Cada mañana debemos usar nuestros anteojos de misericordia por los demás. Esas gafas las traía puestas el samaritano aquella ocasión en que pasó junto al hombre herido que había sufrido a manos de unos ladrones. La compasión lo movió a subirlo a su montura y pagar su hospedaje en una posada.

Cuando despiertes y comiences el día, ponte tus anteojos de compasión al mirar a esa mujer con ropa deportiva que intenta preparar el desayuno al tiempo que da instrucciones y organiza la casa. Mira con compasión a ese hombre serio que debe salir a trabajar para que todos tengan un buen nivel de vida. Mira con ternura a esos seres extraños llamados hermanos que prefieren un balón a una barra de chocolate. Observa con misericordia a tus hermanas, esas versiones de ti más pequeñas o más grandes con quienes discutes por la ropa o la televisión.

Esta mañana comienza en casa, vístete de tierna compasión. (KOH)

Enfrenta la vida con compasión. Eres una nueva mujer, ¡vive como tal!

RAY STEDMAN

EL AMOR ES AMABLE

Por lo tanto, como escogidos de Dios, santos y
amados, revístanse de afecto entrañable y de
bondad, humildad, amabilidad y paciencia. —NVI

COLOSENSES 3:12

Llega una compañera nueva a la escuela. Las amigas «de siempre» forman un grupo unido y cerrado. ¿Para qué dejar entrar a una intrusa? Sabes que la recién llegada se siente sola y excluida, pero temes acercarte por «el qué dirán» las demás. Tal vez te vean como débil o tengan celos.

Una definición de amabilidad es «complacencia, agrado y delicadeza en el trato con los demás». Recuerda cómo trató Jesús a los niños, a los pecadores arrepentidos y a todo el que de corazón se acercara a Él. La palabra «amabilidad» (en otras traducciones, gentileza o mansedumbre) está en esta colección de «prendas» que exhorta el apóstol Pablo que nos vistamos.

En 1 Corintios 13 leemos que el amor: «No se comporta con rudeza, no es egoísta»; más bien, es amable. Esta forma de ser es apacible, gentil y ofrece un trato amigable a los demás. De hecho, amable y amigable vienen de la misma raíz que la palabra «amor».

Algunos antónimos de amabilidad son grosería, rudeza y antipatía. Nada que ver con esa nueva vestimenta que te dio Jesús cuando te entregaste a Él. Atrévete a desechar esa «ropa vieja» y actuar con base en tu naturaleza nueva hacia quien Dios ponga en tu camino. (MHM)

Hay tres cosas importantes en la vida: ser
amable, ser amable y ser amable.

HENRY JAMES

VÍSTETE DE HUMILDAD

Vestíos, pues, como escogidos de Dios, santos
y amados... de humildad... —RVR1960

COLOSENSES 3:12

En los campamentos de verano una de las actividades más emocionantes era la noche del banquete. Usábamos nuestro mejor vestido y tratábamos de mostrar impecables modales a la mesa en compañía de nuestra «pareja».

Recuerdo que en uno de ellos aprendimos la parábola del rey que hace un banquete para sus importantes invitados y estos no asisten. Entonces el rey invita a la gente más sencilla y pobre del reino, y estos sí acuden gustosamente. Aquella noche de campamento, todos nos vestimos con ropa rota y vieja recordando a aquellas humildes personas. Curiosamente, nuestra vestimenta nos hizo sentir confiados y menos tensos.

Aunque humildad no es lo mismo que pobreza, en ocasiones, el materialismo y las apariencias influyen de manera negativa en nuestras actitudes. Es más fácil ser humildes y naturales cuando el enfoque no está en lo material. A veces usar vestimentas ostentosas puede hacernos perder esta hermosa cualidad.

¿A cuál de estos dos tipos de invitados te pareces? Unos fueron arrogantes, no tuvieron tiempo en sus apretadas agendas para responder a la invitación del rey. Otros se vistieron de humildad y se regocijaron con sencillez de corazón. (MG)

Humildad es recibir la alabanza y pasarla a Dios sin tocarla.

NO ME DESPEINES

Dado que Dios los eligió para que sean su pueblo santo y amado por él, ustedes tienen que vestirse de... gentileza... —NTV

COLOSENSES 3:12

¡Cuántas cualidades deben caracterizarnos como creyentes! Hemos hablado de algunas, pero hoy, nos vestiremos de gentileza. Al hacerlo, nos vestimos de elegancia, amabilidad, cortesía y consideración.

Era una reunión de líderes de iglesia donde se discutía algo importante. Los hombres rodeaban la mesa con sus esposas al lado. En lo más significativo de la discusión, uno de ellos, pasó su brazo sobre los hombros de su esposa mostrándole cariño. Ella, sin embargo, apartó el brazo de su esposo y echó su cuerpo hacia adelante expresando molestia por haberla despeinado. El incidente llamó la atención de todos los demás haciéndose silencio. El esposo, cohibido y lastimado, no volvió a opinar durante toda la sesión.

¿Has presenciado algo parecido? Nos sentimos incómodas, ¿verdad? Pareciera que con otra gente debemos ser gentiles, pero se nos olvida que nuestra responsabilidad con los que amamos, es de ser más gentiles. Si mostramos gentileza, los que nos rodean también lo harán con nosotros. Nuestra meta es mostrar que somos pueblo santo y amado por Dios y que la gentileza es característica nuestra. La mujer del relato dio a conocer su egoísmo y perdió la belleza que quería defender al mostrar su descortesía y falta de consideración hacia su esposo. Al vestirnos de elegancia, amabilidad, cortesía y consideración revelamos quiénes somos. (YF)

Preferiría cometer errores con gentileza y compasión antes que obrar milagros con descortesía y dureza.

TERESA DE CALCUTA

NARIZ LARGA

Dado que Dios los eligió para que sean su pueblo santo y amado por él, ustedes tienen que vestirse de... paciencia. —NTV

COLOSENSES 3:12

La palabra paciencia en el Antiguo Testamento se traduce como «nariz larga». Como sabemos, el enojo se indica por respiración acelerada e incluso porque nos «sale humo» por la nariz. Por eso, si tenemos una nariz larga o unas fosas nasales más grandes, tardaremos más en enojarnos. Sería algo así como contar hasta el cuarenta, en vez de hasta el diez.

Dios es el ejemplo perfecto de paciencia. En el Antiguo Testamento se nos dice alrededor de catorce veces que Dios es «lento para la ira». En otras palabras, tiene una nariz muy, muy larga. ¿Qué sería de nosotras si no fuera así?

Este día busca en tu guardarropa una nariz larga. Sé paciente al esperar tu turno, o al soportar al compañero de la escuela o del trabajo que te enfada por su comportamiento. Sé paciente cuando tu hermano haga lo que no te gusta o cuando tu mamá te hable del mismo tema por sexta ocasión.

Si eres lenta para la ira, podrás, como nuestro Señor, ser grande en misericordia. Qué maravillosa conexión: entre más paciente, más compasiva. ¡Vístete de paciencia! (KOH)

El lento para la ira tiene grande prudencia.

SALOMÓN

AMOR: MÁS QUE UNA EMOCIÓN

*Sobre todo, vístanse de amor, lo cual nos une
a todos en perfecta armonía. —NTV*

COLOSENSES 3:14

«¿Cómo voy a amar a esa persona? Me ha lastimado y ofendido. ¡Portarme de forma amorosa sería una hipocresía!». Palabras más, palabras menos, las has dicho o escuchado. Pero el mandato de Dios es amar… sin que el otro individuo «lo merezca».

Una vez me explicaron que actuar con amor aunque no lo sienta yo es como construir un andamio. Por fe hablo y actúo de manera amorosa y se va levantando un edificio. Cuando quito el andamio temporal y frágil, queda una construcción firme, el fruto del amor.

En Colosenses, Pablo escribe una lista de cualidades que Jesucristo nos regala en su ajuar. No sirven si quedan guardadas en un baúl; hace falta vestirnos con ellas. Al final vemos que «sobre todo» nos vistamos de amor, el *ágape* divino y lleno de gracia. Un detalle interesante es que «un sobretodo» es un abrigo o gabardina, que se pone al final para completar un atuendo. Lo más importante y lo que realmente abarca todo lo demás que menciona el apóstol es al amor.

Salmos 32:10 dice que «el amor inagotable rodea a los que confían en el SEÑOR». El mero amor humano, que abarca amistad y atracción, se agota porque depende de ser respondido. Rodéate de ese amor perfecto y transformarás tu entorno. (MHM)

*El amor cristiano no es una víctima de nuestras
emociones, sino un siervo de nuestra voluntad.*

JOHN STOTT

AFÉRRATE A LA PALABRA DE VIDA

Aférrense a la palabra de vida; entonces, el día
que Cristo vuelva, me sentiré orgulloso de no
haber corrido la carrera en vano... —NTV

FILIPENSES 2:16

Leopold Engleitner, sobreviviente del campo de concentración de Buchenwald, relata: «Teníamos un sistema para distribuir el alimento espiritual. Un hermano escribía un versículo bíblico en un pedacito de papel y lo pasaba a los demás. También se había introducido secretamente una Biblia en el campo, la cual se dividió en libros. A mí se me encomendó el Libro de Job por tres meses. Lo escondía en mis calcetines. El relato de Job me ayudó a permanecer firme…».

Leopold pudo sobrevivir aferrándose a las palabras de vida. Quienes podemos leer nuestra Biblia con toda tranquilidad no hemos valorado correctamente lo que tenemos. Una definición de aferrarse es «no querer soltar algo inmaterial».

Tal vez alguna vez te has aferrado a una persona, a una idea o a algo material como el dinero para comprarte los zapatos que tanto te gustan. De la misma forma, aférrate a tu Biblia, medítala y memorízala, para que guardes y hagas conforme a todo lo que en ella está escrito; te ayudará a permanecer firme. (MG)

¿Deseas que Dios te hable mucho, mucho, mucho?
Abre tu Biblia y léela mucho, mucho, mucho.

JUSTIN PETERS

AFÉRRATE A LA BUENA ENSEÑANZA

... amados hermanos, permanezcan firmes y sigan bien aferrados a las enseñanzas que les transmitimos tanto en persona como por carta. —NTV

2 TESALONICENSES 2:15

*D*esde antes de nacer, empezamos a aprender. ¡Lástima que muchas de las enseñanzas que aprendemos no sean buenas! ¿Te has dado cuenta que se nos hace más fácil aprender lo malo que lo bueno?

Laura tenía diez años cuando en una escuelita bíblica de vacaciones aprendió que el Señor Jesús había muerto por ella y le entregó su vida. Aunque su tía trataba de leerle la Biblia y de que asistiera a la iglesia, sus padres no le ayudaban. De adolescente, se hizo novia de uno de sus compañeros de escuela y llegando a la universidad, Laura quedó embarazada. ¿Qué hacer?

En una clínica no autorizada, se hizo el aborto. Cuando estaba en la sala de recuperación, la primera cosa que pensó fue: «He matado a mi hijo». Esa cicatriz profunda nunca se ha podido borrar de su mente y durante años luchó con la idea de que era una asesina. Así que decidió buscar ayuda en un Centro Cristiano de Consejería donde le hablaron del amor de Dios y de Su perdón. Arrepentida, entregó su vida a Cristo otra vez.

Ahora tiene paz en su corazón, pero se lamenta no haberse aferrado a la enseñanza bíblica desde la primera vez. Si de algo te sirve la experiencia de Laura, ¡aférrate a la enseñanza de la Palabra de Dios! (YF)

Aférrate a la instrucción y no la descuides; ponla en práctica, pues es vida para ti.

SALOMÓN

EVITA UN NAUFRAGIO

Aférrate a tu fe en Cristo y mantén limpia tu conciencia. Pues algunas personas desobedecieron [...] y... su fe naufragó. —NTV

1 TIMOTEO 1:19

Después del Titanic hubo más desastres marítimos. En 1956 se hundió el último gran trasatlántico de pasajeros antes del boom de la aviación. El Andrea Doria chocó contra el Stockholm debido a la neblina y a los problemas de comunicación. El barco se hundió y murieron 51 personas.

Pablo le escribe a Timoteo y usa la imagen de la fe como una embarcación en la que vamos navegando por la vida. La limpia conciencia sería el ancla que nos ayuda a detenernos en el momento oportuno. Tristemente, Pablo conocía a algunas personas que desobedecieron lo que su conciencia les dictaba.

¿La consecuencia? Su fe naufragó.

Aquí no se refiere a la fe salvadora, sino a la fe como un conjunto de creencias y doctrinas. Cuando dejamos a un lado nuestra conciencia, somos capaces de hacer cosas en contra de lo que creemos y nuestro testimonio se ve dañado. Nuestro credo, por así decirlo, naufraga. ¡Gracias a Dios que siempre hay segundas oportunidades!

¿Cómo evitar un naufragio? Atesora tu fe en Cristo. No ignores tu conciencia de modo deliberado. Si lo haces, tu corazón se irá endureciendo y llegará el momento en que no sabrás distinguir entre lo bueno y lo malo. Recuerda que Dios nos ha dado una conciencia para hablarnos a través de ella. Escucha la voz de Dios y navega sin problemas. (KOH)

La conciencia es la presencia de Dios en el hombre.
VÍCTOR HUGO

BUSCA EL PREMIO DE PREMIOS

Pelea la buena batalla por la fe verdadera. Aférrate a la vida eterna a la que Dios te llamó y que declaraste tan bien delante de muchos testigos. —NTV

1 TIMOTEO 6:12

*C*uando inicia la temporada de los Juegos Olímpicos, aun los televidentes menos fanáticos del deporte no resisten echar un vistazo a algunas de las competencias. Hay algo en esa lucha y ese afán de superar a los contrincantes que nos fascina.

Admiramos la disciplina y el tesón de aquellos que hacen a un lado todo lo que distrae o que debilita su cuerpo para alcanzar la cima.

La palabra «aférrate» que utiliza Timoteo se entendía en el contexto del premio que se ganaba en el deporte. Otras traducciones dicen «echa mano», «haz tuya» y «conquista» la vida eterna. En vez de vivir día a día sin rumbo, nos exhorta a enfocarnos en el propósito eterno de Dios, de mucho más valor que los placeres pasajeros.

De hecho, según Juan 3:36 la vida eterna ¡ya es nuestra! Así que no debemos soltarla. Es un tesoro de gran valor, invisible, pero más permanente que tantas cosas que podemos ver.

Cuando te abrumen los quehaceres, las preocupaciones o las demandas de los demás, ¡enfócate en ese premio que Cristo promete a los que ponen su fe en Él! Aférrate con todas tus fuerzas y no dejes que esas distracciones te hagan soltar tu agarre. Dale gracias al Señor por esa realidad, ese galardón y tesoro. Como buen deportista, ¡fija tus ojos en la meta! (MHM)

Miren, yo vengo pronto, y traigo la recompensa conmigo para pagarle a cada uno según lo que haya hecho.

JESUCRISTO.

EJEMPLO ES CONDUCTA CONTAGIOSA

Aférrate al modelo de la sana enseñanza que aprendiste de mí, un modelo formado por la fe y el amor que tienes en Cristo Jesús. —NTV

2 TIMOTEO 1:13

Corey Griffin inició la campaña *Ice Bucket Challenge* (Reto del balde de agua fría) para apoyar a su amigo Pete Frates, quien contrajo esclerosis lateral amiotrófica. Personalidades como George W. Bush, Hilary Duff, Lionel Messi, Bill Gates, y miles de personas más, siguieron el ejemplo de Griffin bañándose con agua helada y haciendo sus donaciones.

El 8 de septiembre del 2014 YouTube anunció que el fenómeno pasó los 1000 millones de reproducciones, superando al *Harlem Shake*. ¿Por qué fue tan popular? Una de las razones es que fue un ejemplo impactante. Se trató de principios éticos positivos como el valor y la generosidad.

También hay ejemplos negativos que promueven conductas impropias, pero Pablo nos anima a seguir modelos sanos cimentados en la fe y amor del Señor. ¿Has pensado que tú misma puedes impactar a otros con tu ejemplo? Utiliza tus capacidades sin sucumbir ante la crítica y la tentación, imita valientemente a Cristo, la persona más impactante de todos los tiempos. (MG)

Dar ejemplo no es la principal manera de influir sobre los demás; es la única manera.

ALBERT EINSTEIN

AFÉRRATE A LO BUENO

Sométanlo todo a prueba, aférrense a lo bueno. —NVI

1 TESALONICENSES 5:21

Josh era un estudiante de preparatoria que buscaba ser feliz. En su búsqueda, conoció a otros estudiantes que mostraban ser felices y quiso saber por qué. La respuesta fue: Jesucristo.

Hastiado de «religión», rechazó lo que le decían, pero aquellos jóvenes lo retaron a investigar por sí mismo si Jesucristo era realmente el Hijo de Dios.

Josh se puso a indagar todos los datos históricos disponibles y llegó a una conclusión: la Biblia dice la verdad. Este hecho transformó su vida. Desde entonces, Josh MacDowell ha defendido la verdad de la fe cristiana dando conferencias alrededor del mundo y ha escrito numerosos libros.

Su libro *Evidencia que exige un veredicto* tiene todas las investigaciones que lo llevaron a creer en Jesús como el Hijo de Dios. Josh es un ejemplo de alguien que sometió todo a prueba y se aferró a lo bueno. La información de Josh MacDowell me sirvió para hacer reflexionar a un profesor de la universidad que criticaba la Biblia diciendo que era copia de otros escritos antiguos.

El versículo de hoy nos da un consejo. Quizás tengas dudas acerca de lo que crees. Haz lo que hizo Josh y cerciórate por ti misma que el único camino para una vida feliz aquí en la tierra y allá en la eternidad es Jesucristo y... ¡aférrate a Él! (YF)

Creo que la mayor inversión que puedo hacer de mi vida, es compartir mi fe con la mayor cantidad de hombres y mujeres con que pueda hacerlo.

JOSH MACDOWELL

AFERRADOS A LA ESPERANZA

... Por lo tanto, los que hemos acudido a él en busca de refugio podemos estar bien confiados aferrándonos a la esperanza que está delante de nosotros. —NTV

HEBREOS 6:18

¿Alguna vez has escalado una montaña? Yo no lo he hecho, pero he visto películas en que los protagonistas se encuentran balanceándose peligrosamente sobre un acantilado y su única opción de sobrevivencia es sujetar una cuerda o la mano de otra persona. Pero siempre está el miedo: ¿resistirá la cuerda? ¿los soltará la otra persona?

Quizá nuestro mayor miedo es a la muerte. Y por muchas promesas que las personas nos hagan, no pueden asegurarnos que todo saldrá bien. Sin embargo, Dios nos ha prometido la vida eterna. Hizo un juramento para que confiemos en que jamás cambiará de parecer.

Cuando las cosas van mal, no acudas a las personas. Más bien, busca a Dios porque es imposible que Él mienta. Todo lo que ha dicho se hará tal como lo ha indicado. Nuestra mayor esperanza es que Dios nos ha prometido la vida eterna y estar siempre con Él. ¿No es maravilloso? Aférrate a esta esperanza. No sueltes Su mano.

Cuando el misionero John Stam de 28 años era llevado para ser ejecutado por los comunistas al lado de su esposa Betty, alguien le preguntó en el trayecto: «¿A dónde van?». John se aferró a la esperanza y respondió: «Vamos al cielo». ¿Tienes esta confianza? (KOH)

El que cree en mí vivirá aun después de haber muerto.

JESUCRISTO

NO TIRES LA TOALLA

Yo vengo pronto. Aférrate a lo que tienes, para que nadie te quite tu corona. —NTV

APOCALIPSIS 3:11

Afortunadamente, la vida cristiana no es un concurso de belleza. Al ver esos concursos es difícil no compararnos en cuanto a las facciones, la figura y los talentos de esas mujeres, supuestamente las más hermosas del planeta. Y para las que participan, ha de ser tan estresante sentir que todas compiten por esa corona que solo una puede ganar.

Pero en Cristo, ¡todos los que le seguimos podemos recibir una corona! Somos multifacéticas y reflejamos Su belleza de diferentes maneras. En Apocalipsis 3, Dios se dirigía a la iglesia de Filadelfia, que tenía «poca fuerza», pero había sido fiel a la palabra de Cristo. Había perseverado, seguramente en medio de luchas nada alentadoras. Pero a pesar de que era algo débil, Dios quería recompensarle y le animaba a seguir firme. Que no quitara la vista de esa corona que era suya como promesa de Dios.

Aferrarse significa «poner toda la atención, inclinación, emoción o esperanza en algo, a manera de refugio, defensa, seguridad…». Aun cuando te hayas esforzado por lograr algo, en ocasiones las circunstancias adversas te hacen aflojar el paso.

Aquí Dios mismo te anima a no desanimarte y no dejar que Satanás trate de quitarte lo que tienes. En Cristo tienes el fruto y los dones del Espíritu, tienes vida eterna y mucho más. ¡No tires la toalla! (MHM)

No te desanimes; aférrate al Señor.

LA REGLA DE ORO

Haz a los demás todo lo que quieras que te hagan a ti... —NTV

MATEO 7:12

Mi esposo y yo fuimos invitados a pasar la tarde con otro matrimonio de amigos. Jugábamos «Jenga» alegremente. Y entonces... sucedió. Recuerdo cómo hice mi silla hacia atrás y sin querer tiré una base de alambrón que sostenía hermosas macetitas de talavera con violetas en flor. ¡Todas se hicieron pedacitos!

Fue muy penoso. Sin embargo, aun cuando imagino cuánto lo sintieron Carol y Rick, ellos mostraron comprensión todo el tiempo. Me hicieron sentir cómoda, continuaron ofreciéndonos muestras de amistad y lo mejor de todo, siguieron invitándonos a su casa. Ellos mostraron empatía.

Ponernos en el lugar de otra persona es imprescindible para aplicar la regla de oro. Si alguna vez has sido regañada, ignorada, rechazada y acosada, tú sabes que no es nada agradable.

También cuando hemos recibido tolerancia, perdón, amor y empatía, podemos elegir hacer lo mismo con otros.

¿Alguien hizo algún comentario que te hizo sentir mal? No dejes que te afecte, olvídalo. Todos nos equivocamos a veces. Sé tolerante. Perdona. El Señor nos ha perdonado tanto, que de la gracia que recibimos debemos dar. (MG)

Quien quiere amigos, ha de mostrarse amigo.

SALOMÓN

UN SIMPLE VASO DE LECHE

*Y él dijo: El que tuvo misericordia de él. Y Jesús
le dijo: Ve y haz tú lo mismo.* —LBLA

LUCAS 10:37

*H*oward Kelly era conocido por sus profundas convicciones bíblicas. Se graduó con honores como ginecólogo cirujano y fue uno de los fundadores del Hospital Johns Hopkins, calificado como el mejor de Estados Unidos.

Se cuenta que de joven vendía cosas de casa en casa y que una vez, teniendo hambre, tocó en una puerta y pidió un vaso de agua a la muchacha que le abrió. Ella, percibiendo que tenía hambre, le trajo un vaso de leche. Cuando Howard lo bebió, preguntó cuánto debía, pero la chica contestó: «No me debes nada. Mi madre me ha enseñado que no debo aceptar pago por una caridad».

Siendo ya médico, oyó que una paciente de su antiguo pueblo padecía algo extraño. Al entrar al cuarto, reconoció a quien años atrás había calmado su hambre con un vaso de leche. Así que se comprometió a atenderla hasta que ella sanó. Al recibir la cuenta del hospital, sin verla, ella pensó que gastaría su vida pagándola, pero al abrirla, en la orilla decía: «Pagado hace años con un vaso de leche. Dr. Howard Kelly».

Aquella mujer nunca pensó que recibiría alguna recompensa por tener misericordia de alguien hambriento. Y aunque nuestra motivación no debe ser la recompensa, el Señor promete que cuando hacemos bien, recibiremos bien. Así que… ve y haz tú lo mismo. (YF)

Y cualquiera que como discípulo dé de beber aunque solo sea un vaso de agua fría a uno de estos pequeños, en verdad os digo que no perderá su recompensa.

JESÚS

HAZ LO CORRECTO

... ¿Quieres vivir sin temor a las autoridades? Haz lo correcto, y ellas te honrarán. —NTV

ROMANOS 13:3

Lindsay Lohan es una actriz de Hollywood, pero además de ser reconocida por sus películas, se considera que ha sido arrestada en más ocasiones que otras famosas. Qué triste que cuando se piense en ella uno se acuerde de sus imágenes posando como criminal, esposada y sin maquillaje.

Ha decepcionado a la mayor parte de sus seguidores y ha afectado sus éxitos taquilleros. Atrás quedó la inocente niña que participaba en Disney. Los excesos de alcohol, drogas y violencia se han apoderado de ella. En los últimos cinco años, Lindsay Lohan vive temerosa de las autoridades.

En Romanos, Pablo nos recuerda que Dios ha puesto a las autoridades para guardar el orden. Si hacemos lo correcto, no tenemos por qué temerles. Pero si quebrantamos la ley, por supuesto que habrá miedo a las repercusiones.

Quizá no tenemos vicios como Lohan, pero podemos romper las reglas de maneras sencillas como no usar el cinturón de seguridad, hablar por celular y conducir, no usar los cruces peatonales al cruzar las calles ¡o no pagar impuestos! (si es que ya trabajas). Cualquiera que sea tu situación, haz lo correcto y las autoridades te honrarán. (KOH)

Pues las autoridades no infunden temor a los que hacen lo que está bien, sino en los que hacen lo que está mal.

PABLO

NO PARA PUBLICARLO

*¡Tengan cuidado! No hagan sus buenas acciones en
público para que los demás los admiren, porque perderán
la recompensa de su Padre, que está en el cielo. —NTV*

MATEO 6:1

Las redes sociales han trastornado nuestro concepto de la privacidad. Ponemos fotos y comentarios de lo que comemos, de las fiestas, de la nueva mascota y el nuevo novio. Presumimos —hasta lo que no es verdad— y anhelamos que muchos pongan «Me gusta» para indicar que nos admiran o nos tienen celos. Es demasiado fácil decir abiertamente cosas que es preferible guardar o solo comentar en privado.

Es todo lo contrario lo que aconseja este pasaje en cuanto a nuestras buenas acciones. Como cristianos, las hacemos para Dios, no para que los demás nos den palmaditas para felicitarnos, ni para enorgullecernos. La gloria debe ser solo para Dios.

Demos ayuda a los que la necesiten, dentro de nuestra capacidad y con la ayuda del Señor.

Mateo 6:4 dice: «Entrega tu ayuda en privado, y tu Padre, quien todo lo ve, te recompensará». Si Dios te muestra una necesidad en la que puedes ayudar, escucha Su voz. Entrega esa cartita o esa ofrenda. Haz esa visita. Regala algo de ropa o de comida.

Procura hacerlo solo por amor a la persona y a Dios y no por verte bien ante los demás. No es para «postear» o publicarlo al mundo. (MHM)

*¿Quieres la admiración de la gente
o la recompensa de Dios?*

O.B.D.C.

Por tanto, id, y haced discípulos a todas las naciones... —RVR1960

MATEO 28:19

Jesús no eligió nacer en la era moderna. Pudo habernos hablado de Su amor subiendo un video a la red. Su resurrección podría haber sido transmitida por televisión en vivo a todo el mundo.

Miles de folletos evangelísticos podrían llegar a todos los rincones de la tierra por medio de drones. Dios quiso que el plan de salvación fuera transmitido de persona a persona.

Vino a la tierra y personalmente comunicó Su amor a doce amigos a los que comisionó para transmitir este mensaje al mundo. ¡Y funcionó! La prueba es que después de 2000 años, te llegó aquel mensaje.

Es nuestra responsabilidad continuar con la cadena y transmitir el evangelio de una manera completa adoctrinando bien a las personas. Recuerda que los verbos «id» y «haced» están en forma imperativa, es decir, son órdenes.

Estadísticamente, la mayor parte de las personas que han conocido de Cristo, escucharon el evangelio por medio de un familiar o un amigo. Es el método más eficaz. Anímate a experimentar o a seguir experimentando el gozo de cumplir con esta Gran Comisión. Piensa en un par de personas a las que podrías «ir y hacer discípulos». (MG)

Alguien me preguntó: «¿Usted ora por los muertos?». Y yo les respondí: «No, yo les predico».

LEONARDO RAVENHILL

ALGUIEN ESPECIAL PARA RECORDAR

Y habiendo tomado pan, después de haber dado gracias, lo partió, y les dio, diciendo: Esto es mi cuerpo...; haced esto en memoria de mí. —LBLA

LUCAS 22:19

En el Cementerio General de Santiago de Chile, desde que falleció su esposa en 1994, don Horacio mostró el amor que le tuvo a su compañera de vida con una nueva placa y un nuevo poema... cada año. En cada poema expresaba, primero mucho dolor; después melancolía, después sentido del humor.

Don Horacio le contaba a su amada Cornelia alguna cosa sobre sus nietos, sus enfermedades, sus deseos: «Flaquita, cuatro años que te fuiste... el amor que tú me diste es parte de mi existencia». ¡Quién no quisiera ser recordada de esa manera!

¿Qué hizo esta mujer para ser amada y evocada tan maravillosamente? No lo sé. Pero sé que a mí alguien me amó sin medida así como soy, lo demostró dando Su vida y me ha pedido que lo recuerde con un pedacito de pan y un sorbito de vino. Él es el amor de mi vida y se llama Jesús.

Cuando llega el momento de recordarlo, me siento «a la mesa» y nada ocupa mis pensamientos sino Él. Es el tiempo de hacer memoria de Su vida perfecta y de Su muestra de amor en la cruz.

¡Tiempo para decirle cuánto lo amo y cómo desearía que regrese! ¿No te pasa lo mismo? (YF)

Porque cada vez que comen este pan y beben de esta copa, proclaman la muerte del Señor hasta que Él venga.

PABLO

VIVIENDO EN PAZ

Hagan todo lo posible por vivir en paz con todos. —NTV

ROMANOS 12:18

Un conocido predicador contó la siguiente anécdota: «Vivía en un casa, donde el jardín del vecino solo estaba dividido de mi propio jardín por una cerca de arbustos. Él tenía un perro, y este perro era un terrible jardinero y no ayudaba en nada a mis plantas.

Cierta tarde salí a caminar solo. Vi al perro desde lejos lastimando mis plantas, así que tomé un palo y lo lancé en su dirección para mostrarle que volviera a su propia casa. Este perro, en lugar de obedecer, recogió el palo y lo tomó con su hocico. Luego corrió en mi dirección y movió la cola. Puso el palo a mis pies y me miró con alegría. ¿Qué más podía hacer que decirle «buen perrito» y lamentar mi rudeza pasada?».

Pablo nos exhorta a hacer todo lo posible por vivir en paz con todos. A veces esto resulta complicado cuando tienes un profesor enojón o un familiar berrinchudo. Pero la Palabra de Dios nos dice con mucha claridad: «La respuesta apacible desvía el enojo, pero las palabras ásperas encienden los ánimos» (Prov. 15:1).

Como en la ilustración del perrito, cuando alguien procure tu mal o venga a ti con ganas de pelear, sé amable. Tu modo de responder con serenidad y bondad cambiará la situación, y así habrás hecho todo lo posible por vivir en paz con los demás. (KOH)

Las palabras suaves pueden quebrar los huesos.

SALOMÓN

TU REGALO PARA DIOS

Así que, sea que coman o beban o cualquier otra cosa
que hagan, háganlo todo para la gloria de Dios. —NTV

1 CORINTIOS 10:31

Rick Warren, autor de *Una vida con propósito*, nos anima a asegurar que toda nuestra vida sea para la gloria de Dios, para «hacer que Dios se vea bien». Dice que esta actitud es una de ¡cumplir con el propósito para el que fuimos creados! No solo adorar a Dios lo glorifica, sino también trabajar, servir a otros, usar los dones que nos dio y muchas actividades más. Vivir así es vivir con propósito, un concepto que hizo que el libro de Warren vendiera 25 millones de copias.

Claro, el apóstol Pablo lo dijo primero: «Y todo lo que hagan o digan, háganlo como representantes del Señor Jesús y den gracias a Dios Padre por medio de él… Trabajen de buena gana en todo lo que hagan, como si fuera para el Señor y no para la gente» (Col. 3:17, 23). ¡Todo! Sin duda vivir así nos dará mayor satisfacción que hacer las cosas para nosotros mismos.

Desde Adán y Eva, el pecado empieza cuando el ser humano se hace el centro de su propio universo en vez de que Dios mismo lo sea. Cumple con el propósito que Dios tiene para ti. Vive plenamente reflejando al que es tu luz. Aun las acciones más sencillas, hechas para Dios, dan gloria a Él. (MHM)

Tu talento es el regalo de Dios para ti. Lo que
hagas con él, es tu regalo de vuelta para Dios.
LEO BUSCAGLIA

LA PAZ EMPIEZA CON UNA SONRISA

*Hagan todo lo posible por mantenerse unidos en el
Espíritu y enlazados mediante la paz.* —NTV

EFESIOS 4:3

*D*esde 1960, las relaciones de Estados Unidos con Cuba se han mantenido tensas, pero las cosas han empezado a cambiar. En diciembre del 2014, se anunció por parte de Castro y Barack Obama un restablecimiento de las relaciones diplomáticas. Este logro es el resultado de dos años de negociaciones.

Dos mujeres están al frente de las delegaciones negociadoras. Roberta Jacobson por Estados Unidos y Josefina Vidal por parte de Cuba, fueron las personas que lideraron el acercamiento con excelentes resultados. No es coincidencia que ambas sean de espíritu alegre.

Sin duda las mujeres poseemos habilidades naturales para conciliar y hacer la paz. Es importante estar conscientes de que nuestra influencia puede ser determinante. La Biblia nos habla de la esposa de Job y Herodías, que usaron negativamente su influencia, pero también de Ester y Débora, que beneficiaron a países enteros.

Desde hoy, ahí donde Dios te ha sembrado, puedes usar tu influencia conciliadora para mantener una atmósfera pacífica. Sin murmurar ni fomentar chismes, con una sonrisa, derribemos barreras como el orgullo y el rencor, fomentando la paz y la armonía. (MG)

*Si quieres la paz, no hablas con tus
amigos, hablas con tus enemigos.*

MOSHE DAYAN

CON AMOR

Y todo lo que hagan, háganlo con amor. —DHH

1 CORINTIOS 16:14

Amor: la palabra mágica que aviva nuestras emociones. Soñamos con el amor desde pequeñas y construimos nuestro mundo alrededor de esta palabra y lo que evoca.

¿Qué es el amor? Si nuestro diccionario es la Biblia, ya tenemos la respuesta: ¡Dios es amor! Amar a nuestros padres, a nuestra mascota, a nuestra hermana o hermano, es un sentimiento que el mismo Dios ha creado en nosotros. Como mujeres, amar a un hombre es algo natural porque Dios puso esa emoción en nosotras así como puso en los varones el amor por una mujer.

Cuando Dios nos pide que hagamos todas las cosas con amor pareciera que es algo muy obvio y fácil. Pero… también nos pide que amemos a nuestros enemigos. ¿Será que Dios puso en nosotros la capacidad de hacer esto también? ¿Y qué cuando debemos hacer algo que no queremos, pero lo tenemos que hacer? ¿También estamos equipadas para hacer las tareas desagradables con amor? ¡Sí!

El amor es una decisión. Dios nos pide que decidamos amar y honrar a nuestros padres, amar a nuestros hermanos, amar a Su creación, amar a quien compartirá la vida con nosotras, y también amar a nuestros enemigos y hacer todas las cosas con amor. Al hacernos nuevas criaturas, nos llenó de Él, ¡nos llenó de amor! Es fácil ahora mostrarlo. (YF)

El amor es sufrido, es benigno; el amor no tiene envidia, el amor no es jactancioso, no se envanece.

PABLO

CUANDO NADIE TE MIRA

... Como esclavos de Cristo, hagan la voluntad
de Dios con todo el corazón. —NTV

EFESIOS 6:6

Johathan Swift, un autor irlandés, trabajó como sirviente de Sir William Temple y escribió ciertas instrucciones para sus colegas: «No es infrecuente que los sirvientes que salen a hacer recados pasen fuera un tiempo algo superior de lo que el recado exige... Cuando vuelvas y el amo quiera despedirte, cuenta una serie de excusas... por ejemplo, te estabas despidiendo de un querido primo al que iban a ahorcar al sábado siguiente... tu tío ha llegado esa mañana a la ciudad después de recorrer 80 millas con el propósito de verte, y vuelve a marcharse al alba del día siguiente...».

¿Qué te parecen sus consejos? El apóstol Pablo escribió instrucciones totalmente diferentes. Él pidió a los esclavos que obedecieran a sus amos terrenales con profundo respeto y temor. Les sugirió que sirvieran con sinceridad, tal como servirían a Cristo. Incluso les recomendó que trataran de agradar al patrón todo el tiempo, no solo cuando se les observaba. ¿No es contrastante con lo que escribió Jonathan Swift?

¿Cómo te comportas cuando el jefe está de vacaciones o un profesor no llega para dar su clase? ¿Cómo actúas cuando tus padres no te ven? ¿Eres diferente en la iglesia que en la escuela? Somos esclavas de Cristo y haremos su voluntad de todo corazón cuando aprendamos a obedecer aun cuando nadie parezca estar viendo. (KOH)

La integridad es hacer lo correcto aunque nadie nos esté mirando.

JIM STOVALL

OBEDECER CUESTA

Obedezcan a sus líderes espirituales y hagan lo que
ellos dicen. Su tarea es cuidar el alma de ustedes
y tienen que rendir cuentas a Dios... —NTV

HEBREOS 13:17

*U*na amiga sentía el llamado de Dios para ser misionera en un país lejano, pero los dirigentes de su iglesia consideraban que no era correcto que una mujer soltera saliera. En vez de enojarse, protestar o cambiar de iglesia, ella confió en que Dios podría obrar y convencerlos de Su voluntad. Con el tiempo, esos líderes vieron cómo ella servía fielmente al Señor y decidieron darle luz verde para ir a aquel país... ¡después de unos once años!

Hoy en día la palabra «autoridad» tiende a ponernos a la defensiva. ¿No tenemos libertad en Cristo? Sin embargo, este pasaje no indica una sujeción ciega a personas que quieran imponer su autoridad, sino más bien respeto a líderes que actúan guiados por el Espíritu Santo y la Palabra de Dios. El autor de Hebreos subraya que están para cuidarnos y protegernos, y que rendirán cuentas a Dios. ¡Inmensa responsabilidad!

Ora por tu pastor y otros líderes de tu iglesia para que Dios les dé sabiduría al enseñar y guiar la congregación. Si las palabras de un mensaje o un consejo te parecen difíciles de digerir, considera: ¿Están claramente basadas en la Biblia? Si tienes dudas, procura aclararlas con tus padres o con tus líderes. Pide a Dios que, sobre todo, te haga dócil ante Él. (MHM)

Si respetas la autoridad de Dios, se reflejará
en tu actitud hacia tus padres, tus maestros,
tu gobierno... y tus líderes espirituales.

DE CORAZÓN A CORAZÓN

*A los niños y a los bebés les has enseñado
a hablar de tu fuerza... —NTV*

SALMOS 8:2

«¡Hola! ¿Cómo estás?» «Bien. ¿Y tú?». A esta conversación se le podría calificar como un cliché, es decir, una frase o expresión que ha sido usada tanto que pierde su fuerza e incluso su veracidad. En las oraciones nos pasa lo mismo. Usamos un sinfín de clichés: «Padre nuestro», «te damos gracias», «te pedimos por la salud», «acudimos a ti en nuestra necesidad», «sabemos que tu voluntad es lo mejor».

La pregunta es: ¿realmente lo sentimos? Por eso los salmos vienen con tal frescura a nuestras vidas en los momentos de gozo y tristeza, pues los autores abren su corazón y se enfadan, gritan, patalean, lloran, se quejan, celebran, cantan, y ¡no usan clichés!

En el Salmo 8, por ejemplo, David alaba a Dios por la magnificencia de Su creación y reconoce el papel tan pequeño que tiene el hombre en todo ello. Aún más, nos recuerda que los niños y los bebés no usan clichés. Mi hijo oró cierto día: «Señor, te damos gracias porque todo está bien y todo está mal». ¿Una contradicción? ¡Una realidad en ese momento!

Que a través de los Salmos podamos acercarnos a Dios sin clichés, orando con sinceridad y con apertura como lo haría un niño. Que la honestidad de los Salmos guíe nuestras oraciones a una comunicación más real con Dios. (KOH)

Los Salmos son la música de Dios, inspirados y escritos para llevarnos a la gracia.

RAY STEDMAN

CREADA CON UN VALOR INFINITO

¡Nos creaste casi igual a ti! ¡Nos trataste como a reyes! —TLA

SALMOS 8:5

Un traductor imprime parte de su personalidad a lo transcrito. Por esa razón, hay distintas versiones de la Biblia. Me encanta este versículo en esta versión porque está más de acuerdo con el original en hebreo y concuerda con la historia de Génesis 1:27, cuando nos dice que Dios nos hizo a imagen y semejanza Suya.

Pablo Dunteman, un erudito en el idioma hebreo y obrero entre los judíos, dijo una vez que Dios, al crearnos a Su imagen y semejanza, confirió a los animales reverenciarnos porque ven a Dios en nosotros. ¡Qué terrible es cuando un ser humano reverencia a una imagen de yeso, metal o piedra! Se pone en el lugar de los animales. Esa es la razón por la que Dios odia la idolatría. Hasta el diablo mismo sabe que somos especiales y desea destruir la imagen de Dios en nosotros con la baja autoestima.

Si tú piensas que no vales nada, le estás dando la razón al enemigo. Dios nos dice que somos hechura Suya, dándonos un valor infinito, a tal grado, que Su Hijo murió en nuestro lugar. Para el Dios del universo fuimos dignas de que nos rescate y además, de un trato de reinas. ¿Sigues sintiéndote sin valor? ¿Tomarás tu lugar en la creación como representante de Dios aquí en la tierra? (YF)

Te alabaré, porque asombrosa y maravillosamente he sido hecho; maravillosas son tus obras.

DAVID

¿NECIA O SABIA?

Solo los necios dicen en su corazón: «No hay Dios».
Ellos son corruptos y sus acciones son malas; ¡no
hay ni uno solo que haga lo bueno! —NTV

SALMOS 14:1

¿*A*lguna vez te han hecho trampa sacando un versículo bíblico de contexto? Recuerdo que un maestro de antropología lo hizo una vez y se oyó terrible; después investigué y encontré lo que realmente significaba según el contexto. Pues ¡de igual manera se podría citar la Biblia y proclamar «Dios no existe» basado en este pasaje! Excepto que es obvio que son las palabras de los necios.

Sin embargo, existen también personas que lo dicen en voz alta, no solo «en su corazón», y se presumen de sabios, de inteligentes, e incluso de científicos. A pesar de las enseñanzas populares que insisten que el ser humano «nace bueno» y se corrompe, la Palabra de Dios declara lo opuesto: nacemos con una naturaleza pecadora. Y este Salmo lo confirma.

Esta naturaleza nos hace estar en rebelión contra Dios y querer hacer nuestra voluntad, no la Suya. Entonces nos convendría creer que no hay Dios o que no importan Sus mandamientos, ¿no crees?

En algunos ambientes educativos es bastante difícil decir: «Creo en Dios». La sabiduría de Dios y Su salvación son necedad para los que no creen. Si tienes dudas en cuanto a algunos aspectos de la fe cristiana, pregunta e investiga. Muestra que eres sabia en las cosas de Dios. ¡No dejes que los necios te intimiden! (MHM)

El principio de la sabiduría es el temor al Señor;
los necios desprecian la sabiduría y la enseñanza.

SALOMÓN

MICTAM DE DAVID

*... ¡En tu presencia soy muy feliz! ¡A tu
lado soy siempre dichoso! —TLA*

SALMOS 16:11

El hermoso Salmo 16 es un «mictam». Mictam es un término hebreo que se refiere a un himno o poema que pudo haber sido grabado sobre una tabla. Es un «Salmo de oro», considerado una joya preciosa. He aquí una parte:

«Cuídame, Dios mío, porque en ti busco protección. Yo te he dicho: "Tú eres mi Dios; todo lo bueno que tengo, lo he recibido de ti. Sin ti, no tengo nada". [...]. Tú eres mi Dios, eres todo lo que tengo; tú llenas mi vida, me das seguridad [...] Yo te bendigo por los consejos que me das, tus enseñanzas me guían en las noches más oscuras. Yo siempre te tengo presente; si tú estás a mi lado, nada me hará caer. Por eso estoy muy contento, por eso me siento feliz, por eso vivo confiado. ¡Tú no me dejarás morir ni me abandonarás en el sepulcro, pues soy tu fiel servidor! Tú me enseñaste a vivir como a ti te gusta. ¡En tu presencia soy muy feliz! ¡A tu lado soy siempre dichoso!» (TLA).

Aprendamos de David a corresponder con hechos y palabras el gran amor que Dios nos ha demostrado. Cuando ores, exprésale tu amor, felicidad y confianza. Haz un recuento de Sus bendiciones. Confirma tu fe y tu decisión firme de seguirle confiando en nuestra futura resurrección. (MG)

Un poema comienza en deleite y termina en sabiduría.
ROBERT FROST

¿REGAÑANDO A DIOS?

Dios mío, Dios mío, ¿por qué me has abandonado?
¿Por qué estás tan lejos de mi salvación y de
las palabras de mi clamor? —LBLA

SALMOS 22:1

Me causa extrañeza que al leer la vida del rey David en el Antiguo Testamento, pareciera que las descripciones de este Salmo nunca le sucedieron. Sin embargo, el apóstol Pedro dice en Hechos 2:30 que el rey David era profeta y viendo antes sucesos en la vida del Mesías, habló de ellos. ¿Sabías que este Salmo 22 tiene 19 eventos que sucedieron en la crucifixión del Señor Jesús? Es por eso que a este Salmo se le conoce como mesiánico.

En una sinagoga de Israel hubo una conferencia para indoctrinar a los judíos en contra de los cristianos y su predicación. Había ahí una mujer que había oído sobre el Mesías Yeshua (nombre hebreo de Jesús). El rabino que daba la conferencia exponía muchos argumentos en contra del mesianismo de Yeshua. Uno de ellos fue que se había atrevido a «regañar» a Dios cuando estaba en la cruz diciéndole: «Dios mío, Dios mío, ¿por qué me has abandonado?». Esta mujer le preguntó por qué entonces, el rey David había dicho lo mismo si no era algo bueno. El rabino no pudo contestar la pregunta y esto bastó para que esta mujer creyera en el Mesías.

Te invito a leer con detenimiento este Salmo para encontrar los 19 sucesos que hacen de este Salmo un Salmo profético tan especial. (YF)

...me horadaron las manos y los pies...
DAVID

NO ENVIDIES A LOS MALOS

*Pon tu esperanza en el Señor y marcha con
paso firme por su camino... —NTV*

SALMOS 37:34

«Yo hago el bien y todo me sale mal. Ella hace el mal ¡y todo le sale bien!». ¿Alguna vez te has sentido así? David ya era un hombre anciano, y entendía bien estos sentimientos así que escuchemos la experiencia del rey.

David nos dice en el Salmo 37: «No envidies a los malos. No te enojes ante las supuestas injusticias de la vida. No te inquietes ni te preocupes. En toda mi vida nunca he visto abandonado al justo. Por otro lado, he visto a gente malvada y despiadada florecer como árboles, pero cuando volví a mirar ¡habían desaparecido!».

¡Entonces qué debemos hacer? David nuevamente nos da algunos consejos: «Confía en el Señor y haz el bien. Deléitate en el Señor, y él te concederá los deseos de tu corazón. Quédate quieto en la presencia del Señor y espera con paciencia a que Él actúe».

No es fácil, lo sé. Y David también lo sabía. Pero la experiencia de muchos años le hizo confiar cada vez más en su Dios.

Cuando parezca que aquellos que desprecian al Señor prosperan, recuerda que el Señor dirige tus pasos y se deleita en cada detalle de tu vida. Pon tus ojos en Él, no en los demás, y ¡sigue adelante! (KOH)

La envidia es mil veces más terrible que el hambre, porque es hambre espiritual.

MIGUEL DE UNAMUNO

¿DESESPERADA?

Me sacó del foso de desesperación, del lodo y del fango.
Puso mis pies sobre suelo firme y... me estabilizó. —NTV

SALMOS 40:2

*¿A*lguna vez te has atascado en lodo? Personalmente, me tocó hacer una larga caminata en la zona selvática de Chiapas, donde el fango me llegaba a la mitad de las piernas. Me esforzaba lo doble por levantar los pies pesados, me resbalaba y me sentía muy frustrada. Pues, ¡añade a esa situación estar en un foso como se sentía David! Así imaginaba su desesperación: cero progreso. ¡Qué alivio sentir al fin que Dios ponía Sus pies en suelo firme!

Los autores de los Salmos expresan una extensa gama de emociones con las cuales nos identificamos plenamente. Muestran la transparencia y sinceridad que nosotros también podemos mostrar al hablar con Dios. En este Salmo vemos cómo al estabilizarse David, pudo caminar al fin y a la vez recibía un nuevo canto para reconocer al que lo había librado. También nos dice: «Muchos verán lo que él hizo y quedarán asombrados; pondrán su confianza en el SEÑOR».

¿Qué te tiene atorada? Tal vez sean dificultades en la escuela o con personas que te desaniman. O podrías estar pensando que no vales, idea que, sin duda, viene de Satanás, o errores que cometiste y que lamentas. Clama al Señor y te podrá sacar de ese hoyo. No solo tú, sino también otros estarán maravillados ante el poder de Dios. (MHM)

La desesperación es la falta de esperanza.
En Cristo ¡ nunca muere la esperanza!

UN REINADO ETERNO

Tu trono, oh Dios, es eterno y para siempre; cetro de justicia es el cetro de tu reino. —RVR1960

SALMOS 45:6

Uno de los principales destinos turísticos es Inglaterra, cuyo principal atractivo consiste en ser una monarquía. Es un país de reyes y reinas, princesas y príncipes, castillos y etiqueta real. No puedes ir a Londres sin pasar por el Castillo de Windsor, la Torre de Londres donde se guardan «las joyas de la corona» y el característico edificio del Parlamento y el «Big Ben». La reina Isabel II, ha reinado bien durante 63 años, proporcionando gran estabilidad a su pueblo.

El Salmo 45 también habla de un reino, el reino de Dios. Este trono, durará más de 63 años pues es eterno. No solo será estable, sino también será justo. Describe a una bella princesa con un vestido con brocados de oro, refiriéndose a nosotros, su iglesia. Hace alusión a un palacio y a príncipes. Un lugar, donde se le alabará perpetuamente.

Nuestra mente humana no logra comprender lo excelso de su gloria y majestad. Pero ese es el lugar al que perteneces. Tú eres esa princesa con vestiduras reales. Si alguna vez te sientes fuera de lugar en este mundo, no te preocupes, es normal, la tierra es un lugar temporal para nosotros. (MG)

No hay poder que no venga de Dios.

PABLO

EL SEÑOR PELEA NUESTRAS BATALLAS

Estad quietos, y sabed que yo soy Dios; exaltado seré
entre las naciones, exaltado seré en la tierra. —RVR1960

SALMOS 46:10

«*E*stad quietos...», esta frase me recuerda tres eventos en los que Dios actuó a favor de Sus amados sin que ellos movieran un dedo.

El primer evento está en Jueces 7, donde el Señor ordenó a Gedeón que fuera contra el campamento de Madián (quienes estaban «tendidos en el valle como langostas en multitud»), con una tropa de 300 hombres. La misión de ese pequeño ejército era sostener una tea ardiendo, sonar una trompeta y quedarse quietos. El Señor se encargó de lo demás: ¡hizo que los enemigos se destruyeran entre sí!

El segundo se encuentra en 2 Crónicas 20, donde Josafat pidió la ayuda del Señor porque tres naciones enemigas venían contra él. Entonces, Dios les dijo que se mantuvieran firmes y quietos para ver su salvación. Cuando el pueblo empezó a alabar a Dios, los enemigos se mataron entre ellos mismos.

Tercer evento: Hace algunos años, una persona hizo todo lo posible por ponerme en mal con los líderes de mi congregación. No le di mucha importancia, pensando que el Señor podía arreglar las cosas. Nunca imaginé cómo iba Dios a arreglar ese asunto, pero lo hizo. Ten por seguro que el Señor pelea nuestras batallas y es exaltado por eso. (YF)

¿Y acaso Dios no hará justicia a Sus escogidos, que claman a Él día y noche? ¿Se tardará en responderles?

JESÚS

EL MEJOR SACRIFICIO

*Haz que sea la gratitud tu sacrificio a Dios y cumple
los votos que le has hecho al Altísimo. —NTV*

SALMOS 50:14

El verano podía llegar a ser un tiempo de mucho cansancio durante mi juventud. Participaba en muchas actividades de mi iglesia, como la Escuela Bíblica de Verano para niños y los campamentos. De algún modo, me sentía bien porque estaba sirviendo al Señor. Sin embargo, mirando atrás, comprendo que no siempre lo hacía en sacrificio al Señor, sino como un modo de quedar bien con los demás o incluso conmigo misma.

En el Salmo 50 Dios irrumpe, no en silencio, sino como una tormenta y un fuego y le habla a Su pueblo. Le dice: «No tengo quejas de tus sacrificios… pero no necesito los toros de tus establos ni las cabras de tus corrales. Pues todos los animales del bosque son míos». El Señor les recuerda que lo importante no era llevar muchos animales, sino la razón por la que iban a realizar los sacrificios. No se trataba de quedar bien con el vecino, sino de honrar a Dios con tu obediencia.

Del mismo modo, no se trata de cuánto hacemos, sino el porqué lo hacemos. Debemos servir a Dios porque lo amamos y deseamos agradecer lo que ha hecho por nosotras. Recuerda que más que actividad, Dios quiere un corazón agradecido. Más que tus ocupaciones, Dios quiere tu atención. Más que tu trabajo, quiere tu corazón. (KOH)

*El dar gracias es un sacrificio que
verdaderamente me honra.*

DIOS

LA IMPORTANCIA DE LA CONFESIÓN

Crea en mí, oh Dios, un corazón limpio y renueva un espíritu fiel dentro de mí. —NTV

SALMOS 51:10

«¡La regué!», decimos en México cuando nos equivocamos. Hace tiempo, escribí una carta con un chisme que para nada tenía derecho de contar. Un día, cuando llamé por teléfono a la principal afectada, entendí, por su tono cortante, que le había dolido mucho mi acción. Con unas pocas palabras, había yo destruido nuestra amistad. Al final fui a su casa para confesar mi error y pedir que me perdonara. Gracias a Dios, ¡nos reconciliamos!

En el Salmo 51, David vierte su alma compungida ante Dios, confesando los pecados que cometió con Betsabé y Urías. La relación con Dios se había roto y apela al amor y la gracia del Señor para que se restaure. Adolorido, clama a Dios para que limpie su corazón y le dé uno nuevo. Ha perdido su alegría y ruega porque pueda recuperarla. Aun el gran rey David se humilla cuando reconoce su maldad ante Dios.

Si se siente terrible perder el cariño de una amiga por cometer errores, ¡cuánto más nos hace sufrir la separación de Cristo!

Puede ser que solo tú y Él saben lo que cometiste, o puede ser que afectó tu relación con alguien más. Si has seguido postergando la confesión, ¡no lo hagas más! Recupera tu paz interior y, sobre todo, tu amistad con Dios. (MHM)

Si «la regaste», deja que el Señor riegue tu corazón con agua limpia para purificarte.

CANTA AL SEÑOR

*Fortaleza mía, a ti cantaré; porque eres, oh Dios, mi
refugio, el Dios de mi misericordia. —RVR1960*

SALMOS 59:17

Un grupo de jóvenes de la iglesia australiana Hillsong formaron una banda. El verano de 1997 hubo un impactante campamento de verano. Los jóvenes regresaron con corazones ardientes, llenos de Dios. Fue entonces que comenzaron las «Noches Unidas». Su lema fue: «Cuando estamos unidos, Dios hace cosas poderosas».

Dirigidos por Darlene Zschech, autora de *Canta al Señor*, el grupo Hillsong United marcó un nuevo aire en la adoración en muchas iglesias alrededor del mundo con su música de alabanza en un estilo contemporáneo y de adoración con un rock suave.

El rey David también fue músico y compositor. Con su instrumento favorito, el arpa, alababa a Dios. En muchos de sus Salmos se ve reflejado su gusto por la música. Su inspiración y su canto siempre fueron para su Creador. Nos gozamos en sus composiciones hasta hoy.

Dios habita en la alabanza de Su pueblo. Una de las cosas que más disfrutamos como iglesia es cantar. Dios recibe tu alabanza y se deleita con tu canto. Más allá de las notas, Él se fija en tu corazón sincero. Los jóvenes en Hillsong tienen razón: «Cuando estamos unidos, Dios hace cosas poderosas». (MG)

*La música es una revelación mayor que
toda la sabiduría y la filosofía.*
BEETHOVEN

FRÍAMENTE CALCULADO

Tú, el que afirma los montes con su poder, ceñido de potencia; el que calma el rugido de los mares, el estruendo de las olas, y el tumulto de los pueblos. —LBLA

SALMOS 65:6, 7

¿Te has preguntado qué pasaría si los montes no existieran? Entre otras catástrofes, no habría ríos porque los ríos se forman con el deshielo de las montañas. Además, el viento se llevaría las nubes porque no habría «paredes» para detenerlas, y no caería lluvia sobre el suelo.

¿Y si no existiera la Luna? No habría mareas ni el «rugido de los mares». Tampoco existirían las leyes sobre el movimiento de la Tierra que son gobernadas por la gravedad de la Luna. El eje terrestre cambiaría continuamente de posición trayendo una confusión en las estaciones y la vida en la Tierra sería imposible.

O también, ¿qué pasaría si algún día dejara de existir la fuerza de gravedad, o si los planetas perdieran sus órbitas? El universo sería un caos. ¿Qué hace Júpiter en el sistema solar? Por ser tan inmenso tiene tanta gravedad que atrae toda la basura cósmica que podría dañar a la Tierra.

Este Salmo nos dice que Dios es quien afirma los montes y aquieta las olas. ¡Son solo dos de las miles de leyes que preservan nuestra vida! Todo está «fríamente calculado» para que podamos continuar sobre el planeta. ¿No se te hace incomprensible que haya gente que niegue que detrás de todo esto, hay Alguien inteligente que controla el universo? ¡Pero tú y yo podemos adorarlo! (YF)

Él ya existía antes de todas las cosas y mantiene unida toda la creación.

PABLO

LA FUERZA DEL CORAZÓN

Puede fallarme la salud y debilitarse mi espíritu, pero Dios sigue siendo la fuerza de mi corazón; él es mío para siempre. —NTV

SALMOS 73:26

Asaf escribió el Salmo 73 después de un momento duro en su vida. Cuando yo pasé por algo similar, este Salmo reflejó mi experiencia. Como Asaf, casi perdí el equilibrio y estuve a punto de caer. Pasé por un tiempo de depresión, enfermedad y desánimo extremo. Entonces me di cuenta que mi corazón se había llenado de amargura. ¡Estaba destrozada por dentro!

Al igual que Asaf, mis ojos se habían fijado en los demás y no en Dios. Me quejaba porque ya había pasado los 30 años y no tenía pareja, entre otras cosas. Me pregunté: «¿Me he conservado pura en vano? ¿He mantenido mi inocencia sin ninguna razón?» (v. 13)

Gracias a la misericordia de Dios, puedo hacer mías hoy las palabras de Asaf. Dios me tomó de la mano derecha y me guió con Su consejo. Un día me di cuenta que Dios es bueno, y que yo había sido necia e ignorante, pues aunque las cosas parezcan negras alrededor, Dios nos conduce a un destino glorioso.

Concluyo y alabo a Dios como Asaf: «¿A quién tengo en el cielo sino a ti? Te deseo más que cualquier cosa en la tierra. Puede fallarme la salud y debilitarse mi espíritu, pero Dios sigue siendo la fuerza de mi corazón» (vv. 25-26). (KOH)

En cuanto a mí, ¡qué bueno es estar cerca de Dios!

ASAF

SAL DEL ABISMO

*No me dejas dormir; ¡estoy tan afligido que
ni siquiera puedo orar! —NTV*

SALMOS 77:4

uando se suicidó el gran actor cómico Robin Williams, era difícil creerlo. ¡Si hasta había representado al Dr. Patch Adams, que alegraba a niños con cáncer al vestirse de payaso! Después se supo que había luchado con la depresión por años.

Se despertó este tema en los medios y también en círculos cristianos, donde tiende a taparse puesto que «los cristianos no deben deprimirse». Pero los salmistas, en varias ocasiones, se expresan de manera tan angustiada que sabemos que su crisis emocional era profunda.

En el Salmo 77, Asaf clamaba a gritos, sufría insomnio y aun orar se le hacía imposible. Por otro lado, Job llegó al extremo de lamentar el día en que había nacido. Incluso Jesucristo luchó contra la oscuridad espiritual en Getsemaní.

Por tu temperamento sensible o por alguna prueba que enfrentas, puedes sentirte como Asaf. Si tú o alguna amistad pasa varios días deprimida, acudan con un pastor o consejero antes de que sea tarde. Antes del final del Salmo 77, Asaf fijó sus ojos en Dios y cambió su tono: «¡Eres el Dios de grandes maravillas!».

Que esta verdad te sostenga en tiempos de crisis. (MHM)

Me oíste cuando clamé...viniste; me dijiste: «No tengas miedo».

JEREMÍAS

DE LA ANSIEDAD A LA TEMPLANZA

A fin de que pongan en Dios su confianza, y no se olviden de las obras de Dios; que guarden sus mandamientos. —RVR1960

SALMOS 78:7

El trastorno de ansiedad, muy común actualmente, se caracteriza por preocupación constante, temor, inseguridad, enojo, desaliento y desgano. Las personas dicen: «Es como si me hubieran arrancado el corazón».

Comer y dormir en exceso, consumir bebidas alcohólicas, fumar, drogarse, e incluso hacer compras de una manera desmedida, son formas de autocomplacencia que aparentemente sirven como fuga de la ansiedad acumulada. La realidad es que estos vicios pueden cobrar poder sobre nuestras vidas.

La ansiedad se vence a través de la toma de decisiones. Si nos proponemos guardar los mandamientos de Dios, tomaremos mejores decisiones. Si reconoces en ti los síntomas de este trastorno, pon a salvo tus pensamientos, pon en Dios tu confianza, el poder de Su Espíritu te fortalecerá para vencer los malos hábitos. Ocúpate en tus dones, en ayudar a otras personas. No des lugar al ocio y al temor.

Poner en Dios tu confianza es tener esperanza en que Él está contigo siempre y tiene lo mejor para ti en el futuro. «No olvides las obras de Dios», así como Él ha sido contigo en el pasado, lo será en el futuro. (MG)

Pon tus debilidades en las manos de Dios, y serás fuerte.

ANHELOS FERVIENTES

Un solo día en tus atrios, ¡es mejor que mil
en cualquier otro lugar!... —NTV

SALMOS 84:10

Cuando era novia del que hoy es mi esposo vivíamos en ciudades diferentes. La semana transcurría con mucha lentitud, hasta que llegaba el viernes en que viajaba para verlo. Mi emoción iba creciendo con el paso de los kilómetros. Quería bajarme del autobús y correr.

Los hijos de Coré sentían lo mismo, pero para ir al templo del Señor que estaba en Jerusalén y al que, año tras año, muchos visitaban después de un largo viaje. Mientras iban avanzando, los israelitas cantaban Salmos.

«Qué bella es tu morada… Anhelo y hasta desfallezco de deseo por entrar en los atrios del Señor… Qué alegría para los que pueden vivir en tu casa. Qué alegría para los que se proponen caminar hasta Jerusalén… Prefiero ser un portero en la casa de mi Dios que vivir la buena vida en la casa de los perversos».

La pregunta para nosotras es: ¿sentimos ese mismo deseo por estar en la presencia del Señor todos los días a través de la oración y la lectura bíblica? ¿Ansiamos con todo nuestro ser buscar a Dios? Él es nuestro sol y nuestro escudo. Nos da gracia y gloria. No negará ningún bien a quienes le buscamos. Que podamos estar seguras que un día en la presencia de Dios es mejor que mil en cualquier otro lugar. (KOH)

Hasta el gorrión encuentra un hogar cerca de tu altar.

HIJOS DE CORÉ

SERES ANGELICALES

Los poderes angélicos más altos quedan en reverencia ante Dios con temor; él es mucho más imponente que todos los que rodean su trono. —NTV

SALMOS 89:7

*E*stán de moda los ángeles, en estatuas, aretes, libros y demás. A primera vista este interés en seres angelicales parece ser atractivo e inocente, pero ¡cuidado! Hace falta tener mucho discernimiento. Una vez vi a un chico en el autobús que tenía su libro sobre cómo comunicarte con estos seres, y me di cuenta de que con más probabilidad estaría llamando a espíritus más bien «caídos».

¿Qué dice la Biblia sobre los ángeles? En este versículo vemos que reverencian a Dios. Salmos 89:5 dice: «… todos los seres celestiales alaban tu fidelidad y tus maravillas» (DHH). En muchos pasajes aparecen como emisarios especiales con una misión específica para con los seres humanos.

Nunca se nos dice que oremos a ellos ni que tratemos de atraerlos hacia nosotros. Lucifer, el ángel caído y sus seguidores, quisieron ser como Dios y fueron echados del cielo. A diferencia de los que son fieles al Señor, desean la gloria para ellos mismos.

Anímate a estudiar lo que nos revela la Palabra acerca de los ángeles. Gracias a Dios, pueden protegernos aun cuando no estemos conscientes de ello (Salmos 91:11). Como ellos, enfoca tu mirada en lo más maravilloso: ¡en el Dios poderoso y glorioso! Gózate en saber que algún día estarás ante Su trono también. (MHM)

Todo es tan maravilloso que aun los ángeles observan con gran expectación cómo suceden estas cosas.

PEDRO

NO ES NECESARIO TROPEZAR

Enséñanos de tal modo a contar nuestros días, que
traigamos al corazón sabiduría. —RVR1960

SALMOS 90: 12

El versículo de hoy es una petición. El salmista pide al Creador que nos enseñe a contar nuestros días de forma tal que el resultado sea un corazón sabio.

Un náufrago cuenta los días que lleva viviendo en una isla desierta, una mujer embarazada cuenta los días que faltan para poder abrazar a su bebé, una pareja de jovencitos cuentan los días que llevan de novios. El enfoque del Salmo va más allá de solo enumerar días. La idea es que los días cuenten y las experiencias nos sirvan. Hay que aprender las lecciones. No tropezar dos veces con la misma piedra.

Tú has sido creada para algo mejor que eso. No tienes que caer para levantarte, ni tomar malas decisiones para aprender de ello. Si sigues los consejos de la Palabra de Dios, puedes vivir una vida ejemplar y abundante. Puedes ahorrarte las desilusiones y los fracasos. No necesitas conocer el camino de la desobediencia si puedes tener una vida plena viviendo con sabiduría. Puedes proponerte en tu corazón temer a Dios y guardar Sus mandamientos para tomar buenas decisiones. De esta manera, todo te saldrá bien. (MG)

No hay que confundir nunca el conocimiento con la sabiduría. El primero nos sirve para ganarnos la vida; la sabiduría nos ayuda a vivir.

SORCHA CAREY

DIOS NO PUEDE MENTIR

Los que viven al amparo del Altísimo encontrarán descanso a la sombra del Todopoderoso... él es mi Dios y en él confío. —NTV

SALMOS 91:1-2

¡Cuántas promesas de cuidado y protección tiene este Salmo! Si alguien cuestiona nuestra palabra de honor nos sentimos ofendidas, ¿verdad? Pues cuando Dios habla, nos está dando Su palabra de honor. ¡No puede mentir! Pero además, pareciera que en este Salmo, Dios compromete Sus nombres para respaldar las promesas que nos hace.

Si reescribimos los versículos con los nombres del Señor en Hebreo, se oiría así: «Los que viven al amparo de Elyon, encontrarán descanso a la sombra de Shaddai. Declaro lo siguiente acerca de YHVH: Solo él es mi refugio, mi lugar seguro; él es mi Elohim, y en él confío».

Se presenta primero como Elyon, el Altísimo. ¿Qué tan alto es Él? ¡Infinitamente alto! Necesitamos a alguien Altísimo para cuidarnos. Después usa Su nombre Shaddai, que en hebreo quiere decir «el que amamanta o alimenta», asegurándonos que nada nos va a faltar al refugiarnos en Él. Después encontramos su grandioso nombre YHVH, con la traducción «Yo soy el que soy». El que existe por sí mismo, está levantando Su mano para darnos protección de aquellos que nos asechan, pero no tienen la misma capacidad de existencia. Y por último, Elohim, el Dios en tres personas. Los tres puestos de acuerdo para salir en vanguardia para defendernos y protegernos. ¿Todavía dudas del cuidado y amor de Dios por ti? (YF)

¿Quién como tú entre los dioses, oh Señor? ¿Quién como tú, majestuoso en santidad, temible en las alabanzas, haciendo maravillas?

MOISÉS

CORAZÓN ENDURECIDO

*El Señor dice: «No endurezcan el corazón
como Israel en Meriba...». —NTV*

SALMOS 95:8

*A*mis hijos les gusta jugar con plastilina (Play-Doh), pero han aprendido que si la dejan fuera del contenedor, se endurece y ya no sirve para moldear objetos con ella. Supongo que así funciona un corazón endurecido.

El corazón de los israelitas se fue endureciendo al tentar a Dios y poner a prueba su paciencia. ¿Cómo lo hicieron? Quejándose todo el tiempo y dudando que Dios podía auxiliarlos vez tras vez. A pesar de que habían visto un mar abrirse, no creyeron que Dios podría satisfacer su sed. Aun cuando vieron diez plagas destruir una nación, temieron a los gigantes de la tierra prometida.

Durante 40 años Dios vio cómo su corazón se alejaba más y más de Él. Rehusaron obedecerlo, y eso provocó que su corazón terminara como una piedra. En pocas palabras, un corazón endurecido resiste la voluntad de Dios.

No dejes tu corazón fuera del contenedor, es decir, del amor de Dios. No dejes que tu corazón se endurezca. Sé moldeable en sus manos y unámonos al salmista que nos invita: «Vengan, adoremos e inclinémonos. Arrodillémonos delante del Señor, porque Él es nuestro Dios» (v. 6). (KOH)

Un corazón terco, es un corazón endurecido.

DIOS ES BUENO... TODO EL TIEMPO

*Pues el SEÑOR es bueno. Su amor inagotable
permanece para siempre, y su fidelidad continúa
de generación en generación.* —NTV

SALMOS 100:5

En la película *Dios no está muerto*, cuando no arranca el coche que necesitan dos pastores urgentemente, uno de ellos declara: «Dios es bueno todo el tiempo...» y el otro termina la frase: «Todo el tiempo Dios es bueno». Durante años esta expresión ha sido popular entre los cristianos de Estados Unidos, especialmente cuando una persona recibe una bendición especial. Pero en el contexto de la película, la usan para afirmar que aun cuando no entienden el porqué de lo que pasa, confían siempre en la bondad del Señor.

En el alegre Salmo 100, se encuentran repetidas dos veces las respuestas del salmista a esta realidad: gozo, alabanza y gratitud. Y da seis razones, de las cuales tres están en nuestro versículo de hoy: lo bueno de Dios, su amor y su fidelidad. Vez tras vez se afirman estas verdades en la Biblia. Y esas cualidades de Dios ¡no cambian aun cuando nuestras circunstancias no nos agraden!

En tus vivencias diarias, tienes dos opciones: dejar que tus circunstancias controlen tus emociones, o declarar que Dios es bueno y amoroso ¡pase lo que pase! Dale gracias por cada detalle, cada regalito, pero también por Su amor que nunca falla aunque vengan situaciones difíciles. (MHM)

Prueben y vean que el SEÑOR es bueno; ¡qué alegría para los que se refugian en él!

DAVID

EL QUE SIEMPRE RESPONDE

Habrá considerado la oración de los desvalidos, y no habrá desechado el ruego de ellos. —RVR1960

SALMOS 102:17

E l Salmo 102 habla de la oración en varios de sus versículos. Dios siempre escucha nuestras oraciones, y no solo las escucha, Dios siempre responde nuestras oraciones. A menudo se ilustra la respuesta de Dios con un semáforo; el verde es cuando Dios responde «sí» a nuestra petición, el rojo cuando dice «no» y el amarillo cuando la respuesta es «espera».

Recuerdo a la misionera Ruth, quien nos platicaba sobre las oraciones que su abuelo hizo por la salvación de su papá. El abuelo oró por más de 40 años por la salvación de su hijo, y murió sin ver contestada su oración. Sin embargo, Dios «no había desechado sus ruegos», y la respuesta llegó muchos años después. El padre de Ruth reconoció a Cristo como Salvador y Señor de su vida y ella estaba muy agradecida por las innumerables oraciones de su abuelo.

El tiempo que pases orando es un tiempo bien invertido. No desesperes por la respuesta a tus peticiones y ten siempre la convicción de que Dios te escucha y te responde. (MG)

Nuestras necesidades son tan profundas que no debemos cesar de orar hasta que estemos en el cielo.

CHARLES SPURGEON

¿NOS CREEMOS GRANDES

[...]. No ha hecho con nosotros conforme a nuestras iniquidades, ni nos ha pagado conforme a nuestros pecados. —RVR1960

SALMOS 103:8-10

«¡Yo he sufrido más que Job!», gritaba una mujer histéricamente en un estudio bíblico para damas. Todas las que nos encontrábamos ahí quedamos pasmadas imaginando qué había pasado con esa pobre mujer. Solo he comparado el sufrimiento de Job con el sufrimiento de los judíos en el Holocausto que perdieron sus bienes, familia, libertad, salud y prestigio. Pero esta mujer gritaba con rabia y enojo contra Dios y después fue obvio que no había sufrido tanto como ella decía.

¿Alguna vez te has enojado contra Dios por una situación difícil? Sí, yo también. Pareciera que es común al género humano enojarse contra su Creador y a veces por circunstancias que nosotros mismos provocamos. Si algo sale mal, ¡Dios tiene la culpa! Hay quienes se convierten en ateos por esa razón.

El orgullo domina nuestro corazón y pensamos que Dios está obligado a complacer a «grandes personas» como nosotros. No queremos reconocer que de Dios no merecemos más que rechazo y destrucción.

Pero el Salmo dice: «No nos ha dado conforme a nuestras iniquidades, ni nos ha pagado conforme a nuestros pecados». Todo el Salmo proclama que Él es grande en misericordia y nos da una lista de razones por las que debemos estar agradecidas: perdón, salud, cuidado, alimento, bendiciones, compasión. ¡Qué gran osadía es enojarnos con Dios! ¿No crees? (YF)

La insensatez del hombre tuerce su camino, y luego contra Jehová se irrita su corazón.

SALOMÓN

ABRUMADA POR ENEMIGOS

Yo los amo, pero ellos tratan de destruirme con acusaciones, ¡incluso mientras oro por ellos! —NTV

SALMOS 109:4

Todas odiamos al enemigo del cuento, ya sea la bruja de Blancanieves o el Guasón de Batman. Sin embargo, David tuvo enemigos realmente espeluznantes. Ellos deseaban que David muriera y que sus hijos quedaran huérfanos. Querían que nadie fuera amable con David y que el Señor siempre recordara sus pecados.

Además, mentían sobre él. Difamaban su nombre alegando que era un mal hombre al que le gustaba maldecir. David estaba tan cansado de sus enemigos que le pide a Dios: «Que esas maldiciones sean el castigo del Señor, para los acusadores que hablan mal de mí» (v. 20).

Nosotras tenemos enemigos terribles. No son de carne y hueso, sino los mismos enemigos que aconsejaban a los hombres que perseguían a David. El Nuevo Testamento nos enseña que luchamos contra Satanás y sus ángeles, y al igual que David, podemos sentirnos abrumadas.

Pero aprendamos dos cosas de David. Primero, él llevó sus quejas ante Dios. No buscó justicia propia ni alzó la espada. Segundo, ¡David oraba por sus enemigos de carne y hueso! ¿Has orado por los compañeros que no te tratan bien o aquellos que no te aman? Recuerda que detrás de sus maldades están tus verdaderos enemigos: los gobernadores de las tinieblas. Los de carne y hueso necesitan un Salvador. Intercede por ellos. (KOH)

Entonces que me maldigan si quieren, ¡pero tú me bendecirás!

DAVID

RENOVADA

... Estás envuelto en vestiduras santas, y tu fuerza se renovará cada día como el rocío de la mañana. —NTV

SALMOS 110:3

Sal temprano y admira los pequeños diamantes que descansan sobre pétalos y hojitas, o se suspenden sobre invisibles telarañas.

¡Rocío! El rocío es la condensación de la humedad en el aire que ocurre por cambios bruscos en la temperatura. Carece de atractivo la definición. Sin embargo, presenciar sus diminutas gotas sobre el pasto matutino produce en nosotros cierta fascinación, pues es algo que parece surgir de la nada. El milagro del agua cuando no ha llovido. Frescura donde había vegetación seca.

En este Salmo esas gotitas son una metáfora para las fuerzas humanas que se renuevan cada día, por la gracia de Dios.

Hacerse como nuevo... ¡qué maravilla poder lograrlo a diario! Así como Dios dio maná en el desierto cada mañana, muestra Su fidelidad al mandar el rocío y al darnos nuevas energías para servirle cada día. Jeremías también se gozó de las misericordias de Dios que «son nuevas cada mañana».

¿Sientes los labios espirituales secos? Prueba levantarte unos minutos antes de lo normal para recoger ese maná o esas gotas antes de que el calor del día las haga evaporar. Bebiendo de Su Palabra, deja que el Señor te dé renovadas fuerzas y visión como su hija especial. Que ese rocío que se percibe en tu vida ofrezca frescura también a cada persona que cruza tu camino. (MHM)

Es por esto que nunca nos damos por vencidos. Aunque nuestro cuerpo está muriéndose, nuestro espíritu va renovándose cada día.

EL APÓSTOL PABLO

LA PALABRA VIVA

Bienaventurados los perfectos de camino, los que andan en la ley de Jehová. —RVR1960

SALMOS 119:1

E l Salmo más largo es el 119. En sus 176 versículos, David usa vocablos diferentes para referirse a la Palabra de Dios: ley, testimonios, preceptos, caminos, órdenes, estatutos, decretos, mandamientos, juicios, ordenanzas, palabra, senda y dichos. Nos habla de lo que la Palabra es, lo que hace y lo que nosotros debemos hacer con ella.

La Biblia no es solamente el primer libro que fue impreso, o el libro más vendido en la historia. Es Palabra viva. Se cuenta de un matrimonio que llegó a tener una Biblia. Cuando el esposo empezó a leerla, dijo: «Si este libro es verdad, estamos equivocados». Continuó leyendo y después de unos días dijo: «Si este libro es la verdad, estamos perdidos». Siguió leyendo con avidez hasta que una noche exclamó: «Si este libro es la verdad ¡podemos ser salvos!». El mismo libro que le había revelado que estaban condenados le reveló que podían ser salvos por Jesucristo. Esta es la gloria de la Biblia.

Leer tu Biblia indudablemente te ayudará a vivir en integridad, cuando «andas en su ley» serás «bienaventurada», que significa ¡doblemente feliz! Vale la pena tomar en serio esta promesa. (MG)

Las Sagradas Escrituras son cartas desde casa.

AGUSTÍN

SOMOS PARTE DE SU PUEBLO

En efecto, el que cuida a Israel nunca duerme ni se adormece. ¡El Señor mismo te cuida! El Señor está a tu lado como tu sombra protectora. —NTV

SALMOS 121:4-5

En 1948, cuando Israel proclamó su independencia, Egipto, Siria, Irak, Transjordania (hoy Jordania) y Líbano, con ejércitos poderosos y organizados, se unieron contra esta nación. Su objetivo era «echar a los judíos al mar». Israel no tenía ejército ni armas. ¿Puedes adivinar lo que pasó?

¡Israel ganó la guerra! El que cuida a Israel no se había dormido. Desde que Israel fue fundado se ha enfrentado a ocho guerras, dos intifadas (revueltas palestinas), numerosos ataques terroristas y los árabes siempre han deshecho sus tratados de paz. Pero Israel sigue en pie y es uno de los países más avanzados en ciencia y tecnología, especialmente medicina. ¡Cuánto ha cuidado el Señor a este pequeño pueblo!

Una anécdota: cuando Israel recuperó el territorio de las cumbres del Golán, los soldados israelíes tenían que encontrar y desactivar las minas que dejaron los sirios en cierta área.

Batallaban con el sol abrasador y el peligro de pisar alguna de las minas. Para colmo, se vino una tormenta de arena que los cegó. No contaban con que el que cuida a Israel, al terminar la tormenta, ¡había dejado al descubierto todas las minas!

Pablo dice que ahora somos nación santa, pueblo elegido. Esto nos asegura que nos dará el mismo cuidado. (YF)

Oren por la paz de Jerusalén; que todos los que aman a esta ciudad prosperen.

DAVID

LOS PLANES PARA TU VIDA

El Señor llevará a cabo los planes que tiene para mi vida,
pues tu fiel amor, oh Señor, permanece para siempre.
No me abandones porque tú me creaste. —NTV

SALMOS 138:8

*C*uando estudiaba en la universidad tuve que escribir mi plan de vida. Se acercaba el año 2000, así que la maestra nos pidió que pensáramos qué metas queríamos cumplir para esa fecha. En el 2000 yo cumpliría 25 años, así que se me figuró una propuesta interesante.

Escribí que para esa fecha yo estaría casada, con dos hijos, en una casa o departamento en el Distrito Federal y trabajando en una universidad dando clases. Llegó el 1 de enero y terminó el 31 de diciembre del nuevo milenio y ninguno de mis planes se cumplió.

¿Hice algo mal? Olvidé que Dios es quien lleva a cabo los planes y que deben ser Suyos. Esos eran mis planes, no los de Él, y te confieso que no fue el mejor cumpleaños. Pero hoy, muchos años después, reconozco que las promesas de Dios se cumplen y que Sus planes son mejores.

Hoy estoy casada, tengo dos hijos, vivo en provincia y trabajo desde casa. ¿Y te confieso algo? ¡Me siento plena y confiada! Porque he aprendido que Dios aún tiene planes para mí, y que son mucho mejor que lo que yo pueda soñar. No hagas planes, más bien pregunta a Dios cuál es el plan para tu vida y confía en Él. (KOH)

Señor, tus promesas están respaldadas
por todo el honor de tu nombre.

DAVID

TE CONOZCO, MOSCO

*Mi embrión vieron tus ojos, y en tu libro estaban
escritas todas aquellas cosas que fueron luego
formadas, sin faltar una de ellas.* —RVR1960

SALMOS 139:16

*D*os de mis sobrinas, mi concuñada y mi cuñada están embarazadas. Todos en la familia estamos muy emocionados. Hace poco nos reunimos en un cumpleaños y vimos en una pantalla el estudio de ultrasonido de uno de estos bebés. Es maravilloso poder darnos una idea de lo que está pasando dentro del vientre materno.

Dios conoció tu rostro desde las entrañas de tu mamá. No vio solo sombras como en el ultrasonido, sino claramente. ¡Él conoce hasta tu código genético! Está al tanto de tus pensamientos y aun de las intenciones de tu corazón. David estaba tan impresionado de esto que exclamó: «Tal conocimiento es demasiado maravilloso para mí, alto es, no lo puedo comprender».

Así como los padres se gozan y están pendientes de cada detalle y logro en la vida de sus hijos, Dios también está pendiente de ti y se agrada de las intenciones de tu corazón cuando son buenas.

Y a ti, ¿cómo te hace sentir tal conocimiento? (MG)

*Estamos en las manos de Dios... Nada
puede ocurrir sin Su consentimiento, y todo
terminará bien para aquellos que le aman.*

SHERIDAN LE FANU

MÚSICA CELESTIAL

*¡Que todo lo que respira cante alabanzas al
Señor! ¡Alabado sea el Señor! —NTV*

SALMOS 150:6

Los Salmos concluyen con un concierto en el que toda la creación canta, todos los instrumentos participan y todos fijan su vista en Dios. ¿Tocas algún instrumento? Los inicios son frustrantes. Te sientes limitada a dos o tres notas que repites durante semanas antes de avanzar a otras tres notas y así sucesivamente.

Pero un día te das cuenta que dominas el instrumento ¡y eres libre! Empiezas a improvisar, a sacar piezas de oído y a componer. Tu instrumento y las notas musicales ya no son los barrotes que te encierran, sino las alas que te permiten volar.

Lo mismo ocurre con la alabanza. Al principio parece que solo repetimos lo que otros dicen. Quizá usamos los Salmos como ejemplo o imitamos frases que escuchamos en la iglesia. Pero si practicamos todos los días, si estamos en contacto con Dios a través de Su Palabra cada mañana, ¡un día volaremos!

Entonces comprenderemos que el propósito de todo ser humano es adorar a Dios, y encontraremos en la alabanza ese deleite que inspiró Salmo tras Salmo. Se dice por ahí que la vida es como un piano. Lo que obtienes depende de cómo lo tocas. Yo más bien diría que la alabanza es como un piano. Practica todos los días y tu vida será una sinfonía que honrará a Dios. (KOH)

*El arte de vivir consiste en mantener el paso
terrenal al ritmo de la música celestial.*

¿A QUIÉN ESCUCHAS?

—¿Quién te dijo que estabas desnudo? —le preguntó el Señor Dios—. ¿Acaso has comido del fruto del árbol que te ordené que no comieras? —NTV

GÉNESIS 3:11

*¿H*as jugado «teléfono descompuesto»? Un mensaje se transmite de persona a persona hasta que llega distorsionado. Pero para la vida de fe este juego es sumamente peligroso porque a Satanás le gusta usarlo para engañarnos.

Dios le dijo a Adán: «Puedes comer libremente del fruto de cualquier árbol del huerto, excepto del árbol del conocimiento del bien y del mal. Si comes de su fruto, sin duda morirás».

Satanás lo tergiversó todo: «¿De veras Dios les dijo que no deben comer del fruto de ninguno de los árboles del huerto?».

No necesitas que alguien te cuente los mensajes de Dios. Están en Su Palabra para que todos los que tengamos una Biblia los podamos leer y hasta memorizar. Si sabes lo que Dios ha dicho, sabrás identificar las mentiras de Satanás y el modo en que la sociedad tergiversa lo que Dios ha dicho.

No seas como Eva, que permitió que la serpiente la hiciera dudar. Cuando Dios reprende al hombre le pregunta: «¿Quién te dijo…?». Escucha la voz de Dios y ninguna otra. Solo así andaremos por el camino correcto. (KOH)

No hay tercera opción: escuchas a Dios o al diablo.

MEJOR VIVA QUE PETRIFICADA

¡Recuerden lo que le pasó a la esposa de Lot! Si se aferran a su vida, la perderán; pero si dejan de aferrarse a su vida, la salvarán. —NTV

LUCAS 17:32-33

¡Qué divertido! Das vueltas hasta detenerte mareada y, con las manos en el aire te congelas, hasta que, de un toque, cobras vida de nuevo. De niños, muchos pasamos ratos felices jugando a las estatuas. Pero también escuchamos el cuento del rey Midas, que al poder escoger un deseo quiso que todo se convirtiera en oro al tocarlo. Luego… ¡qué horror! Su comida y hasta sus seres queridos cambiaron en ese frío metal.

Una de las historias más impactantes de la Biblia dejó como triste recuerdo una estatua, cuando la mujer de Lot se convirtió en un pilar de sal. Dios envió ángeles para sacar a Lot y su familia de la perversa ciudad de Sodoma antes de que fuera destruida por fuego. Les dijeron que no voltearan, pero la esposa, ya sea por materialismo o por incredulidad, quedó petrificada. Aun hoy en día, cerca del mar Muerto, sobresale un pilar conocido como la esposa de Lot.

Esta mujer, en vez de enfocarse en la salvación, se aferró a la vida de placer ¡y lo perdió todo! Una decisión momentánea puede tener consecuencias nefastas. Podría ser por curiosidad o por imitar a tus compañeros, pero la desobediencia te lleva fuera de la protección de Dios. Mejor, centra tu atención en la meta final, hazle caso a Dios y cosecharás frutos eternos. (MHM)

¡Mejor un vistazo de gloria que un vistazo al placer pasajero!

PIENSA ANTES DE ACTUAR

*No sean tontos, sino traten de averiguar qué
es lo que Dios quiere que hagan.* —TLA

EFESIOS 5:17

*P*odemos aprender sobre la toma de decisiones meditando en la vida de un par de chicas. ¿Sabes quiénes son? Te daré unas pistas: Han tenido que mudarse varias veces. Fueron secuestradas junto con sus padres, y su tío las liberó. Llegaron a vivir a un lugar del que tuvieron que huir para no ser violadas. Mientras escapaban, el lugar se destruyó. Su mamá murió inesperadamente. Tuvieron que ir a vivir en otra parte. Si aún no sabes quienes son, te lo diré: las hijas de Lot.

Sus almas estaban dañadas. Parece que se volvieron desconfiadas. Es comprensible. No estaban en el mejor momento para tomar buenas decisiones. Estaban turbadas. Pensaron que embarazarse de su papá era su única alternativa para formar una familia. Así que lo emborracharon con ese fin.

Cuando enfrentamos situaciones difíciles y pérdidas, quedan heridas que necesitan tiempo para sanar. Podemos sentirnos solas y ser muy vulnerables. En esos momentos no debemos tomar decisiones importantes. Cuando decidas con quién formar una familia, debes sentirte plena.

Medita bien cada decisión que tomes. No te desesperes si aún no te casas y las velas en el pastel de cumpleaños aumentan. Piensa en las consecuencias futuras de tus actos y considera si cada elección refuerza tu relación con Dios y edifica tu vida. (MG)

*Reflexionar serena, muy serenamente, es mejor
que tomar decisiones desesperadas.*

FRANZ KAFKA

BUSQUEMOS LO MEJOR

Esaú... se casó con Judit... hija de Beerí el hitita.
También se casó con Basemat... estas dos mujeres
les amargaron la vida a Isaac y Rebeca. —DHH

GÉNESIS 26:34-35

¿Qué hicieron estas mujeres para amargar la vida de Isaac y Rebeca? La Biblia no dice los detalles. De acuerdo a los descubrimientos arqueológicos, los hititas fueron una potencia comparada con los caldeos y los egipcios.

En cada victoria militar, adquirían los dioses de los conquistados y se enorgullecían de «los mil dioses de las tierras de Hatti». Sus leyes eran más benévolas que las de otros pueblos. No condenaban la homosexualidad ni las relaciones sexuales con caballos y asnos. Practicaban la magia y la adivinación y ofrecían sacrificios humanos. Esaú no tenía esas costumbres y parece que aceptó el trasfondo de estas mujeres sin consultar a sus padres.

¿Piensas que Isaac y Rebeca estaban contentos con ellas? Al contrario, ¡fueron amargura para ellos! Aunque la Biblia no lo menciona, pienso que también fueron amargura para Esaú, pues cuando su hermano Jacob, obedeciendo a sus padres, fue a buscar una buena esposa, Esaú se consiguió otra más.

El mundo nos enseña que aun si tus padres no están de acuerdo con el chico que te gusta, eso no importa, tú tienes el «derecho» de ser feliz. ¿Y qué tal si Dios no está de acuerdo con el chico que te gusta?

¿Vas a ser rebelde a Su Palabra? ¿Quieres una vida de amargura para ti y para los que amas? (YF)

No se asocien íntimamente con los que son incrédulos. ¿Cómo puede la justicia asociarse con la maldad? ¿Cómo puede la luz vivir con las tinieblas?

PABLO

LAS CONSECUENCIAS SIN DIOS

Entrega al Señor todo lo que haces; confía
en él, y él te ayudará. —NTV

SALMOS 37:5

*E*n Génesis 34 encontramos una triste historia. Dina, la única hija de Jacob, fue a visitar a unas jóvenes que vivían en la región de Siquem. Cuando el príncipe del lugar la vio, la tomó y la violó.

Pero luego se enamoró de ella, así que acudió a Jacob para pedir la mano de su hija.

Jacob pidió consejo a sus hijos varones, pero ellos sabían lo que el príncipe había hecho con su hermana, así que pusieron como condición que todos los varones de Siquem se circuncidaran.

Mientras estaban adoloridos, dos hijos de Jacob entraron en la ciudad y masacraron a todos los varones. Jacob se enojó y maldijo a sus hijos. De Dina no sabemos más.

Lo que más resalta en este capítulo no es la violencia, ni el hecho que Dina está pasiva en la mayor parte. Lo más importante es la ausencia de Dios. No se le nombra ni una sola vez. Nadie pidió Su consejo.

La historia habría sido distinta si alguien —Dina, Jacob, sus hermanos— hubiera acudido al Dios de sus padres. Pero nadie lo hizo. Que no te pase lo mismo. Que Dios forme parte de tu vida. Aún si has cometido errores o has sufrido violencia, Dios restaurará tu vida. Con Él de tu lado, siempre habrá bien y no mal. (KOH)

¡Te damos gracias, oh Dios! Te damos
gracias porque estás cerca.

ASAF

MARAVILLOSA GRACIA

Judá... dijo: —Ella es más justa que yo... —NTV

GÉNESIS 38:26

Una de las «chicas malas» de la Biblia, Tamar, es un misterio para mí. Sedujo a su suegro, haciendo el papel de prostituta, y tuvo unos gemelos como resultado. Para nuestra cultura esto es incomprensible, pero en realidad procuraba «ayudarle a Dios» ya que por una ley judía debía procrear hijos a nombre de su esposo aunque él hubiera muerto.

Su primer cuñado —que debía fungir como el sustituto— falleció falleció y el suegro Judá le había prometido que el hermano menor llevaría a cabo esa función al ser mayor de edad.

Judá no cumplió, así que Tamar puso manos a la obra. Cuando Judá supo lo que había pasado, reconoció su culpa y confesó que su nuera era «más justa» que él. Ella usó el engaño para reclamar sus derechos. Por supuesto esto no la justifica ante los ojos de Dios. Aun así, ¡la gracia divina permitió que apareciera en la genealogía de Jesús!

De Tamar puedes aprender las terribles consecuencias del engaño y de manejar situaciones para lograr lo que te conviene, pero a la vez habla del perdón de Dios. El nombre Tamar significa «palmera», que refleja su naturaleza redimida y perdonada. Afortunadamente, Dios no nos ve «con los lentes de la ley», sino con los lentes de la gracia, que existen gracias a Jesucristo. (MHM)

En el cielo no preguntaremos quién tiene más mérito, pues solo habrá pecadores salvos por la gracia.

¡HUYE!

Y ella lo asió por su ropa, diciendo: Duerme conmigo. Entonces
él dejó su ropa en las manos de ella, y huyó y salió. —RVR1960

GÉNESIS 39:12

La vida de José es una de las historias de integridad más impactantes de la Biblia pues fue provocado por la esposa de su jefe Potifar, un oficial del faraón.

Las tentaciones pueden tener tres características que las hacen difíciles de enfrentar. La tentación es constante, atractiva y sutil. A pesar de que esta mujer fue constante, atractiva y sutil, José actuó con determinación prefiriendo huir de ella que deshonrar a su Dios y defraudar a su amo.

En esta historia, debemos aprender las dos caras de la moneda. Aprendemos de José a huir de la tentación, y también aprendemos a no convertirnos nosotras mismas, como mujeres, en tentación para otros. Simplemente hay que huir de las cosas en las que puedes caer. Hay una frase que dice: «El que no quiera caer, no debe andar por lugares resbalosos».

¿Has identificado tus debilidades? Recuerda las tres características de una tentación y mantén tu propósito de no defraudar a tu Padre celestial. Huye de las pasiones juveniles. (MG)

Considero más valiente al que conquista sus deseos
que al que conquista a sus enemigos, ya que la
victoria más dura es la victoria sobre uno mismo.

ARISTÓTELES

BAJO TU PROPIO RIESGO

*Durante la pelea, el hijo de la madre israelita
blasfemó el Nombre del Señor con una maldición...
Su madre se llamaba Selomit. —NTV*

LEVÍTICO 24:11

Lo que decidas hoy, afectará tu futuro. Selomit tomó decisiones que afectaron su vida en una forma terrible. Su andar y entrega a Dios no eran lo más importante en su vida. ¿Por qué decidió casarse con un egipcio? En un matrimonio donde uno de los cónyuges es inconverso, el no creyente influenciará a los hijos más que el creyente. Quizá eso pasó con el hijo de Selomit, a tal grado que… ¡maldijo al Señor!

El matrimonio refleja la unión de Cristo con la Iglesia. Los integrantes piensan, quieren y hacen lo mismo. La esposa se sujeta al esposo como la Iglesia al Señor Jesús. El esposo da su vida por su esposa, así como el Señor por la Iglesia. ¿Cómo puedes ser uno con alguien que no ama al Dios que amas ni Su Palabra y que no tiene el mismo Espíritu que tienes? ¿Podrías enseñar a un inconverso a obedecer al Señor cuando tú no obedeces?

Al desobedecer, cambias tu comunión con el Rey del universo por relacionarte con un hijo del diablo. ¿Cómo vas a enseñar a tus hijos a obedecer cuando elegiste desobedecer? Y si tu cónyuge no quiere que aprendan las verdades bíblicas, ¡tus hijos estarán en riesgo de perderse por la eternidad! ¡Bendecirá el Señor un matrimonio de desobediencia? ¿En eso quieres que termine tu sueño de amor? (YF)

*No os engañéis: de Dios nadie se burla.
Cada uno cosecha lo que siembra.*

PABLO

CUIDADO CON LOS PLACERES

... Y quedaré entristecido porque... no han abandonado sus viejos pecados. No se han arrepentido de su... intenso deseo por los placeres sexuales. —NTV

2 CORINTIOS 12:21

El pueblo de Israel atravesaba el desierto en su recorrido hacia la tierra prometida. Después de una gran victoria en el monte, en que Balaam terminó bendiciendo al pueblo y profetizando sobre el Mesías, los israelitas se ubicaron en el valle de la arboleda de acacias. Entonces algunos hombres se contaminaron al tener relaciones sexuales con las mujeres moabitas del lugar.

En Números 25 leemos que estas mujeres los invitaron a los sacrificios de sus dioses y ellos aceptaron. El Señor ordenó que los líderes de las tribus detuvieran a los cabecillas de esta afrenta y los ejecutaran. Pero en tanto Moisés daba la orden, Zimri, de la tribu de Simeón, entró al campamento con Cozbi, la hija de un jefe madianita, y la llevó a su carpa a ojos de todos.

Finees, nieto del sacerdote Aarón, sintió tal rabia, que lo siguió hasta su carpa y mató a ambos. Gracias a eso, la plaga cesó y Dios perdonó al pueblo. Aún así, murieron 24 000 israelitas.

Este pasaje nos recuerda que el cristiano puede caer. En un momento, los placeres del mundo nos pueden hacer perder la cabeza. No dejes que los príncipes madianitas de este mundo te seduzcan. Huye de los placeres sensuales y guarda tu pureza. Sé fiel a Dios. (KOH)

Un buen joven debe temer a Dios, obedecer a sus padres, honrar a sus mayores y conservar su pureza.
SAN AMBROSIO

¡NO AL CHANTAJE!

Entonces ella le dijo: «¿Cómo puedes decir que me amas, si no confías en mí?... aún no me has dicho el secreto de tu tremenda fuerza». —NVI

JUECES 16:15

Otra de las chicas malas de la Biblia es Dalila, que usó del chantaje emocional para convencer a Sansón de que le revelara el secreto de su fuerza.

Desgraciadamente en nuestros días sigue habiendo muchas mujeres que recurren al chantaje y las lágrimas para conseguir lo que quieren. En el caso de Dalila, como en muchos, su motivación principal es egoísta, pues no era el amor de Sansón, sino el premio de mucha plata que le ofrecieron los filisteos para vencer a su principal enemigo. Es triste que el gran Sansón fue débil ante las súplicas de una mujer infiel. ¡Realmente la lengua es una arma poderosa y a veces mortífera!

Tal vez hayas caído en el chantaje emocional con tus papás o con alguna amistad. Ten cuidado con esa manera tan dañina de manejar a los demás. Los pecados de la lengua se cometen fácilmente, pero causan mucho dolor y hablan mal de ti.

Aprende de Jesús, que supo cuándo era mejor quedarse callado. (MHM)

En efecto, el que quiera amar la vida y gozar de días felices, que refrene su lengua de hablar el mal y sus labios de proferir engaños.

PEDRO

LA IDOLATRÍA TIENE MUCHAS FORMAS

*Y Noemí dijo: He aquí tu cuñada se ha vuelto a su pueblo
y a sus dioses; vuélvete tú tras ella. —RVR1960*

RUT 1:15

*N*oemí tenía dos nueras. Después de la muerte de sus hijos, una de ellas, Ruth, permaneció con ella. La otra nuera, Orfa, regresó a su pueblo para vivir como su gente y adorar a sus dioses. La Biblia dedica un libro entero a platicarnos la vida de Ruth, quien figura en la genealogía de Jesucristo. Ella eligió servir al Dios vivo y verdadero de su suegra. A Orfa se le menciona un par de veces. Pareciera que como ella se olvidó de Dios, él también se olvidó de ella.

La Biblia nos advierte que la idolatría no agrada a nuestro Señor, y nos la muestra en sus diferentes formas. Colosenses 3:5 dice: «Haced morir, pues, lo terrenal en vosotros: fornicación, impureza, pasiones desordenadas, malos deseos y avaricia, que es idolatría». ¿Por qué estas cosas, son idolatría? Porque deberíamos amar a Dios sobre todas las cosas, pero a veces invertimos las prioridades.

Un grupo musical, una persona o hasta un deporte puede llegar a cobrar demasiada importancia en tu vida aun sin darte cuenta.

¿Es Dios lo más importante para ti? Desarrollemos la habilidad de evaluar constantemente nuestro corazón y nuestro estilo de vida. (MG)

Aparte de Dios, toda actividad es insignificante.

ALFRED NORTH WHITEHEAD

DIOS COMPRENDE NUESTROS SENTIMIENTOS

... Penina, su rival, solía atormentarla para que se enojara, ya que el Señor la había hecho estéril. —NVI

1 SAMUEL 1:4-6

*¡A*h, qué Penina! ¡Pesada la mujer! ¡Cómo lograba que Ana se sintiera mal! Debió ser algo terrible y, a espaldas de su marido.

¿Qué había en el corazón de Penina para humillar y burlarse así de Ana que era estéril? ¡Amargura!

Las dos mujeres sufrían. Una, no podía tener hijos y su esposo, siguiendo la tradición religiosa, había buscado otra mujer que se los diera. La otra, sufría porque no era amada, sino solo quien podía tener hijos. Sin embargo, las reacciones de Ana y Penina fueron diferentes. Ana llevó ante su Dios su desventura y derramó su corazón pidiendo ayuda. Penina solo podía burlarse y humillar a su rival. ¿Por qué no se refugió en Dios así como Ana?

Estoy segura de que, así como el Señor arregló la situación para Ana, lo hubiera hecho para Penina. Pero ella no quiso su ayuda.

¿Te imaginas la cara de Penina cuando el Señor le concedió a Ana tener hijos?

Dios no es ajeno a lo que sentimos. Comprende nuestras desventuras y está al pendiente de nuestros sentimientos y sufrimientos. Es quien puede arreglar lo doloroso y darle un final feliz. Solo quiere probar tu corazón para que percibas cuánto necesitas depender de Él.

Todo lo tiene bajo control y en el momento justo, mostrará Su poder a tu favor. (YF)

Porque los ojos de Jehová contemplan toda la tierra, para mostrar Su poder a favor de los que tienen corazón perfecto para con Él.

SAMUEL

¿MAGIA BLANCA?

Pondré fin a toda la brujería y no habrá más adivinos. —NTV

MIQUEAS 5:12

lgunas brujas son feas, como la de Blancanieves. Otras brujas son atractivas y divertidas, como Sabrina, Buffy y las chicas de Charmed. Pero la realidad es que Dios detesta la brujería, y en Apocalipsis declara que nadie que practica la brujería entrará en la ciudad de Dios.

En la Biblia leemos de una bruja, adivina o médium que vivía en Endor. Saúl la visita para hablar con el finado profeta Samuel, pero termina viendo un demonio al que Dios utiliza para darle un mensaje profético sobre la derrota del ejército y la muerte del rey. No sabemos mucho sobre la bruja, pero su magia no fue suficientemente poderosa para evitar que Dios obrara y que Sus planes estuvieran por encima de los propósitos humanos.

Si tú has jugado con la magia, creyendo que solo te divertías, o si has consultado las cartas o algo parecido, pide perdón a Dios.

Has hecho algo contra Su voluntad, y eso implica que no confías en Él y que prefieres que la oscuridad te muestre el futuro que solo Dios sabe, y nadie más.

Ten cuidado con los horóscopos, la güija y todo aquello que provenga de la hechicería. Y si tienes conocidos que están involucrados en la magia, ora por ellos. Necesitan a Dios. (KOH)

Jugar con el diablo es jugar con fuego.

EL PREMIO QUE NO SE DIO

*Entonces Saúl dijo a David: He aquí, Merab, mi hija
mayor; te la daré por mujer, con tal que me seas hombre
valiente y pelees las batallas del SEÑOR... —LBLA*

1 SAMUEL 18:17

¿Alguna vez te han prometido un premio y no cumplieron la promesa? Es peor si lo hace alguien de confianza como un maestro o tus padres, dejándote desilusionada y hasta amargada. Puedes sentir que tu esfuerzo fue en vano. Por supuesto, queda mal esa persona ante tus ojos y es difícil confiar en ella otra vez.

Todos conocemos la gran hazaña del joven David al derrotar al gigante Goliat, pero ¡no siempre recordamos que el rey Saúl ofreció al vencedor la mano de su hija! David se sintió halagado: «Nada soy… para que yo sea yerno del rey». Fue un gran honor para ese pastorcito, pero bien merecido. El colmo es que pasó el tiempo ¡y Saúl dio a Merab como esposa a otro hombre! Con el tiempo David se casó con la hermana menor de Merab, Mical.

Aunque no te hayan prometido ningún «príncipe», aprende de David. No hizo berrinche ni reclamó a Saúl. Solo quedó mal el incumplido, no el ofendido. Siempre habrá personas que no cumplen su palabra, pero si dejamos que nos dominen pensamientos de resentimiento o venganza, dejamos que nos sigan hiriendo. Que Dios juzgue al otro; tú confía en que Dios tiene un plan para ti y mejores premios. (MHM)

*Nubes y viento y nada de lluvia, es quien
presume de dar y nunca da nada.*

SALOMÓN

CALEIDOSCOPIO DE ALABANZAS

*Cuando el arca de Jehová llegó... Mical, hija de Saúl
miró desde una ventana, y vio al rey David que saltaba...
y le menospreció en su corazón.* —RVR1960

2 SAMUEL 6:16

*E*n la televisión por cable, se transmite el canal Enlace por medio del cual podemos observar el «caleidoscopio» de formas de expresión en las iglesias de Latinoamérica. Culturas diferentes, denominaciones diferentes y modos diferentes de alabar. Podemos responder con honestidad a la pregunta: ¿alguna vez has menospreciado la alabanza que es diferente a la tuya?

Hay personas que no solo la menosprecian sino que la critican y se burlan. Algo parecido a lo que hizo Mical, la esposa de David cuando lo vio danzando. David hizo traer el Arca después de observar que su presencia traía bendición. Sin embargo, Mical no pudo tener hijos, motivo en esa época y cultura para ser, ahora ella, menospreciada.

Mical no mostró respeto a su esposo y le reclamó, aun enfrente de los criados, su conducta. Tú no seas como ella. El respeto es mejor que el menosprecio, la crítica o la burla. La alabanza es para Dios, deja que sea Él quien se agrade o no de ella. (MG)

Lleguemos ante Su presencia con alabanza.

DAVID

NO SEAS TAN CONFIADA

*Y fue Tamar a casa de su hermano Amnón, el cual
estaba acostado; y tomó harina, y amasó, e hizo
hojuelas delante de él y las coció. —RVR1960*

2 SAMUEL 13:8

¡Pobre Tamar! Se pasó de confiada. Amnón es el prototipo de hombre impío que busca placer sexual sin compromiso. ¿Habrá notado Tamar la clase de hombre que era Amnón? Su padre la envió a cocinarle a Amnón porque él lo pidió. Desde ese momento yo hubiera sospechado algo raro. Pero Tamar estaba confiada. Su padre le había pedido el favor y Amnón era su medio hermano. ¿Qué podría pasar? Al ofrecer lo cocinado, él no quiso comerlo y echó fuera a todo el mundo, excepto a Tamar. ¡Otro motivo de sospecha! Pero Tamar siguió confiada. Amnón se aprovechó de la situación y… ¡violó a su hermana!

A veces vemos señales «rojas» en una persona, pero no les hacemos caso, y hay chicas que se enredan con hombres como Amnón. Aunque han visto que hombres como estos lastiman a una y otra mujer, son demasiado confiadas y piensan: «Yo lo voy a conquistar y lo voy a hacer cambiar». Las chicas sin convicciones bíblicas hasta tienen relaciones sexuales con este tipo de hombres, pensando que van a retenerlos así.

En las redes circula un pensamiento que dice: «¿Sabías que tener sexo antes del matrimonio es mágico? Aparece un bebé y desaparece el papá. Aparecen enfermedades y desaparecen tus sueños. Aparecen malos sentimientos y desaparece el amor. ¡El verdadero amor espera!». Elige lo mejor. (YF)

*Las personas que han sido usadas sexualmente,
tienen poco autorespeto y buscan atención aunque
sea a través de otra denigrante relación sexual.*

ALE DIENER

¿RELIGIÓN O RELACIÓN?

... —¿Cómo puede haber paz cuando la idolatría y la brujería de tu madre, Jezabel, están por todas partes? [...]. —NTV

2 REYES 9:22

Una de las peores reinas en la Biblia es Jezabel. Llevó al pueblo del norte a la idolatría y contaminó la tierra. Pero tenemos que comprender que esta mujer era sumamente religiosa. Su padre se llamaba Et-baal, y seguramente desde que ella nació la dedicó al culto a Baal.

La religión produce fanáticos. La palabra «fanático» significa «que pertenece al templo». Por esta razón, las personas religiosas defienden y hacen cosas obsesivas para proteger sus cultos y creencias. Todas las religiones han caído en los excesos y matanzas injustificadas. Piensa en las Cruzadas, en la Inquisición, los ataques terroristas. Los religiosos siguen un credo, no a un Dios vivo.

A diferencia de Jezabel está Elías. Él tenía una relación con el Dios verdadero. Su carta de presentación era: «Vive Jehová en cuya presencia estoy». Nunca vemos a Jezabel conversar con Baal, pero Elías no cesa de orar y escuchar a su Señor.

Cualquier religión puede llevar al fanatismo.

¿Tú practicas una religión o tienes una relación con Jesús? ¿Te reúnes en un templo por obligación o por amor? ¿Crees que irás al cielo porque tus padres son creyentes o porque tú misma has tenido un encuentro con Cristo? Sigue los pasos de Elías, no de Jezabel. Ten una relación personal con Dios. (KOH)

He servido con gran celo al Señor Dios Todopoderoso.

ELÍAS

¿QUIÉN INFLUYE EN TI?

Cuando Atalía, madre de Ocozías, supo que su hijo había muerto, fue y eliminó a toda la familia real. —DHH

2 REYES 11:1

«De tal palo, tal astilla», reza el dicho popular. Los hijos a menudo reflejan la personalidad de sus padres, sus gustos, sus debilidades y hasta sus profesiones.

En las historias bíblicas de los reyes de Israel, podemos observar que casi siempre que estos hombres estuvieran lejos de Dios, resultaba en hijos igualmente malvados. En el caso de la reina Atalía, tuvo la doble maldición de ser hija del débil rey Acab y de su esposa Jezabel, una idólatra que masacró a muchos profetas de Yahvéh.

Atalía se casó con el rey Joram de Judá, y toleró el culto a Baal. Además, procuró exterminar a los descendientes de la casa de David, como si el mismo Satanás la usara para tratar de deshacerse de la línea del Mesías. A fin de cuentas, fue capturada y ejecutada.

Permite que Dios use los buenos ejemplos en tu vida para encaminarte para bien. Confía en Él para resistir las malas influencias que hayas tenido para que, sobre todo, ¡domine el poder del Espíritu Santo en tu vida! (MHM)

Dar ejemplo no es la principal manera de influir sobre los demás: es la única manera.

ALBERT EINSTEIN

ECHEMOS PORRAS

Entonces le dijo su mujer: ¿Aún retienes tu integridad?
Maldice a Dios, y muérete. —RVR1960

JOB 2:9

Ella se propuso cruzar a nado el canal de la mancha. La escoltaba su equipo algunos metros atrás. La aventura duraría muchas horas. Llegó el atardecer, luego el anochecer. El cansancio solo podía ser distraído por los pensamientos de la ansiada victoria. La entrenadora fue alentando permanentemente con sus palabras: «¡Tú puedes! ¡Ya casi llegas!».

Enriqueta Duarte logró convertirse en la primera mujer que lograra tal hazaña. Siempre supo que no lo hubiera logrado sin el aliento constante de su entrenadora. Esas palabras de ánimo marcaron la diferencia.

Hubo alguien con un reto enorme también, el de sobreponerse a las peores pérdidas de la vida. Ese alguien fue Job. También las palabras de su esposa marcaron la diferencia. Palabras dañinas de desaliento: «Maldice a tu Dios y muérete». Seguramente cuando todo iba bien, fue una mujer positiva. Pero en los momentos difíciles, afloró su pesimismo.

Cuando no estamos en condiciones de decir algo constructivo, es mejor no decir nada. Puedes proponer en tu corazón alentar a otros con tus palabras. Ofreciendo palabras de ánimo puedes ser parte de sus triunfos. (MG)

Si lo que vas a decir no es más bello
que el silencio, no lo digas.

PROVERBIO ÁRABE

UN BUEN NOMBRE

*Fue, pues, y tomó a Gomer, hija de Diblaim; y
ella concibió y le dio a luz un hijo.* —LBLA

OSEAS 1:3

«Los Moreno son honestos y leales», decían los vecinos al referirse al apellido de una familia del pueblo. Todos los conocían y confiaban en ellos. Los integrantes habían puesto su nombre en alto.

Recuerdo que en el Seminario Bíblico, una de nuestras tareas era leer la Biblia completa. Era tedioso leer los nombres en los libros de Números y Crónicas, así que, las amigas nos juntábamos para leerlos y ver si encontrábamos alguno atractivo para ponerles a nuestros hijos.

Los padres buscan nombres hermosos que hablen algo bueno del carácter de su hijo o hija. «Gomer» es una palabra hebrea que significa «perfección». Cuando los padres de Gomer le dieron ese nombre, esperaban que actuase conforme a él. Pero ¡nada que ver con la mujer con la que Oseas se casó! ¿Se sentirían sus padres avergonzados de ella? Creo que sí.

¿Qué habrá pasado en la vida de Gomer para no hacerle honor a su nombre? No sabemos. Lo que sí sabemos es que Oseas la amaba de tal manera que Dios equipara Su amor por Su pueblo infiel con el amor de Oseas por Gomer. Si actuamos de acuerdo a los mandamientos de Dios, no solo honramos a nuestros padres; también ponemos en alto el nombre de Dios y dejamos un buen nombre como herencia a nuestros hijos. (YF)

*De más estima es el buen nombre que las muchas
riquezas, y la buena fama más que la plata y el oro.*

SALOMÓN

VACAS GORDAS

Odien lo malo y amen lo bueno; conviertan sus tribunales en verdaderas cortes de justicia... —NTV

AMÓS 5:15

Una caricatura es un escrito en el que se ridiculiza una situación, un ambiente o una persona. Por ejemplo, leemos en el capítulo 4 del Libro de Amós que el profeta habla de unas vacas gordas que viven en Samaria. Son mujeres que oprimen al pobre y aplastan al necesitado, y que les gritan a sus esposos para que les traigan más bebida.

Tristemente, las caricaturas siempre pintan la realidad. En Samaria había mucha injusticia y los ricos pisoteaban a los pobres. Dios se hartó de esto y condenó al pueblo. La profecía de Amós se cumplió y esas mujeres gordas fueron llevadas con garfios, expulsadas de sus fortalezas y sacadas por las ruinas de la muralla.

Los medios informativos nos muestran mujeres que aún hoy se comportan como esas vacas gordas. ¿Conoces alguna mujer que vive para disfrutar las cosas materiales y que en el proceso es indiferente a las necesidades de los demás?

Nosotras también corremos el peligro de volvernos insensibles a los necesitados si somos cegadas por las riquezas. Sigamos el consejo de Amós: «Odien lo malo y amen lo bueno». Busquemos el reino de Dios y «su justicia» y todo lo demás será añadido. No seamos vacas gordas. (KOH)

¡Vuelvan a buscar al Señor y vivan!

AMÓS

FEMINISTA... O FEMENINA

... Asuero... ordenó... que llevaran a su presencia a la reina, ceñida con la corona real, a fin de exhibir su belleza ante los pueblos y sus dignatarios... —NVI

ESTER 1:10-11

*E*l movimiento feminista, a pesar de sus logros a favor de los derechos de las mujeres, a veces exagera. Se quiere que las mujeres sean tan independientes que prueben que son hasta mejores que los hombres. Tristemente, se llega a pintar a los varones de una manera negativa.

Algunas se han atrevido a decir que la reina Vasti tenía razón por no querer que la pusieran «en exposición» como reina de belleza: «¡Bien hecho! ¡Que no se someta!». Pero el Libro de Ester nos dice que el rey Asuero quería que la primera dama se presentara en su corona real en un gran banquete. ¡Estaba orgulloso de ella y quería que estuviera presente en esa ocasión importante!

Su mismo nombre Vasti significa «mujer bella» y se nos dice que era muy hermosa. Para llegar a tal puesto, seguramente era inteligente y bien preparada también. Rehusó presentarse, y dejó en vergüenza el rey. Además, se consideró que daba mal ejemplo a las mujeres del reino al despreciar a su esposo.

Todavía te falta casarte, pero no olvides que Dios pide que la mujer respete a su marido. Por algo es la autoridad del hogar, aunque por supuesto ambos comparten responsabilidades.

Reconoce que, como coheredera de Cristo, tú eres de igual valor ante Dios. No desprecies tu femineidad; honra al Señor con ella. (MHM)

El primer efecto del amor es inspirar un gran respeto; se siente veneración por quien se ama.

BLAISE PASCAL

¿CÓMPLICE O VALIENTE?

Ella, instruida primero por su madre, dijo: Dame aquí en un plato la cabeza de Juan el Bautista. —RVR1960

MATEO 14:8

*U*na vida se desvanece dentro del vientre, su madre se sometió a un aborto. Una pareja de homosexuales está planeando adoptar un hijo. Cada día, un mayor porcentaje de la población piensa que esto es normal. Los antivalores se van arraigando más en la sociedad.

Quienes externan su opinión de desacuerdo, se exponen al escándalo y la condena de quienes opinan que eso es discriminación. Se van quedando callados para evitar el rechazo y los problemas. Se necesita ser muy valiente para denunciar el pecado y condenar lo que desagrada a Dios. Valiente como Juan el Bautista.

Este profeta hizo lo que tenía que hacer. Le decía a Herodes que no era correcto que tuviera como mujer a su cuñada. Por esta razón, Salomé, hija de Herodías, aconsejada por su madre, encontró la manera de darle muerte. Seguramente Juan sabía que su desaprobación podría costarle la vida, pero no se quedó callado.

Tú puedes escoger ser cómplice como Salomé o ser valiente como Juan. Pide sabiduría para encontrar el equilibrio entre la firmeza y el amor. Lo que no es de Dios es contra Dios. (MG)

Dios aborrece el pecado, pero ama al pecador.

SEAMOS MUJERES DE INFLUENCIA

*Porque Juan decía a Herodes: «No te es lícito
tener la mujer de tu hermano». Pero Herodías le
acechaba, y deseaba matarle... —RVR1960*

MARCOS 6:18-20

*H*erodes I era cruel y sanguinario. Tuvo diez esposas y catorce hijos y se instaló en el reino de Judea a base de asesinatos.

Sospechaba de todos y por esa razón, eliminó a una de sus esposas y a tres de sus hijos, entre ellos, Aristóbulo, padre de Herodías.

Ahora sabes el motivo por el que mató a los niños de Belén. Su arrogancia era tal, que cinco de sus hijos llevaron su nombre, e imagino que también «Herodías» era en su honor. Así que, Herodías fue esposa de Herodes II y de Herodes Antipas, sus tíos. Imagínate la inmoralidad que imperaba en tiempos de Jesús.

¡Nada diferente de hoy en día!

Los Evangelios dicen que Herodes Antipas protegía a Juan el Bautista y le oía con interés. Si este hombre estaba cerca de ser salvo, Herodías influyó en él para su perdición, haciéndole matar a Juan. Ella actuaba con la misma frialdad y maldad de su abuelo, usando su inteligencia para su propio beneficio. ¿Sería ella quien incitó a su joven hija a bailar provocativamente ante hombres perversos? Influyó en ella para que pidiera un regalo macabro.

Podemos influir para bien o para mal en los que nos rodean. Pide al Señor que te prepare desde ahora para ser de buena influencia a tu esposo, a tus hijos y a otros. (YF)

*Influir sobre una persona es transmitirle
nuestra propia alma.*

OSCAR WILDE

NO LO SUFICIENTE

La decisión de vender o no la propiedad fue tuya. Y,
después de venderla, el dinero también era tuyo para
regalarlo o no. ¿Cómo pudiste hacer algo así?... —NTV

HECHOS 5:4

Ananías y Safira vivieron en los primeros años de la iglesia. Vendieron una propiedad y llevaron una parte a los apóstoles, aunque dijeron que era la suma total de la venta. Ananías, con el consentimiento de su esposa, se quedó con el resto.

¡El problema? Pedro lo resume así: «Ananías, le mentiste al Espíritu Santo y te quedaste con una parte del dinero. ¡Cómo pudiste hacer algo así? ¡No nos mentiste a nosotros, sino a Dios!». Ananías de inmediato murió, y cuando su esposa Safira apareció tiempo después y mintió nuevamente, Pedro estalla: «¡Cómo pudieron ustedes dos siquiera pensar en conspirar para poner a prueba al Espíritu de Dios de esta manera?». Y así Safira también cae al suelo y muere.

La Biblia nos explica que a raíz de esto gran temor se apoderó de toda la iglesia y de todos los que oyeron lo que había sucedido. Y nosotras también debemos temer. Mentir es malo, pero mentir al Espíritu Santo es ¡terrible!

En *El señor de los anillos*, Aragorn le pregunta a Frodo: «¿Tienes miedo?». El pequeño hobbit le contesta que sí. Pero Aragorn le advierte: «No lo suficiente». Que con esta historia tengamos el suficiente temor de Dios para evitar hacer lo malo. (KOH)

El temor del Señor es la base del
verdadero conocimiento.

SALOMÓN

UNA MUJER DE INFLUENCIA

... viniendo Félix con Drusila su mujer, que era judía, llamó a Pablo, y le oyó acerca de la fe en Jesucristo. —RVR1960

HECHOS 24:24

*M*uchos opinan que hay que cambiar el famoso dicho: «Detrás de todo gran hombre hay una gran mujer»; proponen que sería mejor aclarar: «Al lado de todo gran hombre...». Sin duda muchas mujeres han influido para bien y para mal en la vida de sus esposos y sus hijos.

Félix era el gobernador romano bajo el cual estaba preso el apóstol Pablo. Ante él Pablo presentó su defensa cuando lo acusaron los judíos. Se nos dice que estaba «bien informado de este Camino», el cristiano. Hasta llamó a Pablo para que dialogara de su fe ante él y su esposa Drusila.

Ella era judía, así que bien pudo haberle explicado las profecías del Mesías y observado que Cristo cumplió muchas de ellas. De haberse interesado ella, tal vez Félix hubiera llegado a creer en Él. Pero aparentemente no fue así y a fin de cuentas Félix tampoco le dio a Pablo su libertad.

No menosprecies el poder de tu influencia. Tus hechos y tus palabras tocan muchas vidas a diario, incluso lo que publicas en las redes sociales. Defiende lo bueno, denuncia el mal. Señala el camino que puede acercar a otros a Jesucristo. (MHM)

Hasta las personas más insignificantes ejercen cierta influencia en el mundo.

LOUISA MAY ALCOTT

MISIÓN POSIBLE

Así que, al día siguiente, Agripa y Berenice
llegaron al auditorio con gran pompa... Festo dio
órdenes de que trajeran a Pablo. —NTV

HECHOS 25:23

*H*ay nombres que han quedado grabados con letras de oro en la historia de la humanidad. Cumplieron su misión y dejaron un legado. La historia también nos habla de gente sin un noble corazón. Es el caso de Berenice, hija de Agripa.

Su vida quedó registrada en varios documentos y la Biblia también la menciona. Estuvo presente cuando Pablo expuso su defensa ante autoridades romanas. Hablar de ella es hablar de una mujer promiscua. Tuvo varias parejas. Reinó como esposa de su tío y se presume que reinó como pareja de su hermano. Usó su sexualidad como medio para obtener influencia política.

Sin embargo, durante su vida tuvo una oportunidad de cambiar. Al escuchar la conversión de Pablo pudo haber extendido su brazo para alcanzar a Jesús. Su esposo dijo a Pablo: «Por poco me persuades a ser cristiano». Pero ese poquito no fue suficiente. Ni para él, ni para su mujer.

Para ser recordada, primero cree en Cristo. No te quedes en el «por poco». Segundo, Dios te ha dotado de todo lo que necesitas para cumplir tu misión en el mundo. Puedes usar tus dones, capacidades y habilidades para dejar un legado. Haz que cada día cuente. (MG)

Vivir con propósito es la única manera de vivir realmente. Todo lo demás es existir.

RICK WARREN

ARREGLEMOS LOS DESACUERDOS

Ahora les ruego a Evodia y a Síntique, dado que pertenecen al Señor, que arreglen su desacuerdo. —NTV

FILIPENSES 4:2

¿Qué habrá pasado con Síntique y con Evodia que no había comunión entre ellas? Seguramente, algún mal entendido hizo que se distanciaran a tal grado que Pablo estaba preocupado por esa enemistad. ¿Cómo era posible eso si las dos habían sido fieles y habían ayudado a Pablo en la predicación del evangelio?

¿Puede haber algo terrible entre los creyentes que haga que dejemos de amar a un hermano en Cristo y le mostremos enemistad permanentemente? Pareciera que sí, y se ha vuelto muy común en las iglesias. En alguna ocasión, estaba molesta con una persona de la congregación porque había dicho cosas en mi contra. ¡No le hablaba! El Señor tuvo que enseñarme que el único que se alegra de eso es el diablo quien conoce bien el dicho de «divide y vencerás» y nos engaña haciéndonos sentir ofendidas.

Nuestro corazón orgulloso nos dice que no es nuestra culpa porque fue la otra persona quien nos ofendió, y justificamos nuestra conducta poco espiritual.

¿Alguna vez has tenido un desacuerdo con algún creyente o con alguna de las jovencitas de la iglesia? ¿Lo has arreglado? Pide la ayuda del Espíritu Santo para cambiar tu corazón, perdonar y tener amistad con la persona con la que estás enojada. Perdonar no solo te hace libre, también deshace los planes del enemigo. (YF)

Porque si perdonáis a los hombres sus ofensas, os perdonará también a vosotros vuestro Padre celestial.

JESÚS

CONTROLA TU LENGUA

... si pudiéramos dominar la lengua, seríamos perfectos, capaces de controlarnos en todo sentido. —NTV

SANTIAGO 3:2

Cuando los escritores nos describen una pequeña comunidad nunca falta una mujer chismosa y entrometida. Puede ser una solterona, una viuda o una esposa sin mucho quehacer. Lo cierto es que todas estas parecen encajar en el cuadro descrito por Pablo a Timoteo sobre las viudas jóvenes.

Pablo insiste que las viudas jóvenes se deben casar nuevamente y no recibir ayuda, pues «se acostumbrarán a ser perezosas y pasarán todo el tiempo yendo de casa en casa chismeando, entrometiéndose en la vida de los demás y hablando de lo que no deben» (1 Tim. 5:13).

No tenemos que ser viudas para ejercitar una lengua chismosa. Solo se necesita ociosidad. Cuando no tenemos nada que hacer, incluso entre familiares o amigas, con facilidad empezamos a hablar mal de otros. ¿Cómo solucionarlo?

Pablo aconseja a Timoteo ocuparse. Debemos dedicarnos a leer la Biblia, a animar y enseñar a otros; debemos entregarnos de lleno a nuestras tareas, ya sea en la escuela, en la casa o en el trabajo. Y cuando estemos con amigas o familiares, si vemos que nuestras lenguas empiezan a soltarse, ocupémonos también.

Salgamos a caminar, hagamos alguna manualidad, tomemos un tiempo para orar. Si estamos ocupadas, no andaremos de casa en casa, o de chat en chat, o de mensaje en mensaje, hablando lo que no debemos. (KOH)

Guarda tu lengua del mal.

DAVID

EL ATUENDO EQUILIBRADO

*Que la belleza de ustedes no sea la externa, que
consiste en adornos tales como peinados ostentosos,
joyas de oro y vestidos lujosos.* —NVI

1 PEDRO 3:3

Si la mayoría de las mujeres llevaran un peinado como Marge Simpson a una conferencia, probablemente su cabello estorbaría la visibilidad a la audiencia. Pero Pablo no se refiere a eso. Las mujeres se prendían joyas de oro en el cabello como complemento de sus peinados.

Ostentación es hacer alarde de las posesiones. Hay personas que parecen un muestrario de las más costosas marcas. Tienen una autoestima tan pobre, que sienten la necesidad de compensar o agregarse valor usando objetos materiales costosos. En realidad da tristeza darse cuenta de este desequilibrio en la vida de las personas. Seguramente es lo que Pablo sentía cuando les enseñaba que lo que es de gran valor delante de Dios, son las cualidades interiores que no se deterioran con el tiempo.

Tu valor no está determinado por lo que usas. Lo que te hace valiosa es ser quien eres: una hija de Dios, formidable y maravillosa creada a su imagen. Cultiva las cualidades de tu carácter. Procura el fruto del Espíritu Santo. Y si un día te peinas como la señora Marge Simpson, mejor siéntate en la última fila. (MG)

*La belleza que atrae rara vez coincide
con la belleza que enamora.*

JOSÉ ORTEGA Y GASSET

NO TE DEJES ENGANCHAR

*Sin embargo, tengo en tu contra que toleras a
Jezabel, esa mujer que dice ser profetisa... —NVI*

APOCALIPSIS 2:20

Alguien con un espíritu tóxico puede ser muy atrayente en lo exterior. ¿Has visto personas así, que llaman la atención por su forma convincente de hablar, por sus supuestos méritos o credenciales, por su apellido, por sus logros en la escuela, en el deporte, en la música… y hasta en la iglesia? Pero ¡cuidado!

Tienes que conocerlas más a fondo antes de confiar en ellas.

En la falsa profetisa a la que se refiere Juan en Apocalipsis, le reconoce el espíritu de la terrible reina pagana Jezabel, la que quiso matar al profeta Elías. Ambas mujeres gozaban de gran poder sobre los demás, pero desgraciadamente para el mal. En este caso resultó ser una mujer no solo idólatra, sino que también llevaba a otros a cometer actos inmorales. Su supuesta espiritualidad no reflejaba la presencia de Dios, sino todo lo contrario, el control de Satanás.

¿Alguien te atrae por las razones indebidas? Puede ser que aun aparenta ser muy dedicada a una causa o creencia. Antes de dejarte cautivar, abre los ojos. Pide a Dios que te ilumine.

Averigua sus valores verdaderos y cómo se reflejan en sus hechos. «Ojo, mucho ojo» si se atreve a alabar las drogas o el sexo ilícito, o te hace dudar de doctrinas bíblicas. Atrévete a buscar el consejo de líderes sabios. No te dejes engañar. (MHM)

*Nada es tan peligroso como un buen consejo
acompañado de un mal ejemplo.*

MARQUESA DE SABLE

ESPOSO MÍO

Al llegar ese día —dice el Señor—, me llamarás
«esposo mío» en vez de «mi señor». —NTV

OSEAS 2:16

*A*nalizaba ciertas películas y series de televisión. En ellas, el «galán» es un tipo guapo con muchas novias o un hombre casado con una «bruja», hasta que encuentra a la mujer de su vida. Pero no es el ideal de un esposo. Si quieres saber las características del esposo perfecto lee Oseas.

Dios se describe como un esposo que muestra rectitud y justicia; que da amor inagotable y compasión incluso a una esposa adúltera. Finalmente, Dios es fiel. Un chico que ha tenido muchas novias durante su adolescencia y juventud, ¿será fiel en el futuro? Una chica con novio tras novio, ¿es recta y justa?

Oseas fue un profeta que vivió en carne propia la fidelidad. Perdonó a su esposa vez tras vez al grado de ir a rescatarla de un mercado de esclavos. Sus contemporáneos quizá lo veían como un «tonto», pero su amor ha quedado grabado en las páginas de la Escritura como uno de tal calidad que solo se puede comparar con el de Dios por Su pueblo.

Ora por tu futuro esposo. Pide a Dios que lo guarde de relaciones destructivas y numerosas; y tú haz un pacto con Dios para ser una chica que llegue al matrimonio pura y exclusiva.

Dios nos ha dejado el ejemplo del tipo de cónyuge que debemos ser. (KOH)

Yo te he amado, pueblo mío, con un amor
eterno. Con amor inagotable te acerqué a mí.

DIOS

CUERDAS DE AMOR

Guié a Israel con mis cuerdas de ternura y de amor. Quité el yugo de su cuello y yo mismo me incliné para alimentarlo. —NTV

OSEAS 11:4

El bebé va tambaleándose y casi se cae pues todavía no domina el arte de caminar. Pero no se lastima ni se golpea la cabeza, porque su mamá tiene una mantilla amarrada debajo de sus pequeños brazos. Los papás idean formas de apoyar a sus hijos mientras aprenden a ser independientes, a veces literalmente con «cuerdas», como las que usan para que no se escapen en la plaza comercial.

Dios también se muestra en Oseas como un padre tierno y cuidadoso. Había guiado a Israel con «cuerdas de ternura y amor». Le había alimentado como se hace con una criatura dependiente. Con todo y sus berrinches y su desobediencia, fue paciente.

¿Te has sentido como una niña desobediente? ¿Sientes que tu caminar espiritual tiene más caídas que aciertos? Quizá eres una nueva creyente y estás en las primeras etapas, dando tus primeros pasos. Tal vez ya tienes muchos años con Cristo, pero aún hay ocasiones en que resbalas.

Sin duda, nuestra naturaleza humana es débil y traidora. Pero recuerda que sus cuerdas nunca te dejarán. Cuando caigas, asegúrate de confesar tu mal tan pronto como el Espíritu Santo te lo revele. Ponte de nuevo en manos del Señor y deja que sus cuerdas amorosas te rodeen y te levanten. (MHM)

Si confesamos nuestros pecados a Dios, Él es fiel y justo para perdonar nuestros pecados y limpiarnos de toda maldad.

JUAN

CORAZÓN DESGARRADO

Israelitas ¡yo no puedo abandonarlos! ¡No sería capaz de hacerlo! [...] ¡Mi gran amor por ustedes no me lo permite! —TLA

OSEAS 11:8

*D*ios es bueno; es un Dios de amor. Es un Padre cuyo amor por Sus hijos es perfecto. Hijos inconformes le olvidaron en el desierto construyendo otro dios con sus propias manos, pero no por ello los abandonó. «No sería capaz de hacerlo». Israelitas ignorantes gritaron: «¡Crucifícale!», sedientos de Su sangre. Él la derramó voluntariamente. No abandonó Su misión. «No sería capaz de hacerlo».

Los siglos pasan y la historia se repite. Un hijo desobediente que adultera por aquí, una hija piadosa que siente que puede juzgar a los demás por allá, la chica que dice mentiras, el joven que no quiere perdonar a su padre. Dios los mira con el corazón desgarrado, mientras sigue, sigue y sigue amando.

Tú tampoco escapas de Su perfecto amor. También a ti en todo tiempo con amor te ve el Señor. Y no hay nada tan malo que pudieras cometer, que con ello puedas Su gran amor perder.

Cuando la culpa nuble tu razón y el temor inunde tu corazón, puedes con seguridad recibir Su sanidad. Podrás entristecerlo, mas jamás podrás perderlo. ¿Rechazarte? No, no, no, Él no sería capaz de hacerlo. (MG)

Mi corazón está desgarrado dentro de mí y mi compasión se desborda.

DIOS

UN DIOS DIFERENTE

No actuaré según el ardor de mi ira: no volveré a destruir a Efraín, porque yo soy Dios, no hombre. Yo soy el Santo, que estoy en medio de ti... —DHH

OSEAS 11:9

Si recorremos las diferentes religiones, encontraremos que el hombre ha distorsionado su idea de Dios confiriéndole reacciones humanas. Los dioses griegos son descritos con las mismas pasiones y pecados de los hombres: Zeus era adúltero, siempre ocultándose de su esposa Hera para que no se diera cuenta de sus infidelidades; Hera, celosa y vengativa, perseguía a las amantes de su marido y a sus hijos para destruirlos. El Popol Vuh, cuenta la historia de dos héroes: Hunahpú e Ixbalanqué, quienes derrotaron a los señores de Xibalbá, el reino de los muertos, vengándose de ellos por haberlos destruido dos veces.

Si no conocemos lo que Dios dice de sí mismo en la Biblia, entonces corremos el riesgo de aplicarle las mismas características de los dioses paganos. ¿Has oído la expresión: «Dios es iracundo y vengador»? Nada que ver con el Dios de la Biblia. Dios no reacciona como humano, sino como un ser que tiene todo bajo control. ¡Él se controla a sí mismo! Y eso precisamente es ser santo.

Siendo un Dios que todo lo sabe, con poder infinito, inmensamente sabio y perfecto, no se enoja como lo hacemos nosotros. No tiene necesidad de «explotar» o de vengarse... ¡es santo! Cuando juzga y disciplina, lo hace con justicia. ¿No te da confianza tener a un Dios diferente de todos los otros? (YF)

¿Quién como tú, oh Jehová, entre los dioses?

¿Quién como tú, magnífico en santidad, terrible en maravillosas hazañas, hacedor de prodigios?

MOISÉS

ÁRBOL SIEMPRE VERDE

*... Yo soy el que contesta tus oraciones y te
cuida. Soy como un árbol que siempre está
verde; todo tu fruto proviene de mí.* —NTV

OSEAS 14:8

En mi jardín tengo un árbol de durazno. Durante la mayor parte del año permanece sin fruto. Debo esperar el momento oportuno —una temporada determinada— para disfrutarlo. Me gusta pensar en el Jardín de Edén. Pienso que Adán y Eva podían acercarse a cualquier árbol, sin importar la estación del año, y arrancar una pera o una granada, un higo o una manzana.

Yo me parezco a mi árbol de durazno. Hay ocasiones en que las personas se acercan a mí tratando de encontrar amor, paciencia o bondad, y encuentran ramas peladas o frutos inmaduros que no pueden comer.

Dios, sin embargo, es como aquel jardín. Es un árbol que siempre está produciendo no solo fruto, sino el mejor fruto. Solo basta estirar el brazo y podemos comer paz y gozo, humildad y gentileza.

Si eres como yo, no te desanimes. Dios está trabajando en nuestras vidas para hacernos árboles siempre verdes. Estamos en camino de parecernos más a Él. Así que sigamos el consejo de Jesús y dependamos del árbol perfecto, al que podemos recurrir en todo momento y ser saciadas. ¿Qué necesitas hoy? Pide a Dios el fruto que te haga falta, y compártelo con los demás. (KOH)

*Ustedes tampoco pueden ser fructíferos a
menos que permanezcan en mí.*

JESÚS

NO AL DIOS «GRINCH»

*... Vuélvanse al SEÑOR porque él es bondadoso
y compasivo, lento para la ira y lleno de amor,
cambia de parecer y no castiga. —NVI*

JOEL 2:13

*A*un pequeño le preguntaron quién había hecho una travesura en su casa. No tenía hermanitos a quienes culpar. Al fin sugirió que Jesús lo había hecho. A fin de cuentas, ¡era invisible pero siempre presente!

¿Cómo imaginabas a Dios cuando eras niña? Se dice que mucha gente lo imagina como un viejito enojón, allá en Su trono, espiando para ver si nos descubre haciendo alguna maldad y pensando cómo castigarnos. Nada que ver con la imagen que pinta el profeta Joel, de un ser bondadoso y compasivo.

En esa época, casi todo el pueblo de Israel había olvidado amar a Dios y obedecerlo. No había llovido y las plantas dejaban de crecer. Joel le rogaba a la nación a buscar a su Creador y dejar sus malos caminos. Y les recalcó el amor y misericordia de Dios, quien anhelaba la restauración de Su relación con ellos.

Después Joel profetiza que, en años venideros, Dios derramaría su Espíritu sobre la tierra. Habría también terribles acontecimientos, pero todo el que invocare el nombre del Señor escaparía con vida. Eso nos muestra Su gran corazón. Es misericordioso; o sea, se compadece de nosotros. Asegúrate de conocerlo como es y vivir para agradarlo. ¡No te creas la falsa historia del «Dios Grinch»! (MHM)

*Señor, si he obrado bien, tú lo sabes; y si mal,
yo me acojo a tu infinita misericordia.*

JOSÉ MARÍA MORELOS

LA FRESCURA LLEGARÁ

... ¡Alégrense en el Señor su Dios! Pues la lluvia que
él envía demuestra su fidelidad. Volverán las lluvias
de otoño, así como las de primavera. —NTV

JOEL 2:23

El ciclo agrícola en Israel comprende lluvias tempranas, lluvias torrenciales y lluvias tardías. Las tempranas preparan el terreno para ser sembrado. Las torrenciales hacen que el terreno las absorba para fluir en forma de manantiales. Las tardías sirven para completar la maduración del fruto. El tiempo entre las lluvias, es un tiempo de sequía.

En el ciclo de la vida, Dios también permite tiempos «secos», tiempos de crecimiento, tiempos de madurar y tiempos de dar fruto. Cuando el pueblo de Israel atravesaba una gran sequía, Joel, el profeta, promete que volverán las lluvias a los campos.

Del mismo modo, Dios no promete que nunca habrá problemas, pero sí promete estar con nosotros siempre. Puedes voltear hacia tu pasado y recordar las temporadas de sequía en tu vida, cuando los problemas te afligieron hasta sentir esa sed que solo Cristo sacia. Pero el agua refrescante de su consuelo y ayuda siempre llegó.

Como Dios es fiel, puedes estar segura de que así como lo ha hecho en el pasado, lo hará también en el futuro. Tan seguro como la lluvia después de la sequía, la frescura llegará. (MG)

Pero el que beba del agua que yo
doy nunca más tendrá sed.

JESUCRISTO.

EL ÚNICO DIOS VERDADERO

*Y sabréis que en medio de Israel estoy yo, y que
yo soy el Señor vuestro Dios y no hay otro; nunca
jamás será avergonzado mi pueblo.* —LBLA

JOEL 2:27

Está de moda entre los jóvenes preguntarle a «Charly» algo desconocido cruzando dos lápices y preguntando lo que se quiere saber. El lápiz de arriba se moverá hacia la respuesta; muy parecido al «juego de la güija». Trágicamente, este tipo de «juegos» son manejados por fuerzas espirituales y en ocasiones, las personas han terminado heridas o poseídas por demonios.

Un amigo ha dejado de congregarse porque cada vez que quiere retornar al Dios verdadero, suceden cosas aterrorizantes a su alrededor. Desde la aparición del pecado, el hombre ha buscado saber lo que no puede saber y ha consultado a «dioses falsos».

Has recurrido a horóscopos, tarot, cartas; o consulta a brujos o adivinos. La triste realidad es que, en el mejor de los casos, siempre resultas engañada, pero hay personas que su alma ha sido atrapada y no salen de ahí por temor.

Una mujer me decía que sabía que estaba mal rendir culto a la «santa muerte», pero no quería dejar de hacerlo porque «era muy vengativa». Esta gente ha sido avergonzada por sus dioses falsos. Hay un solo Dios que puede decir: «Yo soy el Señor vuestro Dios y no hay otro; nunca jamás será avergonzado mi pueblo».

Recuerda: no hay otro. Aférrate al único Dios verdadero y no cometas el error de buscar dioses que te avergüencen. (YF)

No sea hallado en ti nadie que practique adivinación, ni hechicería, o sea agorero, o hechicero, o encantador, o médium, o espiritista.

MOISÉS

NUESTRO REFUGIO

... Pero el Señor será un refugio para su pueblo, una fortaleza firme para el pueblo de Israel. —NTV

JOEL 3:16

¿Quién controla la historia? Thomas Jefferson pensaba que la política; Karl Marx propuso que la economía. Sin embargo, el pequeño Libro de Joel, de solo tres capítulos, nos recuerda que la mano de Dios controla el destino del mundo y de cada ser humano.

Vendrá un día —el Día del Señor— en que la paciencia de Dios llegará a su fin y el mundo será juzgado. En el capítulo 3 se nos habla de una guerra en que miles y miles estarán esperando en el valle de la decisión. Allí, el sol y la luna se oscurecerán y las estrellas dejarán de brillar. Las naciones se movilizarán para pelear contra el Señor y Su pueblo, los judíos, pero Dios triunfará al final del día y será un refugio para Israel.

Si bien aún falta para aquel día, todos debemos cruzar el valle de la decisión. Nadie sabe cuándo será su último día sobre esta tierra. La pregunta es: ¿qué decisión has tomado sobre Cristo?

Solo existen dos caminos: los que se oponen a Él o los que hacen de Jesús su refugio.

Si Él es tu refugio, estarás en una fortaleza firme y segura. No esperes al día de la muerte. No demores más tu decisión. Si aún no le entregas tu vida a Cristo, hazlo hoy. Mañana puede ser demasiado tarde. (KOH)

Hoy es el día de salvación.

PABLO

TU VALOR ANTE DIOS

De hecho, el Señor Soberano nunca hace nada sin antes revelar sus planes a sus siervos, los profetas. —NTV

AMÓS 3:7

«*N*o soy nadie», decimos. Nos menospreciamos y expresamos que es improbable que Dios nos use para grandes cosas. Otras tienen dones musicales, son excelentes para dirigir estudios bíblicos o para organizar eventos, pero «yo no». Puede ser que nos sintamos inferiores o inútiles, al contrario de lo que dice la Palabra, puesto que cada cristiano tiene por lo menos un don espiritual.

El profeta Amós subrayó que no era profeta ni «hijo de profeta».

¿Cómo? No era de los profetas de profesión, los que a menudo consultaban los reyes, y hasta tendían a dar profecías falsas para agradarles.

Amós era pastor de ovejas y productor de higos; sin embargo Dios lo llamó para denunciar la injusticia del reino del norte de Israel. Rechazaban a Dios y oprimían al prójimo. «El Señor Soberano» usó a Amós y le reveló Sus planes. «Soberano» significa «que ejerce o posee la autoridad suprema e independiente». ¡Dios está en control y puede usar a «sus siervos» más humildes!

A tu edad puede ser que no estás muy consciente de tus dones, y las personas mayores pueden no tomarte en cuenta. Sé fiel a lo que te muestra Dios que debes hacer y poco a poco tendrás mayores oportunidades. Confía en la soberanía del Señor en tu vida, Su autoridad y Su llamado. (MHM)

¡Vales mucho, puesto que Cristo dio todo por «comprarte»!

INCOMPRENSIBLE GRANDEZA

... Yo soy quien comunica sus planes a la humanidad entera; yo soy el que camina por las alturas de la tierra. ¡Yo soy el poderoso Dios de Israel! —TLA

AMÓS 4:13

Una princesa y su sierva salieron a recoger flores. La sierva comentaba: «Todo lo que Dios hace es perfecto. Él nunca se equivoca». Un lobo atacó a la princesa y perdió un dedo. Dijo: «Si Dios es perfecto ¿por qué lo permitió?». La sierva contestó: «Solo puedo decir que Él sabe el porqué de todas las cosas».

Indignada por la respuesta, la princesa encerró a la sierva en la torre del castillo. Tiempo después la princesa fue capturada por salvajes que hacían sacrificios. En el altar, vieron que no tenía un dedo y la soltaron. No era perfecta para sacrificarla a sus dioses. Al volver, liberó a la sierva y dijo: «Dios fue bueno conmigo. ¡No fui sacrificada justamente por no tener un dedo! Si Dios es tan bueno, ¿por qué permitió que yo te encerrara?».

La sierva respondió: «Si yo hubiera ido con usted, habría sido sacrificada en su lugar, pues no me falta ningún dedo. ¡Todo lo que Dios hace es perfecto!».

Los profetas de la antigüedad comprendieron que aún lo malo, en manos de Dios era bueno. Amós nos lo recuerda al hacernos ver que Dios es el Poderoso que camina sobre la tierra. Dios siempre tiene el control de las cosas y es bueno. ¿Qué puedes esperar de un Dios bueno? Solo cosas buenas. (MG)

Dios tiene dos tronos. Uno en lo más alto de los cielos y otro en el más humilde de los corazones.

D.L. MOODY

MARAVILLAS POR EL RESTO DE LA ETERNIDAD

El que hizo las Pléyades y el Orión, cambia las densas tinieblas en aurora, y hace oscurecer el día en noche... el Señor es su nombre. —LBLA

AMÓS 5:8

*N*os maravilla la gigantesca variedad de especies sobre la tierra, ¿verdad? Sencillamente, cada uno de los seres humanos es muy diferente uno de otro. Y si observamos las especies animales o vegetales, nos quedamos extasiadas de cómo se forman, de sus colores, tamaños, hábitat y... ¡más! Y si esto es lo que vemos, ¿puedes imaginarte lo que no vemos?

Nuestros órganos internos y la función para la que fueron diseñados son increíbles. ¡Ninguna cámara fotográfica puede ser tan perfecta como el ojo! Y todo está formado por partículas infinitamente pequeñas funcionando de forma maravillosa. ¿Y qué de las cosas inmensas?

Amós menciona a las Pléyades que son un cúmulo de alrededor de 500 estrellas y están a una distancia de 440 años de la tierra, viajando a la velocidad de la luz. También menciona al Orión, otro grupo cuyas estrellas forman la figura de un hombre. El porqué existen estas estrellas, ha sido plasmado en las leyendas de muchos pueblos antiguos. Y Amós sigue hablando de lo grandioso que es quien controla las tinieblas y el mar.

Simplemente nos asombra su creación y cada nuevo descubrimiento nos hace alabarle. Me pregunto cuántas maravillas nos faltan por ver. Seguro que nos va a tomar el resto de la eternidad conocerlas. ¡Él es infinitamente poderoso! ¿No crees que es digno de adorar? (YF)

¡Grandes y maravillosas son tus obras, oh Señor Dios, Todopoderoso!

13 DE SEPTIEMBRE

... La salvación es de Jehová. —RVR1960

JONÁS 2:9

Conocemos bien la historia del profeta que no quiso obedecer a Dios y tomó un barco en dirección opuesta. Después de una tormenta y un gran pez, Jonás decide obedecer y predica en Nínive. ¿El resultado? Nínive se arrepiente y Jonás se enoja.

Le dice a Dios: «Señor, ¿no te dije antes de salir de casa que tú harías precisamente esto? ¡Por eso huí a Tarsis! Sabía que tú eres un Dios misericordioso y compasivo, lento para enojarte y lleno de amor inagotable. Estás dispuesto a perdonar y no destruir a la gente».

Jonás huyó porque no quería que Nínive se salvara. Eso sí, agradeció que Dios lo sacara del gran pez. Oró que Dios lo librara y prometió cumplir con sus votos. Pero cuando se trataba de la salvación de sus enemigos, prefirió escapar y no hablar.

Quizá tú y yo somos como Jonás. «¡No! Yo no quiero que la gente se vaya al infierno», decimos. Pero si es verdad, ¿por qué no estamos compartiendo el evangelio todos los días, a todas las personas que cruzan nuestro camino? A la mejor nos parecemos a Jonás más de lo que creemos. ¡Cuidado! No sea que venga una tormenta, un gran pez o un gusano que destruya nuestra comodidad. Recordemos: la salvación viene de Dios.

Compartamos las buenas nuevas. (KOH)

Sientes lástima por una planta... ¿No debería yo sentir lástima por esta gran ciudad?

DIOS

LENTO PARA LA IRA

Entonces le reclamó al SEÑOR: [...] Sabía que tú
eres un Dios misericordioso y compasivo, lento para
enojarte y lleno de amor inagotable. —NTV

JONÁS 4:2

Lento para enojarse. ¿Conoces a alguien así? Es un don raro de encontrar. A la mayoría se nos suben los humos fácilmente. Lo sentimos desde que empezamos a tensar la quijada y los puños. Sentimos que empieza a arder el rostro. Y por lo general, no tarda mucho en explotar el volcán de la voz alzada, los gritos, los reclamos y hasta los golpes.

Algunos reprimen esa emoción, pero acaban con úlceras, pues es un fuego que los come por dentro. Jonás conocía la gran paciencia o aguante de Dios a lo largo de los siglos, con Su pueblo rebelde. Lo curioso es que se queja de las características admirables de Dios, incluyendo Su lentitud para airarse, porque a fin de cuentas, hasta le da una segunda oportunidad a la pagana ciudad de Nínive.

La ira de Dios, por lo menos, es justa… a diferencia de la nuestra, por lo general. Y aun así Él toma Su tiempo para llevarla a sus últimas consecuencias. Habrás escuchado varios consejos para controlar el enojo, como contar hasta diez antes de hablar o actuar. Por lo menos te da tiempo de pensar un poco para que las emociones no te ganen tan fácilmente. Pero sobre todo, alza una oración al Dios que nos ha dado su Espíritu y que es lento para la ira. (MHM)

La ira impulsiva siempre se mete en problemas.

RICK WARREN

JESÚS ME PASTOREA

Y él se levantará para dirigir a su rebaño con la fuerza del Señor y con la majestad del nombre del Señor su Dios... —NTV

MIQUEAS 5:4

A mi mamá le gustaba criar cerdos. Una marranita podía tener hasta diez marranos. Mi mamá les ponía nombre a todos y yo admiraba como reconocía a cada uno de ellos. «El de la franja es Ford, la más chiquita es Petunia, el broncudo de allá es Porky».

En la profecía de Miqueas, después de pronunciar el lugar del nacimiento del Mesías, es decir, Belén, se describe al Señor como un Pastor. Jesús es ese pastor que nos cuida y nos reconoce.

Cuando veo un grupo de turistas japoneses, los veo casi iguales a todos. No así nuestro cuidador quien como pastor reconoce a cada oveja. «La del cabello hermoso es Yola, y ahí está Fer, quien quedó huérfana desde pequeña». Así el Señor nos va guiando hacia los delicados pastos cuando nos queremos desviar.

Sentimos los golpes de la vara que nos regresa al camino correcto.

Dice el himno: «Señor, tú me llamas por mi nombre, desde lejos, cada día tú me llamas». ¿Puedes imaginar tu nombre pronunciado con sus labios y el sonido de Su voz? No vivas como una ovejita perdida y solitaria. Acude cada día a Su llamado. Eres parte de un feliz rebaño. Cuando el Señor es tu pastor, nada te falta. (MG)

El Buen Pastor, al verme, perdido e infeliz, llegando a donde estaba, me trajo a Su redil. Y al ver que Cristo me salvó, el cielo entero se alegró.

ADONIRAM J. GORDON

LA LUZ AL FINAL DEL TÚNEL

No te alegres de mí, enemiga mía. Aunque caiga, me levantaré, aunque more en tinieblas, el Señor es mi luz. —LBLA

MIQUEAS 7:8

*C*uando estamos en medio de una situación difícil, todo alrededor nuestro es oscuro. Creemos que los enemigos saben lo que pasa y se ensañan con nosotros. Quisiéramos pelear en oración, pero pareciera que hay una cúpula de hierro que no permite su llegada hasta el trono de gracia. Son esos tiempos en que nos sentimos secas y abatidas; carcomidas por la falta de respuesta… ¡sin esperanza!

¿Te ha pasado? Es en esos momentos que la única cosa que puede sostenernos es nuestra fe. Es cuando debemos echar mano de promesas: «Echa sobre Jehová tu carga, y él te sustentará; no dejará para siempre caído al justo». Y creo que Dios es experto en enviarnos ese tipo de situaciones. ¿Para qué?

¡Para que aprendamos a fortalecer nuestra fe!

Después de experimentar varias veces el dolor, llega el momento en que es fácil confiar que al final del túnel está la luz, está el Señor mismo con Su gran sonrisa, diciéndonos: «Pudiste hacerlo. ¡Qué orgulloso estoy de ti!». Miqueas había experimentado y aprendido la rutina y con este versículo nos deja saber que siempre habrá una luz que nos dará la bienvenida y nos abrazará con amor. ¡Eso es seguro!

No te desesperes, porque aunque parezca que el Maestro se ha desatendido de ti, está callado, esperando ver si pasas la prueba. (YF)

Sin fe, es imposible agradar a Dios.

ESCRITOR DE HEBREOS

¿QUIÉN COMO TÚ?

¿Qué Dios como tú, que perdona la maldad, y olvida el pecado del remanente de su heredad?... —RVR1960

MIQUEAS 7:18

¿Te han puesto un apodo? Generalmente los apodos se usan para señalar alguno de nuestros defectos, más que nuestras virtudes. Los estudiosos piensan que el nombre de Miqueas era un apodo y no el nombre real del profeta. Su nombre significa: «¿Quién es como Jehová?». En otras palabras: «¿Quién como Dios?».

Como vemos, su apodo o nombre no señalaba ni defectos ni virtudes del profeta, sino el tema central de su mensaje: un Dios sin comparación. Los lectores de la época solo debían mirar alrededor para descubrir que el resto de los dioses era vengativo.

¿Qué otro Dios pasaría por alto los pecados de Su pueblo? ¿Qué otro Dios se deleitaba en mostrar Su amor inagotable?

Hoy día podemos realizar el mismo ejercicio. Asómate a las religiones y a las cosmovisiones modernas. El dinero, la fama, el poder, ¿acaso arrojan nuestros pecados al mar? Los dioses de piedra y las deidades místicas, ¿muestran fidelidad?

No hay Dios como el Gran Yo Soy. No hay Dios que pueda compararse al Jehová del Antiguo Testamento, que en el Nuevo Testamento se presenta en carne como Jesús, Hijo de Dios.

¿Qué otro Dios bajaría del cielo para salvar a la humanidad que aún hoy día lo rechaza? Nuestro Dios es inigualable. (KOH)

Al único y sabio Dios, nuestro Salvador, sea gloria y majestad, imperio y potencia, ahora y por todos los siglos.

JUDAS

SE JUZGARÁ LA MALDAD

El Señor es Dios celoso... y nunca deja
sin castigo al culpable... —NTV

NAHÚM 1:2, 3

Nínive fue una ciudad importante de la antigua Asiria, una nación que fue usada por Dios para juzgar a los israelitas, devastar su tierra y llevar a muchos al exilio. En sus tiempos, nadie pensaba que podría ser conquistada. Situada en el río Tigris, medía unos 50 kilómetros de largo y tenía mucho poder comercial.

El rey Senaquerib construyó un enorme palacio majestuoso y la ciudad fue conocida también por su esplendor. Entre otras cosas, era famosa por sus templos, como el de la diosa Ishtar.

Nahum advirtió que Dios castigaría a Nínive por su crueldad, su maldad y su idolatría. El Señor es celoso y no tolera a los que siguen rebeldes contra él. A pesar de lo difícil que parecía vencer a esta gran ciudad, en el año 612 a.C. fue asediada por los babilonios y medos, durante tres meses. ¡Hasta cambiaron el curso del río y entraron por el cauce seco! Arrasaron Nínive, la ciudad orgullosa, hasta los cimientos.

¿Te desespera la maldad que domina en las noticias? Secuestros, muertes, terrible violencia, inmoralidad que ofende al Dios que ve todo. Tal vez sientas que Dios tarde mucho en obrar, pero recuerda: Él promete castigar a los que lo rechazan y en su tiempo, se hará justicia. (MHM)

El Dios verdadero no admite competencia,
pues no hay quien se compare con Él.

LA PERSONA MÁS SEGURA

Jehová es bueno, fortaleza en el día de la angustia;
y conoce a los que en él confían. —RVR1960

NAHÚM 1:7

*N*os relacionamos con diferentes tipos de personas. A veces otorgamos nuestra confianza a quienes no la merecen y terminan defraudándonos. Henry Cloud llama a este tipo de gente «personas inseguras». Se refiere a que no es seguro para nosotros relacionarnos con ellas.

Cloud dice que una relación es segura cuando la otra persona está de nuestra parte; esto implica amor incondicional y aceptación sin condenación. También debe existir honestidad y no mentir. Una persona es segura cuando se interesa en ti realmente; cuando está contigo.

A medida que conocemos a alguien, podemos darnos cuenta si existen estas características en la relación. Tal vez podamos encontrar unas cuantas personas que puedan ser seguras para nosotros, pero no cabe duda que la única persona en la que podemos poner toda nuestra confianza es Dios.

Él te ama incondicionalmente, te acepta aun cuando le defraudas. Se interesa en ti porque te conoce. Recuerda que Él te hizo y está contigo siempre. A medida que tú lo conoces más a Él, tu confianza aumentará. Ese conocimiento es lo que te dará la fortaleza que necesites en el día de la angustia. (MG)

La confianza en Dios y no en nosotros, es la clave para permanecer siempre en guardia.

UN DIOS RESPLANDECIENTE

... Su esplendor cubre los cielos, y de su alabanza está llena la tierra. Su resplandor es como la luz; tiene rayos que salen de su mano, y allí se oculta su poder. —LBLA

HABACUC 3:3-4

¡Qué todos fuéramos poetas como Habacuc! Me pregunto si fue arrebatado al cielo para narrar esta escena maravillosa.

La brillantez de la luz se mide en vatios o *watts*. Un petavatio equivale a 1000 millones de vatios. Los científicos dicen que el resplandor del sol es igual a 174 petavatios. ¿Cuántos petavatios irradiará el resplandor del Señor? ¿Infinitos? ¡Sí! Tú sabes lo que pasa cuando tratamos de ver el sol. Quien lo ha hecho, ha perdido la vista. Dios le dijo a Moisés: «No podrás ver mi rostro; porque no me verá hombre, y vivirá». Si el Señor se mostrara ante nosotros, moriríamos al instante.

Simples seres humanos han descrito lo que se les ha permitido ver de Dios haciendo comparaciones. Habacuc dice que Su resplandor es como una luz que cubre los cielos y rayos salen de Su mano. En la transfiguración, Mateo dice que el rostro del Señor Jesús resplandeció como el sol y Sus vestidos se hicieron blancos como la luz. Juan, en Apocalipsis, describe Su aspecto como jaspe y cornalina, con un arcoíris semejante a la esmeralda.

¿Imaginas estar en la presencia de Dios y admirar Su resplandor llenando el cielo, con rayos saliendo de Su mano todo en color jaspe, cornalina y un arcoíris semejante a la esmeralda? Todo en un mismo Dios, ¡el nuestro! (YF)

¡Personaje! ¡Divino personaje! ¡El día que te mostraste, el sol se deslumbró!

RUBÉN SOTELO

UN DIOS ETERNO

Cuando él se detiene, la tierra se estremece...
Él derrumba las montañas perpetuas y arrasa
las antiguas colinas. ¡Él es Eterno! —NTV

HABACUC 3:6

Habacuc no fue el primero en preguntar: «¿Por qué el sufrimiento? ¿Por qué tanta maldad? ¿Hasta cuándo habrá violencia en la tierra? ¿Por qué debo mirar tanta miseria?». Tampoco será el último.

En medio de tiempos difíciles para el pueblo de Israel, Dios le responde y le dice que tras bambalinas está levantando a los caldeos, quienes no solo derrotarían a los asirios —la potencia en ciernes— sino que arrasaría con la idolatría en Judá, y de hecho, llevaría cautivo al pueblo. Habacuc se queda más perplejo que antes. ¿Cómo es posible que la respuesta de Dios sea un pueblo salvaje e idólatra? Dios le responde nuevamente. Él tiene el control. Los babilonios también recibirían el pago por sus maldades.

¿Qué hacer cuando no entendemos los porqués de la historia? Como Habacuc, hagamos memoria del carácter de Dios.

Pueblos vienen y van, sean asirios o babilonios, mexicanos o norteamericanos, pero Dios permanece para siempre. Como escribió Ray Stedman: «Dios es anterior a la historia. Es más grande que cualquier serie de eventos humanos. Él creó la historia. Es desde el principio y está al final. Es el Dios de la eternidad».

En otras palabras, podemos confiar en Dios. Él está a cargo. (KOH)

¿No eres tú desde la eternidad, oh
SEÑOR, Dios mío, Santo mío?

HABACUC

TENEMOS UN SECRETO

¡Aun así me alegraré en el Señor! ¡Me gozaré en el Dios de mi salvación! ¡El Señor Soberano es mi fuerza!... —NTV

HABACUC 3:18-19

Aunque el calor esté insoportable y las cosechas no se den... aunque haya sequía y se esté muriendo el ganado... aunque tenga problemas en mi familia... aunque tenga malas notas en la escuela... aunque nos falte dinero para algunas necesidades básicas... ¡Me alegraré en el Señor!

En medio de la situación desastrosa que describe Habacuc en los versículos anteriores a este pasaje, milagrosamente surge la esperanza, basada sobre todo en la fuerza que el Señor le proporciona. De hecho, apenas parece que sea la misma persona que en el primer capítulo clamaba: «¡Hasta cuándo clamaré y no oirás?» y «¿por qué me haces ver iniquidad?». Se queja, se desespera, pero aun así sabe que tiene un Dios poderoso que de alguna manera triunfará.

Ante la maldad en el mundo, las crisis naturales y económicas y aun los problemas personales, es común que nos sintamos impotentes. Pero tú y yo tenemos un secreto: nuestra fe en un Dios que es nuestra fuerza. Las palabras del profeta Habacuc nos muestran que es posible expresar a la vez emociones de angustia y de confianza en Dios.

Dios entiende y permite esa aparente contradicción, que Jesús también reconoció: «En el mundo tendréis aflicción; pero confiad, yo he vencido al mundo». ¿Sientes esta esperanza? (MHM)

Con todo, yo me alegraré.
HABACUC

GOZO, LA FUERZA DE LA VIDA

Jehová está en medio de ti, poderoso, él salvará;
se gozará sobre ti con alegría, callará de amor, se
regocijará sobre ti con cánticos. —RVR1960

SOFONÍAS 3:17

«¡Tengo todo lo que necesito para estar gozoso!», dijo Robert Reed. Tiene manos y pies deformes. No puede comer solo ni peinarse. Apenas y se entiende lo que dice. Tiene parálisis cerebral. Su enfermedad le impide caminar, pero no le impidió graduarse como profesor en latín ni ser misionero en Portugal donde pudo llevar a muchas personas a Cristo, incluyendo a su esposa.

Hace poco fue invitado a dar una conferencia. Con la Biblia entre sus piernas, difícilmente volteaba las páginas. Las personas que lo escuchaban secaban sus lágrimas de admiración. En vez de sentirse miserable, levantó su retorcida mano al aire exclamando: «Tengo todo lo que necesito para estar gozoso, tengo al Señor».

Aunque su cuerpo sin fuerza estaba sostenido por una silla, su espíritu fuerte es sostenido por el gozo del Señor. Siempre hay alguien con mayores tribulaciones que las nuestras. No permitas que las circunstancias te hagan perder el gozo.

Pero piensa en algo más, puedes gozarte porque Dios se goza en ti. En Sofonías leemos que un día el Todopoderoso se deleitará con alegría cuando vea a Su pueblo restaurado. En Cristo estás completa. Te puedes gozar en Él, pero no olvides que Él también quiere gozarse contigo. ¡Qué privilegio! (MG)

El gozo del Señor es nuestra fortaleza.
NEHEMÍAS

ANILLOS DE SELLO

... Te haré como el anillo con mi sello oficial, dice el Señor, porque te he escogido. ¡Yo, el Señor de los Ejércitos Celestiales, he hablado!». —NTV

HAGEO 2:23

Al hablar de anillos, soñamos con un príncipe azul llegando en un caballo blanco, ofreciéndonos un anillo y pidiéndonos matrimonio, ¿verdad? O pensamos en una joya valiosa para presumir en una fiesta.

En la antigüedad, los anillos se usaron para fines diferentes. En el antiguo Egipto, los altos funcionarios usaban anillos con piedras preciosas talladas en relieve y engastadas sobre el chatón para sellar documentos. José usó el del faraón. Entre los romanos, se usaban para señalar el puesto y la importancia del que lo portaba. Entre algunas tribus, los anillos eran protecciones contra los malos espíritus. Después de que los judíos regresaron a Jerusalén desde Babilonia, Zorobabel se convirtió en su líder. Dios, complacido con su fervor, le promete hacerlo su anillo de sellar. Sellar es imprimir algo de mí en lo que he hecho. El Señor quería usar a Zorobabel para imprimir algo de Él mismo en las almas de los judíos: fue utilizado para comenzar un avivamiento entre el pueblo. Durante su mandato, impulsó la reconstrucción del templo hasta terminarlo e instituyó cantores y sacerdotes para el servicio. Dios sabía de qué era capaz Zorobabel ¡y lo escogió!

Pablo dice que somos escogidas. ¿Será que tenemos algo de Dios que Él puede usar como anillo de sello para bendecir las almas de otros? ¿Estás dispuesta a dejarte usar? (YF)

Ustedes no me escogieron a mí, sino que yo los he escogido a ustedes y les he encargado que vayan y den mucho fruto.

EL SEÑOR JESÚS

NO EN MIS FUERZAS

... No es por el poder ni por la fuerza, sino por mi Espíritu,
dice el Señor de los Ejércitos Celestiales. —NTV

ZACARÍAS 4:6

*U*na poesía dice: «Haz de tu vida la mejor fiesta, que lo que crees se manifiesta... Di: "¡Yo puedo hacerlo! ¡Claro que puedo!"». Si Zorobabel hubiera tenido este lema, jamás habría reconstruido el templo. Pero escuchó la voz de Dios por medio del profeta Zacarías y comprendió que no era en sus fuerzas, sino en el poder del Espíritu Santo.

Por experiencia sé que cuando digo: «Yo puedo», muchas veces he fracasado. Pero cuando oro sobre algún proyecto y dejo que Dios actúe, ¡pasan cosas increíbles! (Como este devocional).

¿Tomas en cuenta al Espíritu en tu diario vivir? El Espíritu Santo es la tercera persona de la Trinidad, nuestra fuente de ayuda y poder. Él es quien hace los grandes milagros de la conversión y la santificación. Él es quien mueve montañas y brinda el fruto de una vida transformada. El Espíritu descendió sobre Sansón y este cargó la puerta de la ciudad y mató ejércitos. El Espíritu descendió sobre Jesús y guio su ministerio. El Espíritu cubrió a incontables misioneros que rescataron niños y penetraron selvas y vencieron obstáculos.

Si dejáramos que el Espíritu actuara en todo momento, nuestras historias serían diferentes. Toma hoy la decisión de orar antes de cada actividad. Pide a Dios que sea Su Espíritu el que actúe.

¡Verás la diferencia! (KOH)

Que el Espíritu Santo guie cada decisión y cada acción.

UN VENCEDOR HUMILDE

... Mira, tu rey viene hacia ti. Él es justo y victorioso, pero es humilde, montado en un burro: montado en la cría de una burra. —NTV

ZACARÍAS 9:9

¿Alguna vez has soñado ser famosa? Los reyes, presidentes y demás personajes de categoría pasean en carros de lujo mientras la multitud les vitorea. Para viajar a mayor distancia, tienen su *jet* privado. Pobre del que se trate de acercar pues fornidos guardaespaldas los protegen de cualquier contacto indebido con la gentuza.

En tiempos bíblicos, después de una victoria en batalla, los conquistadores cabalgaban en briosos corceles. Cuánto contrasta esta imagen con la profecía del Mesías que llega humilde en un asno, más como un campesino que como un guerrero. Mateo 21 se refiere al cumplimiento de esta profecía en la entrada triunfal de Jesús en Jerusalén, para proclamar su reino de paz y no de violencia. Posiblemente hasta se arrastraban sus pies, por lo pequeño del burro.

En vez de una alfombra roja, pisaba sencillas palmas. En vez de guardaespaldas, le acompañaban unos pescadores confundidos que no entendían qué pasaba. A Dios le encanta romper con las expectativas humanas, y este cuadro retrata a un «vencedor humilde». Así como el Mesías, el Siervo en Isaías, Jesús no busca aduladores, sino personas a quienes ministrar. ¿Estás dispuesta a hacer el ridículo si eso es lo que te pide Dios? En vez de codearte con los «ricos y famosos», considera identificarte con los necesitados y menospreciados. (MHM)

La humildad no es pensar menos de usted mismo, es pensar menos en usted mismo. La humildad es pensar más en otros.

RICK WARREN

LA PIEDRA PRINCIPAL

De Judá saldrá la piedra principal, la estaca de la carpa, el arco para la batalla, y todos los gobernantes. —NTV

ZACARÍAS 10:4

E l 25 de abril del 2015, un terremoto sacudió Nepal. México se unió a la causa con un grupo de rescatistas pertenecientes al grupo «Topos» que viajó a Katmandú con el fin de ayudar a la localización de personas con vida sepultadas bajo los escombros.

El 12 de mayo otro terremoto sumergió al país en una profunda crisis humanitaria. Son escasas las construcciones que permanecen en pie. Solo aquellas bien cimentadas, fundadas sobre la roca.

La piedra angular es la primera piedra de cualquier edificación. Solía ubicarse en una esquina. Esta roca nos recuerda a Dios. Él es el origen de todas las cosas y todas las cosas por Él subsisten. Él es la base sobre la que descansa la Iglesia. Él es el cimiento de nuestra fe.

Que la piedra angular de tu vida también sea nuestro eterno Padre. De esta manera, nada podrá derribarte. Ya venga la prueba o la enfermedad con dura intensidad, tú puedes permanecer en pie. Que Él sea el cimiento de tu vida, el cimiento de tu matrimonio y el cimiento de tu fe. (MG)

El hombre prudente casa construyó, y sobre la peña él edificó, soplaron vientos y se inundó y la casa permaneció.

CANCIÓN INFANTIL

MÁS DE 300 PROFECÍAS CUMPLIDAS

... Y mirarán a mí, a quien traspasaron, y llorarán como se llora por hijo unigénito, afligiéndose por él como quien se aflige por el primogénito. —RVR1960

ZACARÍAS 12:10

«**B**uscar a Jesucristo en el Antiguo Testamento, es como buscar madera en un bosque, ¡todo es madera!», decía un maestro de Hebreo. ¡Y es cierto! El Señor Jesús, siendo el mismo autor de la Sagrada Escritura, ha dejado su huella en ellas.

Los rabinos judíos han establecido que 456 profecías en las Escrituras Hebreas se refieren al Mesías. Y aunque, algunos estudiosos de la Biblia han desechado algunas por no relacionarse expresamente con el Señor Jesús, es seguro que poco más de 300 profecías se cumplieron cuando Él vivió aquí o van a cumplirse en Su retorno.

Una de ellas está aquí. Zacarías describe la suerte de las naciones que pelearán contra Jerusalén cuando el milenio esté a punto de comenzar. El Señor Jesús, en Su caballo blanco, «con voz de mando y con trompeta de Dios, descenderá del cielo» y todo ojo le verá. El pueblo judío que hasta ahora no ha reconocido a su Mesías, le dará la bienvenida y llorará. La parte a resaltar es que quien está hablando es Jehová el Señor.

Él es quien vino como un bebé indefenso y fue traspasado para darnos salvación, pero en ese momento, tomará Su lugar como Rey de reyes y Señor de señores. Vamos a postrarnos ante Él algún día, ¿por qué no comenzar desde ahora? (YF)

He aquí que viene con las nubes, y todo ojo le verá, y los que le traspasaron; y todos los linajes de la tierra harán lamentación por él. Sí, amén.

JUAN

UN DIOS MUY GRANDE

... En todo el mundo ofrecen incienso dulce y ofrendas puras en honor de mi nombre. Pues mi nombre es grande entre las naciones... —NTV

MALAQUÍAS 1:11

*I*magina por un momento que eres una niña otra vez. ¿Qué sentirías si en Navidad recibes una muñeca rota? Ahora piensa que eres la dueña de una empresa trasnacional y un empleado llega en tu cumpleaños y te obsequia un caramelo del tamaño de una canica.

Los israelitas habían olvidado quién era su Dios, por lo tanto, Malaquías aparece con indignación y transmite el mensaje de Dios. Entre otras cosas, el Señor estaba molesto porque los judíos llegaban con sacrificios contaminados. ¿Sabes qué hacían?

Ofrecían animales lisiados y enfermos. Dios declara que ni siquiera al gobernador le darían algo dañado.

El fondo del problema estaba en que los israelitas habían olvidado quién era su Dios, pero Él se los recuerda. «Mi nombre es honrado desde la mañana hasta la noche por gente de otras naciones». En otros lugares tenían más temor que en Judá.

¿Debía Dios aceptar sus sacrificios? Por supuesto que no.

Pero quizá nosotros también olvidamos con frecuencia quién es nuestro Dios. Le ofrecemos las sobras de nuestro tiempo, nuestra atención a medias y lo que nos sobró del cambio para las tortillas en ofrenda. No olvidemos que nuestro Dios es grande. ¿Qué clase de sacrificios merece? ¡Lo mejor y lo primero! (KOH)

Lo mejor de nuestro día debe ser para Dios.

UN DIOS INMUTABLE

Yo soy el Señor y no cambio. Por eso ustedes, descendientes de Jacob, aún no han sido destruidos. —NTV

MALAQUÍAS 3:6

*A*lfredo hizo lo posible por conquistar a Carmen hasta que la convenció. En la boda prometió amarla para siempre. Tuvieron dos preciosas niñas. Todo parecía normal hasta que un día él le dijo: «Quiero el divorcio». Eso fue una puñalada para Carmen, pero venía lo peor.

Se enteró que Alfredo falsificó su firma haciéndola fiadora de millones de pesos y que además, tenía dos hijos pequeños con diferentes mujeres. Sus hijas estaban en la Universidad y Alfredo se negó a cubrir los gastos. ¡Ella estaba desesperada! ¿Cómo alguien que había prometido amarla, sin ningún motivo se había hecho su enemigo?

No nos sorprende que alguien no tenga palabra de honor; ni que haya divorcios entre creyentes; o que alguien a quien admirábamos, ahora sea un ladrón o mentiroso. Lo peor es que pensamos que Dios también es así. Creemos que puede dejar de amarnos y romper su pacto con nosotras por nuestros errores, o que no cumple sus promesas. Nuestro conocimiento de Él es muy pobre.

Dios dice: «No cambio», y es una realidad. Nos conoce profundamente; sabe que cometemos errores y que le seremos infieles en algún momento. Sabe nuestro pasado, presente y futuro y aun así, decidió amarnos y nunca va a dejar de hacerlo. Podemos confiar que Él no es hombre para que mienta. (YF)

Jesucristo nunca cambia: es el mismo ayer, hoy y siempre.

ESCRITOR DE HEBREOS

TEME Y APRENDE

El temor del Señor es la base del verdadero conocimiento,
pero los necios desprecian la sabiduría y la disciplina. —NTV

PROVERBIOS 1:7

Te confesaré algo. Durante la secundaria me costó mucho trabajo hacer lo correcto ante la presión de grupo. Por querer quedar bien con mis amigas, estuve a punto de cometer muchos errores. Pero algo me detenía. La imagen de mis abuelos se aparecía en los momentos de mayor presión y el solo pensar que defraudaría a don Ronaldo (mi abuelo) me llevaba a frenar.

Supongo que Dios usó la figura de mi abuelo para que poco a poco aprendiera a temerlo a Él. Y de ese modo, hoy me detengo; el solo hecho de pensar que ofenderé a mi Señor, me hace parar y pensar las cosas dos veces. A eso se le conoce como «temor a Dios». Es un respeto combinado con profunda reverencia y miedo a ofender a quien amas.

Los proverbios se basan en este principio. La sabiduría nos dice qué camino es el mejor, pero también nos recuerda que si buscamos agradar a Dios, sabremos qué hacer en cada situación. El primer paso es temer a Dios. Así que la próxima vez que sientas la presión de grupo sobre ti, recuerda a tu Señor y pide en oración fuerza para decir «no». (KOH)

Leer un proverbio toma minutos;
aplicarlo lleva toda una vida.

RAY STEDMAN

SABIA PARA TU BIEN

*Las decisiones sabias te protegerán; el
entendimiento te mantendrá a salvo. —NTV*

PROVERBIOS 2:11

*H*oy en día los medios nos sobresaturan de sexualidad; tristemente suele ser desde edades cada vez menores. Las imágenes, las pláticas de los compañeros y las películas tienden a llevar a chicos muy jóvenes a sentirse casi obligados a «experimentar» con el sexo y hasta competir el uno con el otro. Algunos maestros insisten que sus alumnos traigan condones con ellos, como si fuera de lo más normal tener que usarlos.

El conferencista Josh McDowell encontró que incluso entre los cristianos es demasiado común que los chicos tengan experiencias sexuales nada apropiadas; por eso hizo un *tour* con el tema «La verdad desnuda» para informar sobre los peligros de estas actividades.

Este proverbio nos exhorta a hacer decisiones sabias para protegernos. Sabemos que la verdadera sabiduría proviene de Dios, que busca nuestro bien. Dios no nos dio la sexualidad para luego ponerle el sello de «prohibido»; más bien la declara sagrada y especial, en su tiempo. Pero nos ha colocado límites para evitar que suframos indebidamente y que lastimemos a otros.

Confía en las normas que ha puesto Dios para tu bendición. Evita enlazarte en algo que te puede afectar de por vida: el sexo prematrimonial. Huye de las consecuencias funestas, que pueden incluir un embarazo no deseado, un aborto o una enfermedad venérea. (MHM)

*Nueve décimas partes de la sabiduría
provienen de ser juicioso a tiempo.*

HENRY DAVID THOREAU

LA OPINIÓN DEL EXPERTO

Fíate de Jehová de todo tu corazón, y no te apoyes en tu propia prudencia. —RVR1960

PROVERBIOS 3:5

Mi esposo ha estado trabajando en la tesis para finalizar su doctorado. Su trabajo debe estar basado en conocimientos e investigaciones científicas formales. Debe citar opiniones solo de expertos cuyas investigaciones estén bien documentadas, aprobadas y publicadas por instituciones reconocidas. No puede sacar conclusiones basadas únicamente en lo que él piensa.

Todo concepto tiene que ser respaldado.

En la vida diaria, también es mejor seguir los consejos de: «El Experto». Conforme vamos aprendiendo, a veces nos sentimos muy seguras de nuestras conclusiones y hasta pensamos que sabemos más que quienes nos han enseñado. Cuando los padres ya no nos pueden ayudar con las dudas de bioquímica, creemos que sabemos más que ellos. Incluso hasta llegamos a pensar que nuestras opciones son mejores que las de Dios.

El proverbio citado nos recomienda confiar en el Experto y no apoyar nuestras decisiones solamente en nuestros razonamientos. Nadie mejor que Dios para asesorarte. Busca siempre su consejo. La Biblia, Su manual de instrucciones, es una guía confiable que alumbra el camino correcto. Toda conclusión debe estar respaldada por Su Palabra. Recuerda que Él sabe lo que es mejor para tu vida. Confía en ello. (MG)

Reconócelo en todos tus caminos y Él enderezará tus veredas.

SALOMÓN

¿JUSTA O ASTRONAUTA?

El camino de los justos es como la primera luz
del amanecer, que brilla cada vez más hasta que
el día alcanza todo su esplendor. —NTV

PROVERBIOS 4:18

De niña soñaba con ser astronauta. Tenía nueve años cuando Neil Armstrong pisó la luna por primera vez. Fue muy emocionante ver a los otros dos astronautas que lo acompañaban. ¡Quería ser una de ellos!

Mi sueño no se hizo realidad. Ser astronauta es la carrera más inalcanzable del mundo. Empieza con una rígida selección de personas con alto coeficiente intelectual, con carreras de ingeniería, en especial aeronáutica. Deben llenar requisitos físicos, psicológicos y de salud, y pasar cientos de horas en entrenamiento, estudios en tecnología espacial y distintas ciencias. Y... quizá después de todo eso, seas astronauta.

Al pertenecer a Cristo, ser «justa» fue otra carrera inalcanzable. Por mucho tiempo pensé que ser justo «de acuerdo a Dios», era algo demasiado difícil porque implicaba saber mucho de la Biblia, ser ejemplo de comportamiento y otras cosas que hasta ahora estoy muy lejos de ser. Y, por esto, siempre pensé que las bendiciones para el justo que se mencionan en la Escritura no eran para mí.

Pero, ser justo de acuerdo a Dios, es escondernos en Cristo para que Dios nos vea a través de Él: justos como Él es justo. ¡No necesitamos más! ¿Y qué crees? Andar con Él, hace que brillemos. No alcancé mi sueño de ser astronauta, pero alcancé mi sueño de ser justa ¡en Cristo! (YF)

Fuimos declarados justos a los ojos
de Dios por medio de la fe.

PABLO

ESCUCHA LA ADVERTENCIA

*Bebe el agua de tu propio pozo, comparte
tu amor solo con tu esposa.* —NTV

PROVERBIOS 5:15

*T*antas lágrimas derramadas por corazones rotos. Una chica que sale embarazada a los trece años; una mujer en sus treintas que engañó a su esposo y ahora él no quiere saber de ella; una joven que tuvo relaciones con el novio con el que pensaba casarse, pero él la abandona unos días antes de la boda.

La vida está llena de peligros. En cada rincón acecha el enemigo. ¿Sabes lo que dice? «No pasa nada. Es solo un momento de placer. Todo mundo lo hace». Pero después vienen las lágrimas. Nos preguntamos: «¿Por qué no escuché a mis maestros? ¿Por qué no presté atención en la iglesia? ¡Si tan solo hubiera escuchado todas las advertencias!».

Dios nos dejó todo un libro de consejos o proverbios. Uno de los temas recurrentes es la pureza sexual. Vez tras vez la sabiduría nos recuerda que el sexo fuera del matrimonio es peligroso. Dios compara el amor en pareja con un manantial, pero no desea que las aguas se enturbien al compartirlas con alguien más. La intimidad sexual es exclusiva.

Escucha a la sabiduría. Mantente pura incluso cuando la presión afuera sea mucha o cuando pienses que el tiempo pasa y no llega tu príncipe azul. Reserva desde hoy tu pozo para tu esposo. No te arrepentirás. (KOH)

*¡Aléjate de la promiscuidad! Si te
acercas perderás el honor.*

SALOMÓN

¿UNA MALA PALABRA?

Pues su mandato es una lámpara y su instrucción es una luz;
su disciplina correctiva es el camino que lleva a la vida. —NTV

PROVERBIOS 6:23

*N*os parece una mala palabra: disciplina. Pero sin ella, ¿cómo seríamos? Una vez vi a una mamá gritarle a su pequeño que si cruzaba la calle solo, le daría una nalgada. Desobedeció… ¡y no pasó nada! La próxima vez esa falta de castigo podría llevarle a la muerte.

Por eso es tan importante este mensaje sobre Dios: «Su disciplina correctiva es el camino que lleva a la vida». A diferencia de algunos padres, Dios no nos castiga por pura ira ni sin razón. «Su instrucción es una luz» y nos guía en la oscuridad de esta vida llena de maldad. Solo cuando es necesario corregirnos y evitarnos más dolor, permite que suframos las consecuencias.

Los israelitas tuvieron que sufrir a causa de su idolatría; países enemigos los conquistaron y los llevaron al exilio. Hombres fieles como Esdras y Nehemías les ayudaron a volver y reconstruir el templo y la ciudad de Jerusalén. Tampoco te gusta cuando te corrigen tus padres. «¡Ya soy grande!», quieres gritar, pero la verdad es que no has actuado con madurez. Es difícil entender que actúan por amor y que en realidad les duele disciplinarte; no lo comprenderás hasta que tengas tus propios hijos.

Procura aceptar que Dios los ha puesto para guardarte en ese camino de vida y que algún día estarás agradecida. (MHM)

Ninguna disciplina resulta agradable a la hora de recibirla… pero después, produce la apacible cosecha de una vida recta.

AUTOR DE HEBREOS

ESCRÍBELO EN TU CORAZÓN

Lígalos a tus dedos; escríbelos en la tabla de tu corazón. —RVR1960

PROVERBIOS 7:3

Me agrada encontrar iniciales dentro de un corazón grabadas en el tronco de un árbol. A veces, si tiene la fecha, puede haber pasado mucho tiempo, y aquel recordatorio sigue ahí. Dice el dicho: «Más vale pálida tinta que brillante memoria». Lo escrito permanece.

Tal vez por ello Dios escribió Sus mandamientos sobre piedra. Aún así, los llegamos a olvidar. En Ezequiel 36:26 y 27 dice que se nos daría un corazón nuevo, y que el Espíritu moraría dentro de nosotros, que nos quitaría el corazón de piedra y nos daría un corazón de carne. Lo que Dios desea es que andemos en Sus estatutos, que guardemos Sus mandamientos y, sobre todo, que los pongamos por obra.

Una manera de demostrar al Señor que lo amamos, es obedeciéndolo. Es diferente obedecer por temor a las consecuencias, que obedecer por amor y porque sabes que Él se entristece.

Cuando entiendas algo que el Señor te manda, escríbelo, pero en tu corazón; un corazón que no es de piedra, ni olvida, sino que le ama, y por ello, desea agradarle. Y, ¿sabes? Yo creo que tu nombre no tan solo está escrito en el libro de la vida. Está escrito en el corazón de Dios. (MG)

Cambias tu vida cambiando tu corazón.

MAX LUCADO

MI SUPERHÉROE

*Porque el que me halle, hallará la vida, y
alcanzará el favor de Jehová. —RVR1960*

PROVERBIOS 8:35

¿Alguna vez has tenido un superhéroe favorito? Cada superhéroe tiene superpoderes, ya sea porque llegó del espacio exterior o porque accidentalmente los adquirió. Desde pequeña, el mío era Batman. Me emocionaban las caricaturas y las películas de este personaje y creo que tuvo tanta aceptación, que los creadores han ido renovando y mejorando su imagen y sus «métodos de luchar contra el crimen».

A diferencia de los superhéroes, el Señor Jesús realmente tiene todos los superpoderes de todos los superhéroes que te pudieras imaginar. Es más, tiene cualquier poder que los humanos puedan conferirle a un dios. Uno de sus poderes es la sabiduría, la combinación de inteligencia y experiencia.

Alguien ha dicho que este proverbio habla del Señor Jesús como la sabiduría encarnada. Hay frases muy relacionadas con palabras y hechos de Jesús. Lo imagino caminando entre los mortales diciéndoles: «¡Oh, hombres, a vosotros clamo… El que tenga oídos para oír, que oiga! Yo soy el camino, la verdad y la vida. El que me ame, mi palabra guardará y alcanzará el favor de Jehová, y vendremos a él, y haremos morada con él. El agua que yo les daré será en ustedes una fuente de agua que salte para vida eterna».

¿Sabes? Tuve que renunciar a admirar a un superhéroe para admirar solo a Jesús. ¿Qué harás tú? (YF)

Jesús es mi superhéroe, mi amigo, ¡es el mejor!

HILLSONG KIDS

DOS INVITACIONES

Instruye a los sabios, y se volverán aún más sabios.
Enseña a los justos, y aprenderán aún más. —NTV

PROVERBIOS 9:9

*D*os mujeres en una ciudad prominente te han enviado una invitación. La primera mujer es doña Sabiduría. Ha preparado un gran banquete, con los mejores vinos y la vajilla más elegante. Te dice: «Ven y disfruta mi comida. Deja atrás tu ingenuidad y aprende a usar el buen juicio».

La segunda mujer es doña Necedad, atrevida e ignorante. Ella se sienta a la entrada de su casa y te dice: «Entra conmigo. El agua robada es refrescante, lo que se come a escondidas es más sabroso».

Todos los días recibes invitaciones de estas dos fuentes. Y todos los días aceptas una y rechazas a la otra. A veces la tentación por ir con doña Necedad es más grande pues la mayoría está en su casa y desprecia el banquete de doña Sabiduría. ¿Cómo elegir lo correcto?

«El temor del Señor es la base de la sabiduría». Necesitas una relación con el Señor, y al irle conociendo, buscarás con hambre su Palabra. ¡Qué hermoso es el Señor! Nos ha dado un alma que no se sacia de conocerle. Siempre tendremos más hambre y más sed de Él, y querremos saber más y leeremos con más ahínco Su Palabra. Gracias a Dios porque el banquete de doña Sabiduría jamás se acaba. Solo es cuestión de aceptar su invitación. (KOH)

Corrige a los sabios, y te amarán.
SALOMÓN

¿PALABRAS DE VIDA O DE MUERTE?

*Las palabras de los justos son como una fuente
que da vida; las palabras de los perversos
encubren intenciones violentas. —NTV*

PROVERBIOS 10:11

Una mujer cristiana falleció hace varios años y recuerdo haber escuchado un hermoso testimonio sobre ella: «Jamás le escuché hablar mal de nadie». Otras personas comentan que cuando llegaban por primera vez a la iglesia, siempre les daba la bienvenida con una sonrisa y palabras amables. ¡Eso ayudó a que esos futuros nuevos creyentes regresaran! Aunque el evangelio se trata de un mensaje doctrinal, se ven sus resultados en vidas amorosas que, entre otras cosas, usan un lenguaje que da vida.

Los proverbios bíblicos nos mencionan muchos pecados de la lengua, entre ellos, el chisme, las quejas, palabras destructivas y también las lisonjas falsas. ¡Cuán fácil es que se nos escapen esas frases «perversas»! Con razón la Palabra cuestiona si es posible que de un manantial salgan a la vez agua dulce y agua amarga, frases de vida y de muerte.

Seguramente tú, igual que yo, has expresado un pensamiento indebido y, después, lo has lamentado. Te preguntas cómo fuiste tan cruel, tan insensible o tan egoísta. La verdad, en ese momento reconoces que lo que sale por la boca procede del corazón, donde seguimos acariciando ideas pecaminosas. El «hombre viejo» —¿o mujer vieja?— asoma su cabeza cuando no lo consideramos muerto con Cristo. Recuérdale que ¡está muerto! (MHM)

La primera virtud es la de frenar la lengua; y es casi un dios quien teniendo razón sabe callarse.

CATÓN EL VIEJO

UN BOCADO ¿IRRESISTIBLE?

*El que anda en chismes descubre el secreto, más
el de espíritu fiel lo guarda todo.* —RVR1960

PROVERBIOS 11:13

*P*rogramas como «E-News» o «Ventaneando» y otros, están dedicados a difundir y comentar los chismes de las celebridades. Es increíble que existan y que la sociedad esté acostumbrada a ello. Pero es que el chisme atrae. La Biblia lo describe como un «bocadillo irresistible».

Una de las cosas más valiosas que una persona puede poseer es una buena reputación y un chisme puede afectarla seriamente. En una congregación, cuando el buen testimonio de un miembro es afectado, como somos un cuerpo, en realidad nos afecta a todos.

Una persona «anda en chismes» con el fin de llamar la atención con su «bocadillo». Tal vez siente celos de la persona en cuestión y trata de hacerla quedar mal para mostrar que ella es mejor. También puede ser un pasatiempo, uno muy peligroso.

Otros intercambian información para ser aceptados, como una señal de «confianza». Es una práctica común a pesar de que todo ciudadano tiene derecho de demandar legalmente a otro por difamación.

Ten un espíritu fiel. Recuerda que si repites un chisme, la persona a quien lo cuentas perderá la confianza en ti pensando que de igual manera descubrirás sus secretos. (MG)

Uno es dueño de lo que calla y esclavo de lo que habla.
SIGMUND FREUD

¿QUÉ TAN INTELIGENTE ERES?

El necio muestra en seguida su enojo; el prudente pasa por alto la ofensa. —DHH

PROVERBIOS 12:16

Ricardo, guapo y codiciado, se hizo novio de Rosalinda. Más de una chica tuvo envidia de ella y empezaron los sabotajes. Un día le dijeron que Ricardo le era infiel. Rosalinda estallando en ira, buscó a Ricardo y sin oírle, le ofendió, le propinó una bofetada y se alejó indignada. Ricardo hizo lo posible por aclarar la situación, pero ella no lo permitió. Tiempo después, supo que le habían tendido una trampa y buscó a Ricardo para la reconciliación pero él ya no estaba interesado en ella.

Leí un libro llamado *Inteligencia emocional* cuyo autor, Daniel Goleman, es un psicólogo estadounidense que define a una persona que sabe controlar sus emociones, como mucho más inteligente que alguien que tiene un alto coeficiente intelectual. Su libro causó gran impacto y han llegado a venderse 6 millones de copias en 30 idiomas. Sin embargo, Salomón ya había escrito esto en los Proverbios: «Como ciudad invadida y sin murallas, es el hombre que no domina su espíritu».

Dios declara como necio a quien se deja llevar por sus emociones. La ira tratará de dominarnos, pero Dios nos ha dado el poder de controlarla. No nos está permitido decir: «Es que así soy». Gracias a Dios que podemos dominar la ira, la tristeza, la desesperanza y… ¡la felicidad! Dios nos respalda. (YF)

La ira altera la visión, envenena la sangre; es la causa de enfermedades y de decisiones que conducen al desastre.

FLORENCE SCOVEL

«D» DE DISCIPLINA

El hijo sabio acepta la disciplina de sus padres; el
burlón se niega a escuchar la corrección. —NTV

PROVERBIOS 13:1

Justo cuando piensas que ya no eres una niña y que tus padres te «dejarán en paz», viene el regaño o el castigo. Quizá te preguntes: «¿Hasta cuándo?». Pero en lugar de eso, si tus padres aún están al pendiente de tus acciones y te prohíben cierta ropa o no puedes llegar a casa después de tal hora, deberías decir: «Gracias, Señor».

Escucha el corazón de un padre: «Estás entrando en una nueva fase de la vida. Querrás que te dé más libertad de la que yo pienso que puedes manejar. Tal vez querrás ser tu propio jefe y tomar tus decisiones antes de que yo piense que estás listo para esa independencia. Sin embargo, quiero que sepas que escucharé tu punto de vista y trataré de entender tus sentimientos y actitudes. No seré un dictador. Pero oirás de mí un "no" cuando crea que es lo mejor. El amor exige que yo haga lo que es debido, incluso cuando no es agradable. Por lo tanto, habrá momentos de tensión, pero recuerda que te quiero y que tú me quieres. Cuando seas mayor agradecerás que te quise lo suficiente para darte libertad gradualmente».

Esta carta la escribió James Dobson. Tus padres, del mismo modo, te la habrían podido dedicar a ti. ¿Qué te toca? Aceptar la disciplina. Lo agradecerás después. (KOH)

Los que en verdad aman a sus hijos se
preocupan lo suficiente para disciplinarlos.

SALOMÓN

EDIFICANDO PARA EL FUTURO

*La mujer sabia edifica su hogar, pero la necia
con sus propias manos lo destruye. —NTV*

PROVERBIOS 14:1

*N*o sé mucho sobre la construcción, pero sé que para que una casa dure se necesitan buenos cimientos y materiales resistentes. En el 2010, un terremoto terrible abatió el país de Haití. Más de 100 000 casas se destruyeron y unas 230 000 personas perdieron la vida. El terremoto de 1985 en la ciudad de México fue más fuerte; murieron 5000 personas y colapsaron 412 edificios. Una diferencia importante fue que por la pobreza y el nivel de vida, la calidad de la construcción en Haití era pésima.

Nuestro hogar es como una edificación que necesita fuertes cimientos. La parábola de las dos casas construidas sobre la roca y sobre la arena es un mensaje sobre la importancia de fundar nuestras vidas en Cristo. Los materiales usados deben ser de calidad para resistir los embates del tiempo.

La mujer sabia quiere que su hogar dure aunque vengan tormentas, así que escoge valores bíblicos, palabras edificantes y amistades cristianas para el bien de su familia. La necia actúa de forma egoísta y destruye su hogar.

Todavía falta para esta etapa, pero desde hoy puedes sentar bases para el futuro. Si te casas, tu vida es de gran influencia en tu hogar. Asegúrate de estar cimentada en «la Roca» y de construir bien para que tu familia sea unida y tu hogar fuerte. (MHM)

*Todo el que escucha mi enseñanza y la sigue
es sabio, como la persona que construye
su casa sobre una roca sólida.*

JESÚS

¡SONRÍE!

El corazón alegre hermosea el rostro... —RVR1960

PROVERBIOS 15:13

En su libro *Belleza extrema*, Sharon Jaynes relata que una compañía de cosméticos pidió que la gente enviara una descripción de la mujer más hermosa que conocía. Un niño escribió: «Esta hermosa mujer me hace sentir el niño más importante del mundo. Jugamos damas chinas y escucha mis problemas. Ella me entiende, y cuando me voy, siempre me grita desde la puerta que está muy orgullosa de mí. Esta foto muestra que es la mujer más hermosa del mundo. Espero casarme con una mujer tan linda como ella».

El presidente de la compañía pidió ver la foto. Era una mujer sonriente, de edad avanzada, en silla de ruedas. Las arrugas no se notaban gracias al brillo de sus ojos. El presidente dijo: «No podemos usar esta foto. Ella le demostraría a todo el mundo que no se necesitan nuestros productos para ser hermosa».

La verdadera belleza empieza por dentro. La sonrisa es un canal por el cual esta belleza emana hacia el exterior. No importando tu situación, tu puedes sonreír en todo momento. La felicidad no depende de tus circunstancias, es una decisión que tomas. Es una manifestación positiva de tu fe. Siempre lucirás bella cuando sonríes. (MG)

Solo podrás sentirte bella cuando comprendas que Dios ya te hizo bella.

SHARON JAYNES

TENGO PLANES

*¹Los planes son del hombre; la palabra
final la tiene el Señor. —DHH*

*³³ La suerte se echa en el regazo; mas de
Jehová es la decisión de ella. —RVR1960*

PROVERBIOS 16:1, 33

Desde que supo que era una niña, Juanita planeó la habitación de su hija con decoraciones hermosas. Soñaba con llevarla a la escuela; con hacerle una gran fiesta de quince años; ahorró lo que pudo para comprarle cursos en una de las mejores universidades; diseñó el vestido de novia que ella misma le confeccionaría y muchas cosas más. Pero no contaba con que Paula tenía un mal congénito que se desarrolló al entrar a la adolescencia.

Quizá conoces personas como Juanita que hacen planes para su vida, pero de repente ya no pueden continuar con ellos. Piensan que Dios es egoísta y quiere sabotear los objetivos que se han trazado. No saben que Él es sabio, que controla el futuro y que sus planes son mejores que los nuestros. En alguna ocasión oí: «Dios no está interesado en tu comodidad, sino en tu crecimiento espiritual». Es bueno planear, pero tengamos en cuenta que Dios puede usar lo planeado para afectar nuestra vida para que seamos más a la imagen de Su Hijo.

Buscando ayuda, Juanita conoció a una mujer creyente que le mostró las verdades bíblicas. Tuvo que aprender a entregar su tesoro al Señor y ayudar a su pequeña a confiar en Él. Hoy sabe que Dios tiene un propósito, y que todo ayuda a bien. (YF)

La provisión de Dios no es sujeto de tu comprensión.
CHRIS EMMITT

AMIGA LEAL

Un amigo es siempre leal, y un hermano nace
para ayudar en tiempo de necesidad. —NTV

PROVERBIOS 17:17

*E*sopo cuenta de dos amigos que caminaban juntos hasta que se les aparece un oso. Uno de ellos trepa un árbol de inmediato y se esconde allí. El otro, no tan ágil, se tira al suelo y pretende estar muerto. El oso, al creerlo un cadáver, se aleja, no sin antes olerlo de cerca. Cuando el que trepó el árbol baja, le pregunta al otro qué le susurró el oso. Este responde: «Me dijo que no volviera a viajar con alguien que te abandona a la primera señal de peligro».

Cuando pienso en mi juventud y los amigos que tuve, algo todavía me atormenta. Y es que me faltó algo para ser la amiga leal que recita el proverbio. Tuve muchas compañeras, a quienes llamé amigas, que no conocían a Jesús. Ellas sabían que yo era diferente; que practicaba otra religión. Pero debí insistir más. Debí hablarles más aun ante la posibilidad de que ellas me rechazaran. ¿Por qué? Porque la verdadera amistad desea el bien del otro. ¿Y qué es más importante que la salvación de sus almas?

Piensa en tus amigas. ¿Estarán contigo en la eternidad? Si no estás segura, ora por ellas, habla con ellas, comparte con ellas. Sé una amiga leal. No las abandones en medio del peligro, no de un oso, sino de una eternidad sin Cristo. (KOH)

La lealtad es la promesa de la verdad
a uno mismo y a los demás.

ADA VELEZ

TÚ PUEDES SER ESE TESORO

El hombre que halla esposa encuentra un tesoro,
y recibe el favor del SEÑOR. —NTV

PROVERBIOS 18:22

¿Has imaginado cómo habrá sido el Jardín de Edén? Seguramente tenía un clima ideal, fragancias divinas, ¡y la más exquisita comida rápida que te puedes imaginar al alcance de la mano! Además, sin duda las bestias eran una agradable compañía, nada feroces. El trabajo era fácil. Más que nada, la cercanía de Dios era palpable, la mayor delicia. Sin duda, ¡la perfección en todos los sentidos!

Perdón, hace falta aplastar el botón de rebobinado a lo anterior. Había un hueco en esa perfección, pues Adán no hallaba «una ayuda ideal», así que Dios le hizo una compañera, ante la cual exclamó: «¡Esta es hueso de mis huesos y carne de mi carne!». El Creador reconocía que la compañía de otros seres humanos era parte de nuestra naturaleza, y el género opuesto algo que complementa nuestro ser.

En Eclesiastés leemos que dos son mejor que uno. ¿Quieres ser esa ayuda idónea para el varón que Dios te ha preparado? No te desesperes tratando de encontrarlo. ¡Conviértete en la persona que Dios desea que seas!

Tú serás ese «tesoro» si temes a Dios y te empapas de Su Palabra. Descubre tus dones y actívalos. Ese compañero querrá una pareja que ame a Dios y sirva a los demás. Se complementarán el uno al otro. (MHM)

Es mejor ser dos que uno, porque ambos pueden ayudarse mutuamente a lograr el éxito.

SALOMÓN

UN HEREDERO DEBE SER GENUINO

La casa y las riquezas son herencia de los padres;
mas de Jehová la mujer prudente. —RVR1960

PROVERBIOS 19:14

*J*osh recibió la noticia: había heredado una isla. El testamento hacía referencia a un tesoro enterrado en algún lugar de ella. Iniciaron la búsqueda. ¡Encontraron piedras preciosas dentro de un termo! Había heredado todo lo que el abuelo poseía solo por ser de su linaje.

A propósito de herencias, la Biblia declara que los hijos son herencia del Señor, y en el proverbio de hoy, nos dice que una esposa prudente es un regalo de Dios también. Tú serás parte de la herencia de Dios para un heredero, tu esposo. Tú eres ese tesoro, que cada día va creciendo en sabiduría y desarrollando esa virtud cuya estima sobrepasa la de las gemas que Josh encontró. Los diamantes no se comparan con el valor de una mujer sabia.

Pero recuerda algo importante: la herencia solo puede pertenecer al heredero, a quien demuestre ser del linaje de quien da la herencia. Estás reservada para un hijo verdadero de Dios.

Es el lugar que te corresponde. No es un cuento de hadas. Tu padre es el Rey, tu eres la princesa… el príncipe llegará. Sé prudente y espera. (MG)

No se asocien íntimamente con los que son incrédulos.

PABLO

MI CONCIENCIA

*La luz del Señor penetra el espíritu humano y pone
al descubierto cada intención oculta.* —NTV

PROVERBIOS 20:27

Cuando la madre de Dawn Stefanowicz enfermó gravemente, ella fue criada por su padre homosexual. Dawn vivió abuso sexual desde pequeña. «Más de dos décadas de exposición directa a estas experiencias estresantes me causaron inseguridad, depresión, pensamientos suicidas, miedo, ansiedad, baja autoestima, insomnio y confusión sexual. Mi conciencia y mi inocencia fueron seriamente dañadas».

Este hombre expuso a su hija a inmoralidad y a enfermedades terribles. ¿Cómo puede un padre entregar a su hija a la depravación? Tenemos un «espíritu» dado por Dios llamado «conciencia» que en momentos inoportunos, nos hace sentir mal porque ve nuestro interior. Cuando Dios usa nuestra conciencia para mostrarnos que hacemos mal, y no hacemos caso, se debilita y corremos el peligro de que se haga insensible. Entonces llegará el tiempo en que ¡Dios nos abandonará a la dureza de nuestro corazón! Este hombre había llegado al punto en que no valoraba su cuerpo ni el cuerpo de su hija. Hacía lo que le dictaba su corazón hasta que falleció víctima de sida. Dawn Stefanowicz ahora se dedica a compartir su experiencia y a pedir a los gobiernos que protejan a la familia tal como Dios la planeó: con un hombre y una mujer.

Dios te ha dado una conciencia, una luz que te muestra cuando algo está mal. Escúchala y obedécela o perderás lo de más valor. (YF)

El peor juicio que una sociedad puede recibir aquí en la tierra es ser abandonada a un corazón endurecido que no puede discernir lo que está bien de lo que está mal.

LA GOTA CHINA

Es mejor vivir solo en el desierto que con una esposa que se queja y busca pleitos. —NTV

PROVERBIOS 21:19

Existe una tortura llamada la gota china. Se inmoviliza al reo boca arriba para que le caiga una gota de agua fría cada cinco segundos. El goteo continuo daña su piel, pero la verdadera tortura es no poder dormir debido a la constante interrupción de las gotas.

Existen varios proverbios que nos hablan de la mujer busca pleitos. Se le compara con una gotera continua, es decir, una tortura. El escritor de proverbios también dice que es mejor vivir solo que con una mujer pendenciera y quejumbrosa. ¿Conoces a alguien que siempre se queja? Quizá siempre está enferma, o nunca tiene dinero, o nunca duerme bien.

Pero no solo la esposa cumple ese rol; también hay chicas que son la pesadilla de la casa. ¿Cómo saber si nuestra actitud afecta nuestro hogar? Nos podemos preguntar: ¿estamos por lo general contentas o quejumbrosas? ¿Nos sentimos alegres o miserables?

¿Confiamos o manipulamos a los demás? ¿Damos o esperamos recibir? ¿Estamos ocupadas en servir a Dios o en buscar nuestro propio placer?

Un día serás esposa, pero tu estado civil no cambia tu actitud ni tu esencia. Si hoy trabajas en ser una persona agradable, contenta con lo que tiene, gozosa a pesar de las circunstancias, no serás tortura para nadie. (KOH)

Si tu mal tiene remedio ¿por qué te quejas? Si no lo tiene ¿por qué te quejas?

PROVERBIO ORIENTAL

CUIDADO CON TUS AMISTADES

No te hagas amigo de la gente irritable, ni te juntes con
los que pierden los estribos... porque aprenderás a ser
como ellos y pondrás en peligro tu alma. —NTV

PROVERBIOS 22:24, 25

*E*n el tiempo de tus abuelos tal vez era más común que «las buenas maneras» obligaran a la mayoría de las personas a evitar comentarios ofensivos, pero hoy en día parece más y más común que la gente exprese su irritación con facilidad.

El anonimato del Internet permite que se diga de todo en la sección de «comentarios» de diferentes sitios. Algunos se quejan de todo en Facebook. ¡Ni hablar de los *talk shows* [programas de entrevistas] donde «perder los estribos» es lo más común! Los conductores parecen provocarles a sus invitados para que digan lo peor de quienes les hicieron algún daño.

El autor de Proverbios nos advierte que evitemos la compañía de los irritables porque aprenderemos a ser como ellos. Pondrán en peligro tu alma. Otra versión dice: «No… tomes lazo para tu alma». Puedes quedarte atrapado como un animal en un lazo.

Como es normal imitar a los ejemplos que vemos y escuchamos, tengamos cuidado con las amistades que escojamos. Atrévete a alejarte de esas personas cuando puedas. Ya no seas su amiga en Facebook. Apaga el programa que de otra manera llena tu hogar hasta de groserías. Si tienes que estar en presencia de enojones, busca la manera de cambiar el tema o de suavizar el tono con buen humor o una palabra positiva sobre lo que comentan. (MHM)

Mejor es ser paciente que poderoso; más vale
tener control propio que conquistar una ciudad.

SALOMÓN

EL ANTOJO ENTRA POR EL OJO

No te juntes con borrachos ni te hagas
amigo de glotones. —TLA

PROVERBIOS 23:20

*P*roverbios 23 es una carta cariñosa. A pesar de haber sido escrita hace mucho tiempo, en los versículos 31 al 35 describe con exactitud una escena actual:

«Querido(a) jovencito(a): No te fijes en bebidas embriagantes que atraen por su color y brillo, pues se beben fácilmente, pero muerden como víboras y envenenan como serpientes. Si las bebes, verás cosas raras y te vendrán las ideas más tontas.

Sentirás que estás en un barco, navegando en alta mar. Te herirán, y no te darás cuenta; te golpearán, y no lo sentirás. Y cuando te despiertes solo una idea vendrá a tu mente: "Quiero que me sirvan otra copa"» (TLA).

¡Qué triste descripción de una persona atrapada en el alcohol, sin voluntad ni autoestima! ¿Cómo se llega ahí? ¿Cómo empieza todo? La vista y las amistades incorrectas tuvieron mucho que ver. Tal vez le invitaron a un bonito lugar, con copas hermosas de cristal, con preparados en diferentes colores, algunos adornados con cerezas, otros con aceitunas, bebidas cuidadosamente decoradas con coloridos trozos de fruta, sombrillas y hielo escarchado alrededor, el disfraz perfecto para el dañino ingrediente: el alcohol.

La carta llegó a su destinatario: tú. No menosprecies el consejo del sabio, que a través del tiempo finalmente ha llegado a ti. No salgas con personas que toman, y la copa: ¡ni la veas! (MG)

No mires al vino cuando rojea, cuando
resplandece su color en la copa.

SALOMÓN

¿ERES ASÍ DE EGOÍSTA?

Rescata a los que están injustamente condenados a morir,
sálvalos mientras van tambaleando hacia su muerte. —NTV

PROVERBIOS 24:11

Proverbios nos sigue diciendo: «No te excuses diciendo: "Ay, no lo sabíamos". Pues Dios conoce cada corazón y él te ve. El que cuida tu alma sabe bien que tú sabías. Él pagará a cada uno según merecen sus acciones».

La sequía acabó con la siembra de maíz del pueblo. Los habitantes empezaron a desesperarse por la falta de comida. Uno de los hombres encontró una nopalera con tunas. Las frutas estaban maduras y el hombre comió hasta saciarse. Aunque la nopalera tenía tunas suficientes, él no quería compartir su secreto pensando en que su sustento se acabaría.

Cuando tenía hambre, iba a la nopalera, comía y regresaba al pueblo. Las personas del lugar comenzaron a enfermar y los niños a deshidratarse. Muchas de las tunas se echaron a perder y algunas personas a enfermar gravemente. Pero la ambición de este hombre no tenía límites.

Este relato nos parece muy egoísta, pero se puede tomar como una metáfora de la actitud de muchos hoy en día. Tenemos a Jesús, la fuente de la vida, y en lugar de compartirlo con otros, nos lo guardamos. Los hombres sin Jesús, van en una carrera hacia la muerte eterna y nosotros podemos detener esa carrera, mostrándoles la verdad. El Señor está observándonos. ¿A cuántos les has hablado de Cristo esta semana? (YF)

Si tú no hablares para que se guarde el impío de su camino, el impío morirá por su pecado, pero su sangre yo la demandaré de tu mano.

DIOS

LA MURALLA

Como ciudad derribada y sin muro es el hombre cuyo espíritu no tiene rienda. —RVR1960

PROVERBIOS 25:28

Cuando se adquiere un terreno, lo primero que se hace es cercarlo. El muro delimita la propiedad y lo protege de extraños. Los muros de una ciudad son igual de importantes.

Al saber que los muros de Jerusalén estaban en ruinas, Nehemías se preocupó. ¡La ciudad no contaba con suficiente protección! Dios le dio gracia ante el rey quien le dio permiso de ir a su tierra para reedificar la muralla. Otra muralla famosa es la de China. Durante años fue un freno para las tribus nómadas y los ejércitos enemigos que deseaban atacar el país.

Curiosamente nos preocupamos por poner muros en casas y ciudades, pero nadie piensa en la muralla que protege al corazón. Ese muro se llama: dominio propio. Los niños pequeños aprenden poco a poco a controlarse. Mientras lo hacen, arman tremendas rabietas que avergüenzan a sus padres. Seguramente has sido testigo de este tipo de episodios. ¿Verdad que da pena ajena?

Pero de igual manera luce un adulto que explota con enojo o que estalla en nerviosismo o que rompe en llanto sin aparente razón. El dominio propio es un regalo del Espíritu. Pero debemos estar dispuestas a usarlo. ¿Cómo se obtiene? Muriendo a nuestros derechos y a nuestro yo. No es fácil, pero es la única manera de defender la ciudad de nuestra alma. (KOH)

Pues Dios no nos ha dado un espíritu de temor y timidez sino de poder, amor y autodisciplina.

PABLO

RISAS QUE MATAN

Tanto daña un loco que dispara un arma mortal como el que miente a un amigo y luego le dice: «Solo estaba bromeando». —NTV

PROVERBIOS 26:18,19

No estaba la recepcionista a la mano, así que, en un hospital inglés, contestó el teléfono la enfermera Jacintha Saldanha. Para su asombro, ¡era la reina de Inglaterra! Preguntaba por la salud de una duquesa que estaba hospitalizada, así que Saldanha pasó la llamada a la enfermera particular, que dio datos sobre la salud de la enferma.

Después resultó que ¡era un fraude! Dos personajes de la radio habían hecho la llamada falsa, y al ser reclamados pidieron perdón. Solo estaban bromeando. Pero tres días después, se suicidó Jacintha, avergonzada por su participación.

Como dice nuestro versículo de hoy, las palabras dañan, aun cuando las decimos en broma. En este caso sí llegaron a ser «un arma mortal». Por supuesto que Dios nos dio un sentido de humor que en sí puede alegrar la vida, pero si lo usamos sin criterio, riéndonos a costa de otros, es destructivo.

¿Te gusta decir mentiritas o bromear y luego defenderte porque «solo estabas bromeando»? Recuerda que a la larga, las consecuencias pueden ser graves. Piensa cómo usar el humor de manera positiva, y piensa dos veces antes de abrir la boca o hacer una travesura. Sin duda Dios ama la diversión saludable, no la que perjudica a otros. (MHM)

Hay un tiempo para llorar y un tiempo para reír. Un tiempo para entristecerse y un tiempo para bailar.

SALOMÓN

VIVIENDO EN CONTENTAMIENTO

Así como la muerte y la destrucción nunca se sacian, el deseo del hombre nunca queda satisfecho. —NTV

PROVERBIOS 27:20

La naturaleza femenina lucha con un deseo: el deseo de tener. Deseas tener aquellas zapatillas del aparador, el bolso adecuada para completar el atuendo, ese perfume, etc. Cuando al fin logra obtener las ansiadas posesiones, el deseo surge de nuevo, puede ser solo una cosa, un celular como el de la amiga, o un viaje a ese lugar. El problema no es desear, sino que el deseo nos quite la paz y nos genere una sensación de frustración o ansiedad.

Cuando Jesús vivió como hombre sobre la tierra, se enfocó en las cosas espirituales no en las materiales. El Hijo de Dios no tenía ni siquiera una almohada donde reclinar su cabeza. Debido a su misión y estilo de vida, no poseía más cosas que las que necesitaba y aún así vivió plenamente y con gozo. Hebreos 13:5 nos alienta a estar contentos con lo que tenemos.

No busques tu satisfacción en las cosas materiales. Cuando te sientas atrapada por el deseo de tener algo, respira hondo y piensa que las posesiones no te definen y la mayoría de ellas, ni siquiera son necesarias. Dí: «El Señor es mi pastor, nada me falta». (MG)

Lo que tengo en Dios es más grande que lo que me falta.
MAX LUCADO

LOCA CARRERA HACIA EL INFIERNO

Los que encubren sus pecados no prosperarán, pero si los confiesan y los abandonan, recibirán misericordia. —NTV

PROVERBIOS 28:13

Un hombre viajaba en un carruaje tirado por caballos y asustándose estos, corrieron desbocadamente. El hombre, sin poder detenerlos, gritaba pidiendo auxilio. El juez del pueblo, al ver al hombre en peligro, tomó su caballo y alcanzando el carruaje, saltó sobre él y frenó a los caballos.

Tiempo después, el hombre que el juez había salvado, fue llevado ante él acusado de homicidio. El hombre sonreía confiado de que el juez lo salvaría nuevamente. Se presentaron las pruebas de su culpabilidad y el juez lo condenó a la horca. El hombre, desconcertado, le preguntó por qué lo había salvado una vez para condenarlo ahora a la muerte. La respuesta del juez fue: «Señor, ese día, como ciudadano fui su salvador, pero hoy soy su juez».

Tú y yo nos hemos arrepentido de la loca carrera que nos conducía al infierno y hemos aceptado la salvación que Jesús, el Hijo de Dios, proveyó para nosotros. Pero hay quienes, amando su pecado, desprecian a Dios sin saber que un día el tiempo de misericordia terminará y se encontrarán con Él como juez.

Esto me hace pensar en las personas que amo y que actúan de esta manera. Oro por ellos para que el Espíritu Santo les convenza de pecado. ¿Quieres pedir lo mismo por tus amados que no conocen a Cristo? (YF)

Esta es la causa de la condenación: que la luz vino al mundo, pero la humanidad prefirió las tinieblas a la luz, porque sus hechos eran perversos.

JESÚS

LA VERDADERA HUMILDAD

El orgullo termina en humillación; mientras que la humildad trae honra. —NTV

PROVERBIOS 29:23

A veces pensamos que una persona humilde es quien no tiene dinero y vive en condiciones precarias. Pero la humildad es más bien un estado del corazón, de uno que piensa en los demás y no en sí mismo.

Jesús es el ejemplo mayor de humildad. Renunció a Sus privilegios divinos. Adoptó la posición de un esclavo. Se humilló a sí mismo en obediencia a Dios. Murió en una cruz como un criminal. Pero, como dice nuestro proverbio, Dios lo elevó al lugar de máximo honor y le dio un nombre que está por encima de todos los nombres.

¿Estás dispuesta a ser humilde? En la historia de la iglesia vemos las marcas de Jesús en aquellos misioneros que renunciaron a sus derechos y cambiaron de país. Otros adoptaron una posición inferior para ganar a las personas para Cristo. Están los que en obediencia a Dios han muerto por el «crimen» de seguir a Jesús.

Renuncia hoy a tus derechos con tal de que otros oigan el evangelio. Adopta la posición de abajo, como si fueras un banquillo, para que otros se asomen por la barda y vean a Jesús. Sé obediente aun cuando eso implique no pensar en ti misma y en tu comodidad. A su tiempo, Dios te exaltará. (KOH)

La verdadera humildad no es pensar que eres menos; es pensar menos en ti.

C.S. LEWIS

NI FRÍOS NI TIBIOS

Oh Dios, te ruego... ¡no me des pobreza ni riqueza! Dame solo lo suficiente para satisfacer mis necesidades... —NTV

PROVERBIOS 30:7-9

Muchos de los países más ricos del mundo están dejando atrás sus raíces cristianas, especialmente en Europa y en Norte América. En Europa muchos templos antiguos están vacíos, o se están vendiendo para otros propósitos... ¡aun como mezquitas!

Aun en México, vemos cómo los domingos se han convertido en días para el deporte, las compras y las diversiones. ¿Será que las riquezas nos están haciendo olvidar quién es Dios?

El proverbio de hoy fue escrito por Agur. No sabemos si se trata de otro escritor o un seudónimo para Salomón. Pero el escritor comprendió que las riquezas no llenan, y que la pobreza también es una trampa pues puede llevar al crimen. ¿Qué pedía entonces este siervo? Lo necesario para vivir.

Quizá tú ya te entregaste a Cristo, pero ¿será que las riquezas te hacen sentir que no necesitas mucho de Dios? ¿O será que la pobreza te provoca envidia? Jesús quiere discípulos reales, no personas tibias que dicen seguirle, pero tienen los ojos puestos «en este mundo». No pidas riquezas ni pobreza, pide el pan de cada día. (MHM)

Cuando nuestro espíritu está enfermo de mediocridad espiritual, entonces ama al Señor con la mitad de su corazón.

DRA. PATRICIA ROMANO

BELLA A OJOS DE DIOS

El encanto es engañoso, y la belleza no perdura, pero la mujer que teme al Señor será sumamente alabada. —NTV

PROVERBIOS 31:30

Sara, la esposa de Abraham, ¿era alta y delgada o bajita y regordeta? ¿Cómo lucía Ester con ropas reales? ¿Era Rut de piel delicada o bronceada por el sol? Las manos de María, la madre de Jesús, ¿eran suaves o ásperas? ¿Se depilaba Betsabé? ¿Qué cosméticos usaba Priscila o traía la cara lavada? Son preguntas sin respuesta, quizá porque son irrelevantes.

Existe un dicho en inglés que explica que la belleza está en los ojos de quien mira. Dios eligió transmitir Su Palabra en tiempos antiguos donde no había medios audiovisuales. Aún más, omitió cientos de detalles físicos y descriptivos. ¿Por qué? Porque Él no mira lo que nosotros vemos. Él mira el corazón.

Tristemente, los medios han revolucionado y trastornado cómo vemos las cosas. Hoy en día nos repiten que la apariencia es lo que cuenta, así que nos preocupamos excesivamente por lucir como «modelos» o según la moda del momento.

Detente si estás en esta carrera desenfrenada. Comprende que Dios mira con ojos distintos, y las mujeres mencionadas al principio son todavía hoy alabadas por su relación con Dios. Eso es lo que cuenta. Deja de pensar en tu peso, tu talla, tu complexión. Busca ser bella a los ojos de Dios. Teme al Señor y serás alabada. (KOH)

El Señor no ve las cosas de la manera en que tú las ves. La gente juzga por las apariencias, pero yo miro el corazón.

DIOS

POBRE DE ESPÍRITU

*Dios bendice a los que son pobres en espíritu y
se dan cuenta de la necesidad que tienen de él,
porque el reino del cielo les pertenece.* —NTV

MATEO 5:3

Henri Nouwen pasó horas contemplando el cuadro pintado por Rembrandt llamado *El regreso del hijo pródigo* que se ubica en una ermita en Rusia. De sus contemplaciones surgió un libro donde Nouwen medita sobre los personajes de una de las parábolas más importantes que Jesús contó.

Al principio, el hijo menor, pensando que no necesita de su padre, pide su herencia y se marcha a una provincia lejana donde malgasta su dinero hasta que se queda sin nada. Vuelve en sí y regresa a los brazos amorosos de su padre. Regresa pobre en bienes materiales, pero sobre todo, en espíritu. El hijo mayor, sin embargo, se siente rico. Cree que no tiene necesidad del perdón de su padre o la comunión con su hermano.

Dios bendice a quienes acudimos a Él como ese hijo pródigo, conscientes de nuestra necesidad y nuestro vacío. En la pintura de Rembrandt, la luz se enfoca en las manos del padre que se posan suavemente sobre la figura herida y sucia del hijo menor. Esas manos están esperándonos hoy también para repartir bendición.

No seas como el hijo mayor, quien en la pintura se oculta tras las sombras. Reconoce tu pobreza espiritual y acude al Padre por excelencia que desea hoy darte una herencia de amor y compasión. Ven a Él. (KOH)

*Soy el hijo pródigo cada vez que busco amor
incondicional donde no lo puedo encontrar.*

NOUWEN

SE VALE LLORAR

Dios bendice a los que lloran, porque serán consolados. —NTV

MATEO 5:4

La clásica obra Pietà *La piedad* de Miguel Ángel es una magnífica escultura renacentista en mármol blanco. Retrata a la Virgen María, que sostiene a Cristo muerto. Aun en su gran duelo, se capta un aura de paz; podemos percibir que de alguna manera Dios le está confortando. Podemos imaginar que recuerda las promesas que hizo Jesús de que resucitaría al tercer día.

El Señor bendice a los que lloran, pero que a la vez tienen esperanza en Él. Lloran ante el mal; anhelan que triunfe la justicia. Lloran como el apóstol Pedro, arrepentido por la profundidad de su propio pecado. Siguen el mandato de Romanos 12:15: «Alégrense con los que están alegres y lloren con los que lloran». Sufren junto con los que pasan por algún problema. Saben consolar a los demás porque Dios los ha consolado en sus dificultades, como los corintios a quienes escribió Pablo. También claman a Dios para que muestre Su misericordia hacia los que están apartados de Él.

No seas de los que procuran consolar insistiendo: «¡No llores!». Que las lágrimas no te avergüencen; Dios las puede usar mejor que las palabras si alguien está pasando por alguna pena. Si tú misma estás adolorida, entrega esas lágrimas a Aquel que «recoge cada una» de ellas (Sal. 56:8) y que te quiere aliviar de tu dolor. (MHM)

Toma en cuenta mis lamentos; registra mi llanto en tu libro. ¿Acaso no lo tienes anotado?

DAVID

MANSOS DE CORAZÓN

*Bienaventurados los mansos, porque ellos
recibirán la tierra por heredad.* —RVR1960

MATEO 5:5

Caminando dentro de la catedral de San Pedro en el Vaticano, entre el silencio y la frialdad del mármol, inesperadamente te das cuenta de que está ahí, magnífica y discreta, con toda su majestuosidad y belleza, una de las esculturas más preciadas del mundo.

Uno la observa calladamente, imaginando a Miguel Ángel tallando la perfección de sus rasgos. Casi se siente la piel aterciopelada de una mujer cuyo rostro expresa su nombre: *La piedad*. En sus brazos yace desfallecido el Varón de Dolores revestido de humildad y mansedumbre. ¿Cómo pudo entregarse a sí mismo? Precisamente, por piedad hacia nosotros.

En contraste, cerca de ahí, en Milán, los mejores diseñadores de la imagen y la moda instruyen a sus modelos: levanta el rostro, camina erguida, con garbo, no bajes la mirada. Nadie piensa en proyectar mansedumbre, sino autosuficiencia, buen porte y elegancia. La Biblia promete una recompensa para premiar la mansedumbre. Es un fruto del Espíritu Santo y está determinada por un control absoluto de nuestras emociones.

Contestar correctamente, no reaccionar de manera agresiva, no devolver mal por mal, es tener mansedumbre. Puedes parecer arrogante sin serlo, pero también aparentar mansedumbre, sin ser una persona mansa. Elige hoy lo más difícil, sentir piedad por quien te agrede. (MG)

Aprendan de mí, que soy manso y humilde de corazón.
JESÚS

YO TAMBIÉN QUIERO JUSTICIA

Dichosos los que tienen hambre y sed de justicia, porque serán saciados. —NVI

MATEO 5:6

Rafael Cauduro es un artista famoso que fue invitado para plasmar una de sus creaciones en el edificio de la Suprema Corte de Justicia de la Nación. Al verla me quedé impactada, no solo por la creatividad del artista, sino por la rudeza del mensaje donde manifiesta su descontento por la injusticia.

Crudamente representó lo que los encargados de cumplir la ley, realizan para «hacer justicia»: matan, violan, torturan, secuestran, reprimen, acumulan procesos sin solucionarlos dejando a personas inocentes en las cárceles durante años y además, atiborran de presos esos lugares. En realidad, los encargados de «hacer justicia», es lo que menos hacen. Y esta fue la forma de protestar de este artista.

Pero esto no solo pasa en México, ¡pasa en el mundo entero! Y seguramente tú has tenido el deseo de que alguien te haga justicia, o conoces a gente que la necesita. En el mundo somos muchos los que tenemos hambre y sed de justicia, pero difícilmente la habrá, porque no hay alguien capaz de establecerla; todos actúan con deshonestidad, incluyendo los once magistrados de la Suprema Corte de Justicia.

La esperanza que tenemos es que el único que puede traer justicia prometió que lo haría. Ten por seguro que Él hará lo que es justo y le dará el pago al que se lo merece. (YF)

¿Y acaso Dios no hará justicia a Sus escogidos, que claman a él día y noche? ¿Se tardará en responderles?

JESÚS

DE GRACIA RECIBISTE

Dios bendice a los compasivos, porque serán
tratados con compasión. —NTV

MATEO 5:7

La novela de Víctor Hugo, *Los miserables*, es una obra maestra sobre la compasión y la gracia. Valjean sale de prisión por haber robado pan para su familia. Su corazón se ha endurecido pues su condena de cinco años se tornó en diecinueve por intentos de fuga. De ese modo, llega a la puerta del obispo Myriel quien le ofrece alimento.

Abusa de la hospitalidad del obispo y roba su vajilla de plata. Cuando es detenido y llevado por la policía ante el obispo, este dice que le ha regalado la vajilla de plata, pero que olvidó unos candelabros del mismo metal. Así Valjean queda libre y perdonado, después de prometer cambiar.

Valjean cambia, y muestra compasión a una mujer llamada Fantine y a su hija Cossette. Su vida se vuelve recta, a pesar de ser constantemente perseguido por Javert, su enemigo que representa la ley y hace todo por regresarlo a la cárcel. Javert no cree que Valjean pueda regenerarse.

La lucha de la gracia y la ley siguen hoy. ¿Eres compasiva? Quizá tú necesitas hoy una segunda oportunidad. Tal vez debes dar a otro una segunda oportunidad. Si hoy tratas bien a otros, Dios promete que recibirás compasión, si no aquí, en gloria delante del más compasivo de todos: Jesús. (KOH)

Una palabra suya y estaría debajo del látigo. En lugar de eso, me ofreció mi libertad. Me dijo que yo tenía un alma. ¿Cómo lo sabe él?

MUSICAL DE LOS MISERABLES

UN CORAZÓN LIMPIO

Dichosos los de corazón limpio, porque ellos verán a Dios. —NVI

MATEO 5:8

En la obra *La tragedia de Macbeth* de Shakespeare, Lady Macbeth se siente tan contaminada por el pecado de participar en un asesinato que «ve» manchas de sangre en las manos y no las sabe borrar. La culpa por el pecado le hace sentirse inmunda. Y así es el ser humano que conoce la impureza de su corazón: sin el perdón de Cristo, no encuentra alivio interior.

En el Sermón del Monte Jesús bendijo a los de corazón limpio y prometió que verán a Dios. El autor de Hebreos declara: «Seguid la santidad, sin la cual nadie verá al Señor» (Heb. 12:14).

Gracias a Dios, los que hemos entregado nuestra vida a Cristo ¡tenemos Su presencia que nos permite vivir con pureza!

En el Salmo 17:15, David expresó su confianza: «Yo en justicia contemplaré tu rostro». Él conocía el perdón de Dios que limpia el corazón. ¡Cuán sublime será ver algún día al Señor!

Asegúrate de mantener tu corazón puro ante Él; clama por Su perdón si has pecado y permite que te renueve a diario.

Examínate para estar preparada para entrar en Su presencia, limpia por la sangre de Cristo. (MHM)

Examíname, oh Dios, y conoce mi corazón; pruébame y conoce los pensamientos que me inquietan.

DAVID

PACIFICADORAS

Bienaventurados los pacificadores, porque ellos serán llamados hijos de Dios. —RVR1960

MATEO 5:9

*M*adre e hijo es una hermosa pintura del pintor inglés Kilburne. Retrata a una madre contemplando a su bebé que duerme plácidamente en su cuna. La sensación que emana del cuadro se puede resumir en una palabra: paz.

Sería triste imaginar ese mismo lugar destruido por la guerra. Sin embargo, en la vida real sucede. Por ello, los pacificadores son importantes, personas con grandes habilidades para negociar en pro de una paz sostenible entre las naciones.

The Elders, es una organización internacional formada por líderes mundiales, cuyo objetivo es contribuir a resolver problemas mundiales relacionados con la paz, el hambre, la pobreza y otros. Nelson Mandela fue uno de los fundadores. Jimmy Carter y Ernesto Zedillo pertenecen al grupo.

Jesucristo fue un pacificador. El mensaje proclamado desde la noche de Su nacimiento fue: «en la tierra paz». También habló de paz interior, la paz que solo Él puede dar.

Tú puedes ser una pacificadora cuando le dices a las personas cómo pueden hallar su paz en Cristo y cuando en tu área de influencia promueves métodos pacíficos para la resolución de conflictos. Recuerda que los que buscan la paz son bienaventurados y serán llamados hijos de Dios. (MG)

La verdadera paz no es la ausencia de guerra, sino la presencia de Dios.

PERSEGUIDOS

Bienaventurados los que padecen persecución por causa de la justicia, porque de ellos es el reino de los cielos. —RVR1960

MATEO 5:10

¡*C*atacumbas! ¿Sabes qué son? Durante el Imperio romano, algunos pueblos europeos usaban túneles subterráneos en los que cavaban nichos para sepultar muertos, decorándolos con frescos o mosaicos. Los habitantes judíos de Roma aprendieron esta forma de sepultura.

Cuando los judíos viajaban a Jerusalén para celebrar alguna fiesta y oían y creían el evangelio, regresando a Roma, lo publicaban. Así que había creyentes en Roma antes de que el apóstol Pablo llegara. Pero al politeísta Imperio romano le molestó que esta buena gente enseñara que existe un solo Dios y predicara en contra de la gran inmoralidad que vivía y empezó la cacería de judíos y cristianos, quienes se refugiaron en esos túneles. Las catacumbas se convirtieron en un lugar de reunión donde adoraban a Dios y tenían comunión. En ellas existen frescos con pasajes bíblicos, e incluso hay una pintura del rostro del apóstol Pablo en las catacumbas de Santa Tecla que indica que estos hermanos le conocieron.

Hoy, la persecución contra los creyentes se ha incrementado. Nuestros hermanos en el mundo islámico, y muchos aquí en México, han sido asesinados o desterrados. No tienen la oportunidad de dejar un legado artístico. Y, aunque el regreso del Señor Jesús para establecer el reino de los cielos y consolarles está cerca, nuestra responsabilidad es orar por ellos.

¿Lo has hecho hoy? (YF)

Si a mí me han perseguido, también a vosotros os perseguirán.

JESÚS

DISEÑO EXCLUSIVO

Dios los bendice a ustedes cuando la gente les hace burla y los persigue y miente... en su contra porque son mis seguidores. —NTV

MATEO 5:11

Los saris son prendas hermosas que usan las mujeres en India. Los saris más elegantes se hacen entre un padre y un hijo. El padre se sienta en la plataforma, rodeado de carretes de hilos de colores que coloca entre sus dedos. El hijo tiene un solo trabajo. Al movimiento de cabeza de su padre, debe mover la lanzadera de un lado a otro.

Esto se repite cientos de veces hasta que comienza a surgir un patrón. El padre tiene en su mente el diseño; el hijo lo ignora, pero al ir obedeciendo hace una hermosa creación.

Dios tiene un diseño para ti. Está creando un hermoso patrón que incluye hilos vistosos de alegría como el amarillo y el rojo, y también hilos sobrios de sufrimiento como el negro y el gris. Él no prometió que no sufriremos persecución ni burlas. Pero sí ha prometido bendición.

¡Y qué más grande bendición que saber que en su mente hay un plan! ¿Nuestro trabajo? Obedecer y mover la lanzadera cuando Él lo indique. Como dice Ravi Zacharias: «El diseño para tu vida usa cada hilo de tu existencia en una obra de arte. Cada hilo cuenta y tiene un propósito específico». Así que confía en medio de las pruebas pues todo tiene un fin. Dios es el Gran Tejedor de vidas. (KOH)

Si dejas que el diseño de Dios surja en tu vida, verás su impacto en otros y durante generaciones.

RAVI ZACHARIAS

DICHOSOS LOS QUE SUFREN

*Alégrense y llénense de júbilo, porque les espera una
gran recompensa en el cielo. Así también persiguieron
a los profetas que los precedieron a ustedes.* —NVI

MATEO 5:12

La película *Chamula: Tierra de sangre* relata la terrible historia de los indígenas tzotziles de Chiapas, México, que fueron perseguidos por su fe. A algunos les incendiaron sus hogares, perdieron sus terrenos y unos 30 000 fueron exiliados. El predicador Miguel Gómez «Caxlán» murió desollado. En México siguen sufriendo muchos hermanos nuestros por su fe.

¿Sabías que en este siglo el total de cristianos que han sufrido persecución por su fe es mayor que la suma de los mismos en siglos anteriores? En la promesa de Mateo 5:11-12, Jesús dice que son dichosos los que son insultados, perseguidos y calumniados por su causa. El apóstol Pablo y otros sufrieron de gran manera por seguir a Cristo. Se dice que muchos de los discípulos murieron como mártires.

Hoy en día existen países donde seguir a Cristo significa, en muchos casos, ser presos o torturados. En verdad, no quisiéramos tener la oportunidad de sufrir por Cristo y ser herederos de esta promesa. Pero puede ser que te nieguen un trabajo por tus creencias. A algunas les rechazan sus familias o compañeros por su fe. Tal vez solamente se burlen de ti.

De cualquier manera, considera estas consecuencias y acéptalas con gozo. La recompensa de Jesucristo hará que cualquier sacrificio por Él valga la pena. (MHM)

*Acuérdense también de los que son
maltratados, como si ustedes mismos sintieran
en carne propia el dolor de ellos.*

ESCRITOR DE HEBREOS

ARTE QUE DA ALMA AL MUNDO

Rogad, pues, al Señor de la mies, que envíe
obreros a su mies. —RVR1960

MATEO 9:38

Hace algunos años Bezaleel Montiel y su esposa Lidia tenían un hermoso ministerio con jóvenes en Puebla, México. Compraron un camión y visitaban comunidades los fines de semana transportando todo lo necesario para efectuar presentaciones evangelísticas. Había música, teatro, poesía, títeres divertidos y la proyección de una película. Al final, los jóvenes orientaban a las personas que hacían su decisión por Cristo.

Ahí aprendí que el efecto emocional de las artes puede conducir a las personas a experimentar un efecto espiritual. Actualmente la iglesia de Vineyard en Boise, Idaho utiliza el arte para traer sanidad a almas perdidas y heridas en su ciudad. Jessie Nilo, apasionada artista, es quien encabeza el ministerio y la galería de arte «Vinearts». Pintores, escultores y fotógrafos han encontrado un lugar para desarrollar su creatividad al mismo tiempo que pueden sanar en un lugar seguro donde el centro y enfoque es Jesús.

Ora por los obreros que Dios está enviando a hacer nuevas y diferentes formas de evangelismo. Si no lo has hecho, pregúntate si hay alguna forma en la que puedes usar tus habilidades para compartir el mensaje de salvación. (MG)

El objetivo del arte es quitar el polvo a la vida diaria de nuestras almas.

PICASSO

CUESTE LO QUE CUESTE

Todo aquel que me reconozca en público aquí en la tierra también lo reconoceré delante de mi Padre en el cielo. —NTV

MATEO 10:32

*C*arros de fuego es una película británica que ganó cuatro Óscares: mejor película, mejor vestuario, mejor música y mejor guión. ¡Una obra de arte cinematográfico! Nos cuenta la historia real del triunfo de dos corredores británicos: Eric Liddell y Harold Abrahams en las Olimpiadas de 1924 en París.

Eric Liddell, hijo de misioneros a China, fue enviado a Escocia para educarse siendo aún niño. Practicaba el rugby, disfrutaba correr y era fiel al Señor Jesús. Para Eric, el domingo era el Día del Señor. Aunque soñaba con los Juegos Olímpicos y entrenó para los 100 y 200 metros planos, cuando supo que una de sus competencias sería en domingo, se negó a participar. La prensa lo llamó traidor y el príncipe de Gales trató de convencerlo de correr.

Finalmente, tuvo permiso de cambiar esa carrera por los 400 metros, prueba para la que no estaba preparado. Antes de correrla, un entrenador americano le dio un papel que decía: «Honraré a los que me honran», aludiendo a 1 de Samuel 2:30. Y Eric ganó la medalla de oro. El Señor le honró no solo delante de su Padre, sino delante de todo el mundo.

Eric Liddell regresó a China como misionero. Murió en un campo de prisioneros debido a un tumor cerebral. ¿Estarías dispuesta a seguir al Señor cueste lo que cueste? (YF)

La «entrega completa» a Cristo es la victoria total.

LIDELL

BAÑO DE BURBUJAS

Luego dijo Jesús: «Vengan a mí todos los que están cansados
y llevan cargas pesadas, y yo les daré descanso». —NTV

MATEO 11:28

La idea de un baño de burbujas me hace pensar en relajación y descanso, quizá por eso Benjamín Franklin trajo la primera bañera a Estados Unidos alrededor de 1780. Allí se inspiraba para escribir. Arquímedes también tuvo su momento de descubrimiento en una bañera, de la que salió corriendo y gritando: «¡Eureka!», que significa «lo he descubierto». ¿Y tú has descubierto la clave para el verdadero descanso?

En la vida pasamos meses y años buscando algo que le dé sentido a nuestra existencia. Nos portamos bien, seguimos reglas, estudiamos, trabajamos, pero al final del día estamos agotados y con cargas pesadas. ¿Dónde está la paz? ¡Ni siquiera en un baño de burbujas!

La respuesta está en Jesús. Él nos hace una invitación: «Vengan», así como estamos: cansadas, sudorosas, fatigadas, sucias.

Debemos acudir a Él y eso requiere un paso de fe. ¿Quiénes? Todos. No importa si tienes bañera o no. Lo único que se requiere es que creas en Jesús. ¿Y qué nos dará? Paz espiritual; saber que por fin estamos en casa, que la vida tiene sentido.

Sumérgete al lugar donde estés consciente de que no se trata de nada que hagas o sepas o sientas, sino que es solo por fe y gracia que hallarás descanso. ¿Puedes decir eureka conmigo? ¿Has descubierto la paz de Dios? (KOH)

Encontré refugio dónde descansar, en
la eterna roca de salud.

CORO CRISTIANO

UN ARTE COMPARTIDO

... si dos de ustedes se ponen de acuerdo aquí en la tierra con respecto a cualquier cosa que pidan, mi Padre que está en el cielo la hará. —NTV

MATEO 18:19

A muchas mujeres nos encanta el arte culinario; lo mío es hornear. Y desde que mis niños, y después mis nietos, eran pequeños, los incluía en el equipo de chefs: batiendo, haciendo bolitas, midiendo, engrasando los moldes y demás. Luego disfrutábamos los olores deliciosos que emanaban del horno, y al fin llegaba el premio, ¡la prueba de nuestras creaciones!

La oración en conjunto también es un arte hermoso donde los resultados dan gran gozo, aunque tarden más que un pastel en el horno. Allí el más importante del equipo es nuestro Padre en el cielo, que toma nuestras palabras sencillas y responde con Su gran poder.

Una historia hasta cómica en la Biblia es la de los cristianos que estaban reunidos orando, seguramente pidiendo para que Pedro saliera de la cárcel. Pero cuando la niña Rode corre para decirles que Pedro está tocando a la puerta, responden: «¡Estás loca!».

No creían que Dios iba a contestar, o por lo menos, no así.

El tener a una compañera de oración es algo que puede fortalecerte. Piensa en alguna amiga o una mujer mayor que te pueda infundir fe. Saber que alguien está orando por las mismas peticiones es de ánimo. Aunque las «recetas» sean sencillas, ¡el toque de Dios les dará deleite cuando vean los resultados! (MHM)

La oración cambia las cosas. Nos cambia a nosotros.

R. C. SPROUL

DIOS ESTÁ PRESENTE

Porque donde están dos o tres congregados en mi nombre, allí estoy yo en medio de ellos. —RVR1960

MATEO 18:20

El 6 de septiembre de 1997, el compositor francés, Jean Michel Jarre, consiguió su cuarto récord Guinness en Moscú al congregar en su concierto a 3,5 millones de personas. Con esta impresionante cifra igualó la de Rod Stewart conseguida tres años antes.

Los conciertos multitudinarios son una moda y traen consigo una derrama económica importante. Cantantes, conferencistas y personajes de la política exigen como requisito para presentarse, la asistencia de un determinado número de personas. ¡Jamás aceptarían estar presentes donde se reunieran dos o tres personas!

Es impactante considerar el valor y la importancia que el Señor concede a Sus hijos al prometer Su presencia aun cuando sean solo dos o tres los que estén reunidos. Aun cuando no siempre sentimos escalofríos ni mariposas en el estómago, sabemos que Él está ahí simplemente porque cumple Sus promesas. Podemos reunirnos para adorarle y también para orar. Él escucha de manera especial cuando nos ponemos de acuerdo en pedirle algo.

Cuando tengas una necesidad no dudes en compartir tu petición para orar sobre algo específico. Orar juntos sabiendo que el Señor está ahí es un privilegio. (MG)

Deja que las promesas de Dios brillen sobre tus problemas.

CORRIE TEN BOOM

¿EVANGELIO DISTORSIONADO?

Enseñen a los nuevos discípulos a obedecer todos los mandatos que les he dado. Y tengan por seguro esto: que estoy con ustedes siempre, hasta el fin de los tiempos. —NTV

MATEO 28:20

En la época prehispánica, los aborígenes zapotecos y mixtecos de México, celebraban unas fiestas llamadas «Guelaguetza» en las que agradecían a la diosa Centéotl las buenas cosechas. Al llegar los franciscanos y dominicos españoles tratando de evangelizar a los aborígenes, los obligaron a cambiar la reverencia a Centéotl por la adoración a la Virgen del Carmen.

Hoy se siguen celebrando dichas fiestas, mezclando danzas hermosas con vestimentas artísticas muy coloridas, y todo es aderezado con deliciosas combinaciones de guisos para convivencia de los pueblos de Oaxaca. ¡Es un verdadero placer disfrutar de la Guelaguetza!

Sin embargo, estos seres hechos a la imagen de Dios, no recibieron la enseñanza de obedecer lo que el Señor Jesús mandó tal como Él lo enseñó. En lugar de eso, llegó una forma de cristianismo distorsionado. ¿Quién cambió el mensaje? No sabemos con exactitud, pero mi imaginación sueña con todo este colorido, canciones, danzas, convivencia y regocijo para agradecer al único ser que realmente nos da buenas cosechas: el Dios de la Biblia. Un día seremos testigos de esa fiesta.

Todavía existe la promesa de que Él está con nosotros hasta el fin de los tiempos y entonces «… toda lengua confesará que Jesús es el Señor». Mientras, hagamos nuestra parte: enseñemos a obedecer lo que Él ha mandado. (YF)

Ciertamente el obedecer es mejor que los sacrificios, y el prestar atención que la grosura de los carneros.

SAMUEL

¡SÍ PUEDE!

—¿Cómo que «si puedo»? —preguntó Jesús—.
Todo es posible si uno cree. —NTV

MARCOS 9:23

Se cuenta que Picasso visitó al carpintero local para encargarle un armario para su casa. Como tuvo problemas para comunicar su idea, Picasso dibujó un rápido boceto sobre un trozo de papel. «¿Cuánto costará el mueble?», preguntó finalmente. «Nada», le dijo el carpintero. «Solo firme el dibujo».

Imagina si el carpintero le hubiera preguntado: «¿Cree poder hacerme un dibujo de lo que quiere?». Picasso quizá se habría ofendido. Si algo sabía era ¡pintar! Pero con esa actitud de incredulidad nos acercamos a Dios vez tras vez.

El padre del muchacho endemoniado, cuando vio que los discípulos no podían sanarlo, acudió a Jesús y le dijo: «Ten misericordia de nosotros y ayúdanos si puedes». ¿Te imaginas decirle a Dios que algo está fuera de su alcance? ¡Imposible! Él todo lo puede. Sin embargo, tristemente muchas veces oramos así.

Pero existe una cláusula a esta promesa. Todo es posible, si uno cree. ¿Crees que Dios puede darte una pareja? ¿Crees que te puede sanar de tu enfermedad? ¿Crees que puede ayudarte en la escuela? ¿Crees que puede darte lo que tu corazón desea? Si pides a Dios conforme a Su voluntad, es decir, si lo que pides traerá gloria a Dios, verás cosas increíbles. Y todas llevarán la firma de Dios. Y no te costarán nada. ¡Todo es por fe! (KOH)

La fe mueve montañas.

¿PERDEDORA O GANADORA?

Porque el que quiera salvar su vida la perderá; pero el
que pierda su vida por mi causa la salvará. —NVI

LUCAS 9:24

*E*l artista, para algunos profesionales, demora mucho en su trabajo. Durante horas dibuja un boceto tras otro. El músico repite escalas y prácticas aburridas. El escritor hace borrador tras borrador, reescribe y revisa. La bailarina se ejercita y ensaya durante largas horas. ¿Vale la pena o es una pérdida de tiempo y esfuerzo?

Obviamente los resultados, la obra o la representación final, nos indican que esa aparente «pérdida de tiempo» fue para afinar su arte y lograr algo mucho mejor. Moisés desechó su posición como nieto del faraón para llevar al pueblo de Dios a la tierra prometida.

Daniel estaba dispuesto a morir cuando siguió orando al Dios altísimo a pesar de la prohibición del rey. Pablo perdió el honor que recibía como líder y estudioso judío, pero consideró sus logros anteriores «basura» comparándolos con el gozo de conocer a Jesucristo. Y así, muchos más.

Tus compañeros pueden opinar que estás perdiendo el tiempo en los cultos, en las conferencias y congresos cristianos o en algún servicio voluntario que brindas. No entienden que, por un lado, disfrutas esas actividades. Tampoco comprenden que estás preparando la gran obra de arte de tu vida: una dedicada a Jesús. Escoge la vida que realmente dura por siempre. (MHM)

Al mantenerse firmes, ganarán su alma.
JESÚS

NO HAY CASUALIDADES SINO MILAGROS

*¿Y acaso Dios no hará justicia a sus escogidos, que claman
a él día y noche? ¿Se tardará en responderles? —RVR1960*

LUCAS 18:7

Una misionera estaba sola y muy enferma en un lugar de China. En medio de su aflicción clamó a Dios en oración pidiéndole ayuda. Desde otro lugar de China un comerciante le envió varias cajas grandes de avena escocesa, sin que la misionera se las hubiera pedido. Ella tenía unos botes de leche condensada. Con estas dos cosas tuvo que alimentarse durante cuatro semanas.

Después de este tiempo la misionera se sentía perfectamente bien de salud.

Compartió su experiencia con varias personas cristianas entre las cuales había un médico. El médico dijo: «Dios oyó su oración y le dio más de lo que usted puede imaginar, pues para la enfermedad que usted padeció, nosotros los médicos recomendamos como único alimento y medicina la avena mondada, cocida en agua y leche hasta formar un líquido espeso. Así pues, Dios providencialmente le recetó y le envió el remedio más apropiado. En Dios no hay casualidades, sino milagros».

Cuando te encuentres en necesidad, ora, clama a Dios, día y noche si es necesario. Él te responderá, Él sabe exactamente lo que necesitas. ¡Espera tu milagro! (MG)

*Si te amó cuando estabas lleno de corrupción;
¿no escuchará tus oraciones ahora que
te ha hecho heredero del cielo?*

CHARLES SPURGEON

EL MOMENTO DECISIVO

*Jesús respondió: Te aseguro que hoy estarás
conmigo en el paraíso.* —NTV

LUCAS 23:43

Casi todos los artistas que han pintado la crucifixión de Jesús, han querido resaltar su sufrimiento y lo representan clavado a la cruz, pero a los malhechores junto a Él los ponen amarrados. La Biblia no nos dice los nombres de los bandidos, pero la tradición llama Gestas a quien ofendió al Señor, y Dimas a quien lo defendió y obtuvo la promesa escrita arriba.

Una pintura titulada *El buen ladrón* tiene como fondo un radiante cielo azul, las nubes claramente dibujadas y sombras como de una multitud a lo lejos. Las figuras principales son dos manos tratando de tocarse, y se intuye que una es la mano de Jesús, clavada en la cruz, y la otra es la de Dimas, amarrada al madero.

No conocemos al autor de la pintura, pero quiso transmitirnos que, probablemente, hubo más que palabras en aquel momento crucial. Dimas, como judío, había escuchado que Israel esperaba al Mesías. No tenía en cuenta a Dios, pero viviendo en Jerusalén, oyó de los milagros y lo que se decía sobre Jesús.

En el momento decisivo entre la vida y la muerte, expresó en la cruz la fórmula de la salvación: tuvo temor de Dios, reconoció su pecado, creyó que Jesús resucitaría, le confesó públicamente como Rey y Señor y le entregó su destino. El resto es historia. (YF)

Que si confesares con tu boca que Jesús es el Señor, y creyeres en tu corazón que Dios le levantó de los muertos, serás salvo.

PABLO

NO LE ECHO FUERA

Sin embargo, los que el Padre me ha dado,
vendrán a mí, y jamás los rechazaré. —NTV

JUAN 6:37

La historia está llena de rechazos y supuestos fracasos. Van Gogh vendió un solo cuadro en toda su vida, pero pintó 900. Albert Einstein no habló hasta los 4 años y no leyó hasta los 7. Thomas Edison tuvo 1000 intentos fallidos antes de crear la bombilla.

Charles Chaplin fue inicialmente rechazado por Hollywood. Walt Disney fue despedido por un editor de periódico por «falta de imaginación». Y nos faltaría espacio para escribir los muchos rechazos de novelas que cuando fueron publicadas resultaron grandes éxitos.

Marilyn Monroe, dijo: «A veces pienso que toda mi vida ha sido un gran rechazo». Se siente horrible cuando a alguien no le gusta tu trabajo, o cuando no te aceptan en algún lugar. Podemos pasarnos toda la vida tratando de ser aceptadas sin lograrlo. Sin embargo, Jesús nos ha prometido que si vamos a Él, no nos echará fuera. No hay nada que podamos hacer que impida que Él nos acepte. Aun el pecado más pecaminoso, por así decirlo, encuentra perdón por el derramamiento de Su sangre.

Jesús siempre está disponible. Jesús siempre está dispuesto a esperar. Recuerda que Sus brazos están siempre abiertos. Jamás te echará fuera. No importa cuántas veces falles, siempre puedes volver a Él. ¿Y lo mejor de todo? Nos ama tanto que nos está perfeccionando. (KOH)

Jamás los rechazaré.

JESÚS

DICHOSA LA QUE SIRVE

Ciertamente les aseguro que ningún siervo es más que su amo, y ningún mensajero es más que el que lo envió... Dichosos serán si lo ponen en práctica. —NVI

JUAN 13:16-17

E n una reunión internacional para pastores en Estados Unidos, el renombrado evangelista, Dwight Moody, se percató de que, en el hotel, varios europeos habían colocado sus zapatos afuera de la puerta de su habitación. Sabía que en Europa se acostumbraba bolearles el calzado a los huéspedes, así que decidió hacer el trabajo ¡él mismo! Pasó buena parte de la noche practicando «el arte de la hospitalidad».

Moody actuó como un seguidor humilde de su Maestro, que lavó los pies de Sus discípulos como si fuera un esclavo. No contrató a nadie ni insistió que nadie le ayudara. En Romanos 12:16 leemos: «No sean arrogantes, sino háganse solidarios con los humildes». Las palabras de Jesús en Juan nos hacen ver que no podemos ser mayores que Jesús, quien acababa de dar el gran ejemplo de Su humildad.

¿Te tocó cuidar a los bebés de la iglesia este mes y crees que mereces algo mejor? ¿Tus padres te pidieron que barrieras la banqueta de la vecina ancianita? En vez de ir a la fiesta de tu amiga, ¿debes cuidar a tu tía en el hospital? En vez de quejarte por estas actividades que consideras «debajo de ti», tómalas como oportunidades de servir a Jesús y reflejar Su amor a tus semejantes. (MHM)

Si te crees demasiado grande para las cosas pequeñas, quizá seas demasiado pequeño para las cosas grandes.

ANÓNIMO

MUDANZA ETERNAL

*En la casa de mi Padre muchas moradas hay; si
así no fuera, yo os lo hubiera dicho; voy pues, a
preparar lugar para vosotros.* —RVR1960

JUAN 14:2

¿Alguna vez has tenido que empacar para mudarte a otra casa? Es increíble la cantidad de cosas que las personas usamos en nuestro cotidiano vivir. Cosas de madera, de plástico, de metal, cosas, cosas y más cosas. La nueva casa debe ser preparada.

Tenemos que pintarla y equiparla con agua, gas y cortinas. Y eso que nuestro hogar aquí en la tierra es solo temporal. ¿Te imaginas si tuviéramos que empacar para ir a nuestra morada eterna?

Yo empacaría chocolates y jalapeños en vinagre. Lo bueno es que no necesitamos llevar nada. ¡Jesús mismo ahora se está encargando de preparar nuestro futuro hogar! Y es hermoso. Las calles son de oro y las puertas tienen piedras preciosas incrustadas en ellas. No es necesaria la luz artificial porque la gloria de Dios lo ilumina todo. No habrá llanto ni dolor.

Nuestro espíritu sí debe estar preparado. Hay que estar a cuentas con Dios cotidianamente y desarrollar los dones que Dios nos dio para entregar buenos resultados. Aliéntate al recordar que Jesús prometió llevarnos a aquél lugar. Que tus cargas temporales no te roben el gozo y la esperanza. (MG)

Nadie pudo ver el cielo sin elevar la mirada.

JOSÉ NAROSKY

CONTESTACIONES EN FORMA EXTRAORDINARIA

Si algo pidiereis en mi nombre, yo lo haré. —RVR1960

JUAN 14:14

¿Qué pedir cuando tienes esta promesa hecha por Alguien que puede cumplirla?

En 1631, el emperador de India, Shah Jahan, cuando su amada esposa, Mumtaz Mahal, moría al dar a luz, le preguntó cuál era su último deseo. Ella pidió una tumba hermosa. Para cumplir su deseo, Shah Jahan mandó a construir una de las más bellas obras arquitectónicas: el Taj Mahal, considerada entre las siete maravillas del mundo.

Para la edificación de este palacio-tumba, Shah Jahan empleó los mejores arquitectos, diseñadores, artistas, escultores, calígrafos y artesanos del reino. Usó mármol blanco para la construcción y fue necesaria la mano de obra de 20 000 personas y 1000 elefantes. Se utilizaron 28 tipos de piedras preciosas y semipreciosas como jaspe, jade, lapislázuli, zafiros, turquesas, traídas desde lugares lejanos, fueron incrustadas en el mármol formando motivos de la naturaleza. La obra de arte tomó 22 años en concluirse y su costo hoy se valora en más de 500 millones de dólares.

Creo que cuando Mumtaz Mahal pidió su deseo, no pensaba en algo tan majestuoso. Pero él la amaba y quiso complacerla de una manera mucho más grandiosa de lo que ella imaginaba.

¿Crees que el Dios que te ama con un amor mucho más grande que el de Shah Jahan, no te dará lo que pidas en una manera extraordinaria? (YF)

Al que puede hacer muchísimo más que todo lo que podamos imaginarnos o pedir... ¡a Él sea la gloria!

PABLO

DE RECETAS Y COCINA

... cuando el Padre envíe al Abogado Defensor como mi representante... él les enseñará todo y les recordará cada cosa que les he dicho. —NTV

JUAN 14:26

Se considera que el libro de recetas más antiguo de la historia es *De re coquinaria* de Marco Gavio Apicio. Este recetario romano ha sobrevivido 20 siglos y está dividido en temas como menús fáciles, extravagantes y vegetarianos.

En teoría, si un chef sigue una de estas recetas, el resultado será idéntico al de los primeros siglos. Sin embargo, los chefs más famosos no solo aprenden de recetas, sino que se vuelven aprendices de un experto. Asisten a escuelas donde un chef de renombre les enseña, o trabajan al lado de los mejores cocineros del mundo para aprender sus secretos.

La promesa de hoy es una joya. Cuando Jesús habló con Sus discípulos en el aposento alto, les prometió que no los dejaría solos. Y así lo hizo. Dios nos ha dejado su libro de recetas, la Biblia, un libro antiguo pero vivo y actual. Allí encontramos todo lo que necesitamos para conocer a Dios y Su plan para nuestras vidas.

Pero también envió al Espíritu Santo para guiarnos y enseñarnos. Tenemos a nuestro lado a un experto que nos muestra día a día los pasos a seguir para la receta perfecta. ¡Gracias a Dios por su provisión! Con esta combinación, tenemos todo lo necesario para un platillo perfecto. (KOH)

Busco la voluntad del Espíritu Santo en conexión con la Palabra de Dios. Ambos deben combinarse.

GEORGE MUELLER

PAZ INEXPLICABLE

La paz les dejo; mi paz les doy. Yo no se la doy
a ustedes como la da el mundo... —NVI

JUAN 14:27

El concepto de la paz inspira a muchos artistas. Todos conocemos alguna canción que protesta ante la guerra o clama por paz en nuestro mundo violento. Los pintores también gritan un mensaje sin palabras, en obras como *Guernica* de Picasso. Otro cuadro suyo, alegre y lleno de ilusión, retrata la paloma de la paz, el símbolo más conocido de ese valor tan deseado.

Lo interesante: tiene su origen en la historia bíblica de Noé, y representa la reconciliación entre Dios y el hombre. La mayoría dirá que «paz» es la ausencia de conflictos o de ansiedad, tal vez por alejarse de la ciudad, del trabajo o de personas difíciles.

Anhelamos ir al campo o a la playa para que descanse nuestro espíritu.

Pero la paz que promete Jesús es diferente: aun en medio de situaciones que nos podrían alterar, ¡nos permite descansar en Él! Esa paz es pariente de la confianza y la esperanza que vienen desde arriba.

¿Te cuesta estar tranquila cuando tu hermanito te molesta o tus papás no te dan permiso de ir a algún convivio? ¿No duermes bien por la preocupación antes de un examen? ¿Te muerdes las uñas por la falta de fondos para estudiar una carrera? Recuerda: Jesús te ofrece una paz mayor que cualquiera. ¡Recíbela! (MHM)

Es la paz que el mundo no entiende; para
ti, recíbelo, mi paz te doy a ti.
KEITH ROUTLEDGE

CARA A CARA

Todavía un poco, y no me veréis; y de nuevo un poco,
y me veréis; porque yo voy al Padre. —RVR1960

JUAN 16:16

¡Cuán sublime privilegio el contemplar el rostro de Jesús! Quienes le conocieron, le verán otra vez en el cielo. Quienes no le conocimos, le vemos con los ojos de nuestra imaginación. Los mejores artistas han hecho su versión: *La última cena* de Da Vinci, *Cabeza de Cristo* de Rembrandt, hasta el *Cristo crucificado* de Diego Velázquez.

Recientemente, el History Channel recreó el rostro en 3D por medio de un programa de computadora tomando como base el sudario de Turín. La BBC de Londres hizo lo mismo usando también el cráneo de un judío del siglo I hallado en un cementerio en Israel.

No sabemos cómo fue su aspecto, pero llegará el día en que le veremos. Marcos Vidal, habla de ello en su canto: «Solo déjame mirarte cara a cara, y perderme como un niño en tu mirada, y que pase mucho tiempo y que nadie diga nada porque estoy viendo al Maestro cara a cara. Que se ahogue mi recuerdo en tu mirada, quiero amarte en silencio y sin palabras, y que pase mucho tiempo y que nadie diga nada, solo déjame mirarte cara a cara».

¿Has pensado en ese momento? Falta poco. (MG)

El Rey ya viene, oh, el Rey ya viene; ya se escuchan las trompetas y Su rostro veo ya.
ROCÍO CROOKE

¿TIENES TRISTEZA O ALEGRÍA?

Así que ahora ustedes tienen tristeza, pero
volveré a verlos; entonces se alegrarán, y nadie
podrá robarles esa alegría. —NTV

JUAN 16:22

El Señor Jesús trató de poner una sonrisa en la cara de Sus discípulos con esta promesa. Una vez oí una reflexión que maravilló mi corazón. El predicador decía que, así como el Espíritu Santo formó a Jesús dentro de María, tiene también la tarea de formarlo dentro de nosotros.

¿Te imaginas? ¡Lo tenemos otra vez! ¿Habrá alguien que pueda quitarnos esa alegría? ¿Qué será cuando regrese? Johann Sebastian Bach, el gran músico luterano, era fiel a su Señor y Dios. Él fue el más importante compositor de la música barroca y su influencia sobre grandes músicos como Beethoven y Mozart nos ha dejado música maravillosa. Bach es considerado uno de los grandes músicos de la historia.

Su cantata *El corazón y la boca, y las obras y la vida,* incluye el hermoso coral: «Jesús sigue siendo mi alegría» y ha sido adoptado aún por iglesias no protestantes. Esta es la letra del coral: «Jesús sigue siendo mi alegría, consuelo y bálsamo de mi corazón. Jesús me defiende de toda pena. Él es la fuerza de mi vida, el gozo y el sol de mis ojos, el tesoro y la delicia de mi alma; por eso no quiero a Jesús fuera de mi corazón y de mi vista». ¡Que nadie quite tu alegría! (YF)

El único propósito y razón final de toda la música
debería ser la gloria de Dios y el alivio del Espíritu.

J. S. BACH

EL CENTRO DE TODO

*Padre, quiero que los que me diste estén
conmigo donde yo estoy.* —NTV

JUAN 17:24

Leonardo da Vinci conocía la importancia de tener a Jesús en el centro. En su pintura de *La última cena* todas las líneas convergen hacia un punto: el rostro de Jesús. La precisión matemática de esto permite que los expertos identifiquen copias falsas al medir las líneas y determinar si el rostro de Jesús está o no en el centro de la pintura.

Para medir nuestras vidas y saber si vamos por el buen camino, podemos hacer lo mismo. Si medimos las líneas de nuestras actividades y motivaciones y no tienen en el centro a Jesús, estamos perdiendo el rumbo. Pero si todo en nuestras prioridades y experiencias apuntan a Jesús, debemos seguir adelante.

Cuando Jesús terminó el sermón del aposento alto, oró a Su Padre. Sus palabras son promesas para nosotras. Pidió protección para Sus hijos, pidió que fuéramos uno, pidió que estemos para siempre con Él. No estamos solas. Jesús está con nosotras. El Espíritu Santo está con nosotras. El Padre está con nosotras.

El centro de todo es Jesús. Él murió para que estemos con Él. Hoy vivimos confiando que está con nosotras. Nuestro destino final es a Su lado. Cuando Cristo es el centro de la vida, ¡todo adquiere perspectiva! Como en la pintura de Leonardo, todo apunta a Jesús. (KOH)

¿Está Cristo en el centro de tu vida?

CHICA SUPERPODEROSA

Pero recibiréis poder, cuando haya venido sobre vosotros el Espíritu Santo... —RVR1960

HECHOS 1:8

El poder ha fascinado al hombre. Hay quienes lo obtienen por su posición en la política o los negocios. Los «superpoderes» es uno de los temas de ficción más populares en Hollywood. Lo que sí es real es el poder que mora en cada creyente pleno del Espíritu Santo.

El Espíritu Santo ha estado trabajando desde la creación. Jesús fue levantado de entre los muertos por Su obra. El Espíritu descendió como un poderoso viento y los discípulos experimentaron poder para predicar, para sanar y hasta resucitar muertos.

El Espíritu es quien transforma a un alcohólico en un hombre recto, el que nos perfecciona en santidad, nos consuela y se derramará de manera especial en los «últimos días» cuando «los jóvenes verán visiones y los ancianos soñarán sueños». La resurrección general, el día en que todo ser doblará su rodilla ante Dios, se efectuará por el poder del Espíritu Santo de Dios.

Ese mismo poder mora en ti. Puede controlar tu corazón, tu voluntad y hasta tu imaginación. Es la manera en que Dios obra a través de ti en el mundo. No vivas según tus fuerzas. Haz tuya la promesa. Tienes todo lo que necesitas para cumplir tu propósito de una manera poderosa. (MG)

El poder del Espíritu Santo es tu baluarte y toda Su omnipotencia te defiende.

CHARLES SPURGEON

VALOR

*Pues antes ustedes estaban llenos de oscuridad,
pero ahora tienen la luz que proviene del Señor.
Por lo tanto, ¡vivan como gente de luz! —NTV*

EFESIOS 5:8

Rachel Scott escribió en su diario: «He perdido a todos mis amigos en la escuela ahora que practico lo que predico. No me voy a disculpar por hablar en el nombre de Jesús. Lo soportaré. Si mis amigos se convierten en mis enemigos por estar con mi mejor amigo, Jesús, está bien conmigo».

Rachel Scott tenía 17 años y estaba a punto de terminar la preparatoria. Quería ser escritora y actriz. Dirigía un grupo de estudio bíblico y dejó seis diarios con muchas cartas escritas a Dios. Ese verano pensaba ir a África para construir casas.

Pero el 20 de abril, mientras tomaba el almuerzo con un amigo en el área fuera de la biblioteca, Eric David Harris apareció con un arma. «¿Todavía crees en Dios?». Ella no titubeó y dijo que sí. Él preguntó el porqué, pero no le permitió responder. La mató enseguida. La masacre de la secundaria de Columbine dejó como saldo 12 estudiantes, 1 profesor y los 2 asesinos muertos. Rachel fue la primera víctima.

Sin embargo, su historia dio la vuelta al mundo. Sus escritos son un testimonio de su fe. Rachel estaba dispuesta a entregarlo todo por Jesús. Escribió: «No voy a ocultar la luz que Dios puso en mí. Si tengo que sacrificarlo todo, lo haré». Así lo hizo. La pregunta es: ¿Lo harás tú? (KOH)

Para mí el vivir es Cristo, y el morir ganancia.
PABLO

SUFRIENDO POR UNA CAUSA

Ya no hay judío ni gentil, esclavo ni libre, hombre ni mujer,
porque todos ustedes son uno en Cristo Jesús. —NTV

GÁLATAS 3:28

Sarah y Angelina Grimké crecieron en Carolina del Sur a inicios del siglo XIX, de una familia pudiente que poseía numerosos esclavos. Al ver el tratamiento inhumano y cruel que sufrían hombres y mujeres, empezaron a cuestionar sus «tradiciones». En un viaje al norte, Sarah observó una vida de mayores libertades y cambió a la fe cuáquera porque tendía a apoyar la abolición de la esclavitud.

Con el tiempo, las dos hermanas se convirtieron en escritoras y conferencistas abolicionistas y feministas, basándose en la igualdad de todo ser humano por ser creación de Dios. Sufrieron burlas, algunas pedradas y hasta el exilio; les prohibieron pisar su ciudad de origen. Un panfleto que publicaron, *La esclavitud americana tal como es*, influyó a Harriet Beecher Stowe para crear su poderosa novela *La cabaña del tío Tom*.

Así como Dios usó a Moisés para liberar a su pueblo en Egipto, levantó a hombres y a mujeres, muchos de ellos cristianos, para luchar en contra de la esclavitud en fechas posteriores. Si ves sufrimiento o injusticias en tu entorno, piensa cómo puedes enfrentarlas. Dios puede usar tus palabras y tus hechos para cambiar de alguna manera este mundo. (MHM)

Brilla en el sitio donde estés.

CORITO INFANTIL

Y FUERON ÚTILES

... y la mujer respete a su marido. —RVR1960

EFESIOS 5:33B

ay parejas que «se casaron y fueron felices». Hay quienes además «se casaron y fueron útiles» invirtiendo su vida sirviendo al Señor. Tal es el caso del «Príncipe de los predicadores», Charles Spurgeon y su amada Susannah. Siendo amigos, Charles le preguntó: «¿Usted ora por aquel que va a ser su esposo?».

Ella escribió después: «Durante esa caminata, creo que Dios mismo unió nuestros corazones con lazos indisolubles». Se casaron y su vínculo espiritual reforzó su amor. El respeto de Susannah por su esposo se reflejaba en el apodo que le puso: «Tirshatta», que significa «el reverenciado» en persa.

En aquellos tiempos, muchos ministros que vivían en Inglaterra, recibían un salario tan bajo que no les alcanzaba para comprar libros que les auxiliaran en su ministerio. Así que ella creó el «Fondo del Libro». Se dio cuenta de que muchos predicadores no habían podido comprarse un libro en diez años. Las donaciones llegaron y dedicaron un cuarto de su hogar para almacenar y distribuir los libros. Su prioridad siempre fue el servicio.

¿Oras por aquel que va a ser tu esposo? Desde hoy toma en cuenta que la comunión espiritual con la pareja, el respeto mutuo y un servicio consagrado se traduce no solo en un matrimonio feliz, sino útil. (MG)

Cuando enfrentamos la prueba, nuestro primer pensamiento debería ser: ¿Cómo puede ser Dios glorificado en esto?

SUSANNAH SPURGEON

¿PERDONARLO? ¿YO?

Porque si perdonáis a los hombres sus ofensas, os perdonará también a vosotros vuestro Padre celestial. —RVR1960

MATEO 6:14

La familia Ten Boom era respetada en Holanda por sus convicciones cristianas, hospitalidad y generosidad. Corrie, la más joven de la familia, con mucha iniciativa, formó clubes de ayuda para chicas discapacitadas. Su abuelo y su padre eran relojeros, así que ella se capacitó para ser la primera relojera con licencia en Holanda.

Cuando los nazis invadieron Holanda, formó un grupo de resistencia y, junto con su familia, crearon un escondite en su recámara para ocultar a miembros de la resistencia y a judíos. La familia Ten Boom salvó de los nazis a más de 800 judíos, incluyendo 100 bebés. Fueron descubiertos por la Gestapo y llevados a campos de concentración en Alemania. Su padre y hermana fallecieron, pero ella fue liberada diez meses después.

Escribió varios libros, entre ellos *El refugio secreto* y visitó muchos países hablando de sus experiencias. Una vez en Berlín, después de dar una conferencia, un hombre se le acercó. Corrie lo reconoció como uno de los más crueles guardias del campo de concentración. El hombre manifestó su conversión al Señor Jesús y pidió perdón a Corrie.

Con una lucha tremenda dentro de ella, el Señor le mostró que debía perdonarle. Corrie le dio la mano y después describió: «Fue como si el amor de Dios fluyera por mis brazos». ¿Perdonas de la misma manera? (YF)

El perdón es la llave que abre la puerta del resentimiento y las esposas de odio.

CORRIE TEN BOOM

NUNCA ABURRIDA

Presta mucha atención a tu propio trabajo, porque entonces obtendrás la satisfacción de haber hecho bien tu labor y no tendrás que compararte con nadie. —NTV

GÁLATAS 6:4

Cuando alguien dijo que cierta historia era aburrida, Dorothy Sayers respondió: «Veamos la trama de la historia oficial: Dios se volvió un don nadie y lo golpearon; se hizo un hombre como las criaturas que había hecho, y los hombres lo quebrantaron y lo mataron. Este es el dogma que ustedes dicen que es aburrido, este tremendo drama donde Dios es la víctima y el héroe».

Dorothy Sayers jamás vio el cristianismo ni la vida como aburrida. De hecho, se dedicó a escribir novelas de misterio. Su detective, Lord Peter Wimsey, trabaja en conjunto con el inspector de Scotland Yard para resolver casos que por lo general incluyen algún familiar o conocido. «El hombre no es verdaderamente él hasta que está creando algo de manera activa». Ese fue el remedio de Dorothy contra el aburrimiento.

Hoy muchas jóvenes dicen que se aburren. Aburrir viene de la palabra aborrecer. Es decir, cuando ya nada te asusta, cuando nada te hace temblar, estás aburrida. Que eso no te pase. No digas que leer la Biblia es aburrido, o que ir a la iglesia y escuchar de la Palabra de Dios ya no te hace temblar de emoción. Cuando Cristo está contigo, la vida es un constante aprender, caminar y descubrir. Como Dorothy Sayers, mantente activa y crea cosas nuevas. (KOH)

La curiosidad sobre la vida en todos sus aspectos, continúa siendo el secreto de las personas más creativas.

LEO BURNETT

UN GRAN INVENTO

¿Y cómo pueden creer en él si nunca han oído de él? ¿Y cómo pueden oír de él a menos que alguien se lo diga? —NTV

ROMANOS 10:14

Aunque no hayas oído de Joy Ridderhof, tal vez hayas visto uno de esos antiguos disquitos que se movían con un lápiz. ¡Resultaron de la visión de esta mujer!

Después de trabajar seis años en Honduras, la misionera Joy Ridderhof se enfermó de malaria, y regresó a su casa en Estados Unidos para recuperarse. Extrañaba su ministerio y pensó: «Ojalá pudiera siquiera dejar mi voz allá para seguirles enseñando». Un día se acordó de los discos que se tocaban en el pueblo, con estridente música latina que sin duda escuchaban hasta los que no tenían interés en ellos. ¿Por qué no hacer discos con mensajes cristianos?

Sin tener conocimientos de la tecnología, Joy buscó la manera de producir discos con pocos minutos de música cristiana y mensajes evangelísticos. Aunque en un inicio solo pensaba alcanzar a una etnia con su esfuerzo, antes de que muriera, se habían producido grabaciones en 4000 lenguas y en la actualidad son más de 6000.

El ministerio Gospel Recordings o Buenas Nuevas fue todo un pionero en las grabaciones cristianas. Es impactante cómo Dios puede usar a una mujer sencilla pero con fe, gozo y pasión por las almas, para lograr tan tremendos resultados. Dios te ha dado dones, sabiduría y sentido común. Si te das cuenta de un problema, ¡piensa que tú puedes ser parte de la solución! (MHM)

Recompénsenla por todo lo que ha hecho. Que sus obras declaren en público su alabanza.

EL REY LEMUEL

UNA PAREJA INTERESANTE

Porque por gracia sois salvos por medio de la fe... —RVR1960

EFESIOS 2:8

Catalina de Bora fue enviada a un convento a los cinco años. A los dieciséis hizo los votos como monja. Llegaron a sus oídos los postulados de Martín Lutero sobre la Reforma Protestante. A los veinticuatro años se convirtió al evangelio verdadero de Jesucristo, entendiendo que la salvación es por fe y por la gracia de Dios, no por obras como lo dictaba el catolicismo.

Se dio cuenta que para ser íntegra y congruente con sus nuevas creencias, tendría que dejar el monasterio, algo demasiado peligroso. Renunciar a los votos y huir eran delitos castigados con la muerte. Su amor a Jesús fue mayor que el miedo a morir, y demostrando gran valentía, se atrevió a escapar. Doce monjas escaparon aquel día escondidas en barriles.

Lutero les ayudó a reunirse con parientes o trabajar en casas como sirvientas. Cuando Martín, que era sacerdote, entendió que el plan de Dios para el hombre era el matrimonio, escogió a Catalina para formar una familia. No fue fácil para ellos, pero compartían el ideal de vivir de acuerdo a la Escritura. Ser congruente con tus principios no siempre será fácil. Tendrás que ser valiente. Que esta historia nos inspire a lograrlo. (MG)

El ideal está en ti; el obstáculo para su cumplimiento también.

THOMAS CARLYLE

TENGO UNA BIBLIA

*Cuando descubrí tus palabras las devoré; son mi gozo
y la delicia de mi corazón, porque yo llevo tu nombre,
oh Señor Dios de los Ejércitos Celestiales. —NTV*

JEREMÍAS 15:16

¡Qué maravilla tener una Biblia en nuestras manos! No imaginamos el proceso para disfrutar ese privilegio. El Espíritu Santo inspiró a 40 escritores diferentes, entre ellos pescadores, pastores de ovejas, reyes y hombres preparados en las mejores escuelas de su tiempo, para darnos un solo mensaje: Dios se hizo hombre para salvar al mundo. El mensaje tenía que ser preservado y transmitido, y Dios escogió al pueblo judío para cumplir ese propósito. Además, hombres fieles lo han traducido a diferentes lenguas, y misioneros lo han llevado a todos los rincones de la tierra. Mary Jones, una chica adolescente, mostró que, cuando se ama la Palabra de Dios, ¡se da todo por ella!

Vivió en el tiempo en que tener una Biblia, era privilegio de gente adinerada. Trabajó durante seis años ahorrando para comprarse una. Cuando logró juntar suficiente, para no gastar sus zapatos, caminó descalza cuarenta kilómetros hasta el pueblo donde vivía un pastor que vendía Biblias, pero no tenía ninguna para vender. ¡Mary lloró desconsolada! El pastor le dio a Mary una Biblia que ya tenía prometida a otra persona. Mary volvió feliz a su casa, en donde compartió con otros la bendición. Su historia es el trasfondo de la formación de las Sociedades Bíblicas que proveen la Palabra a bajo costo para que nadie se quede sin leerla. (YF)

*Creo que la Biblia es el mejor regalo que Dios
ha dado al hombre. Toda cosa provechosa
al hombre se contiene en la Biblia.*

ABRAHAM LINCOLN

PERDER POR GANAR

Y aún más, yo estimo como pérdida todas las cosas en vista del incomparable valor de conocer a Cristo Jesús, mi Señor, por quien lo he perdido todo... —LBLA

FILIPENSES 3:8

El famoso pintor británico John Ruskin hizo todo por convencer a Lilias Trotter de continuar con su vida artística. Veía en ella el talento de alguien que podía transformar el arte. Pero en sus veintes, Lilias tomó una decisión. Dejó el arte y su país por ser una misionera.

Viajó al norte de África y trabajó en Argelia durante el resto de su vida. Resultó una tarea desgastante, pues el Islam no permitía ver muchos convertidos, y ella y sus compañeras fueron perseguidas. La enfermedad y la debilidad por el calor también le afectaron, pero Lilias Trotter jamás miró hacia atrás.

¿Cómo hubiera sido su vida de no haber escuchado el llamado de Dios? Quizá habría decorado una galería con sus cuadros. Tal vez se habría casado y tenido hijos. Lo cierto es que ella consideró su talento como pérdida con tal de conocer más a Jesús y compartirlo con las mujeres musulmanas que tanto necesitaban oír las buenas nuevas.

Lilias dejó muchos escritos. Su vida es de inspiración. Lo que para Ruskin fue un «desperdicio de talento», Dios los usó para Su gloria. No lo entendemos ahora; a primera vista parecería un «suicidio», pero como dijo Jim Elliot: «No es un tonto aquel que da lo que no puede retener con tal de ganar lo que no puede perder». (KOH)

No hay nada superior a conocer a Cristo.

ESPERANDO EL TIEMPO DE DIOS

Hay una temporada para todo, un tiempo para cada actividad bajo el cielo. —NTV

ECLESIASTÉS 3:1

Elisabeth Elliot conoció a Jim en la universidad. Compartían un llamado misionero y anhelaban servir a Dios juntos. Sin embargo, decidieron esperar el tiempo de Dios.

Una noche conversaron largo tiempo sobre el tema en un escenario nada común para el romance: ¡un cementerio! La luz de la luna proyectó la sombra de una cruz entre ellos; parecía confirmar que era Cristo el que los unía y el que tenía primer lugar en sus vidas. Por difícil que fue separarse, viajaron como solteros a Ecuador y solo se casaron cuando sintieron que era el tiempo de Dios.

La pareja deseaba alcanzar para Cristo a la primitiva etnia auca o waorani, aislada y violenta. Su vida estaba en manos de Dios. En 1956 Jim y cuatro hombres más fueron derribados por las flechas de los aucas en su intento de hacer contacto con ellos.

Elisabeth Elliot, viuda de Jim Elliot, siguió trabajando en tribus de la zona por varios años. Su libro, *Portales de esplendor*, comunicó al mundo la historia de los cinco, cuyo testimonio y martirio ayudó a levantar una generación de cientos de misioneros.

Es bueno desear casarse, sobre todo en una relación que honra a Dios. Pero no te apresures; asegúrate que sea en el tiempo perfecto del Señor. (MHM)

Pon tu vida amorosa en el altar y mantenla allí hasta que Dios la quite.

ELISABETH ELLIOT

NO ME DEJÓ IR

Nosotros creemos que todos somos salvos de la misma manera, por la gracia no merecida que proviene del Señor Jesús. —NTV

HECHOS 15:11

«¿Quién será nuestra consejera?», nos preguntábamos en aquel campamento de verano. Entonces, apareció con una franca sonrisa, falda larga y amplia, y el cabello recogido en rollitos. Nos dio la bienvenida: «Mi nombre es Phyllis Cox».

A los 13 años yo era una adolescente triste y con el transcurrir de los días entendí mi necesidad de aceptar a Jesús como mi Salvador. Había un detalle: no sabía cómo hacerlo y era demasiado tímida como para preguntar. La última noche fue larga. Era difícil ahogar mi llanto sobre la almohada.

Después de preparar las maletas, la señorita Phyllis «no me dejó ir». Me preguntó directamente: «¿Quieres aceptar a Jesús como Salvador?». Mis ojos deben haberse abierto de gusto. De inmediato dije que sí. Oramos. Ella decía las palabras y yo las repetía. Al instante me sentí ligera, en paz y gozosa.

Muchas veces me he preguntado qué hubiera sido de mí si la señorita Phyllis no se hubiera interesado en mi alma. Tal vez no hubiera hecho la oración que cambió mi vida. ¿Te has interesado genuinamente por la salvación de otros? Recuerda que hay personas tan tímidas que tal vez necesiten un «empujoncito». (MG)

Esta generación de cristianos es responsable por esta generación de almas.

KEITH GREEN

EL TALENTO DE UNA CIEGA

Y el Señor le dijo: ¿Quién ha hecho la boca del hombre? ¿O quién hace al hombre mudo o sordo, con vista o ciego? ¿No soy yo, el Señor? —LBLA

ÉXODO 4:11

¿Nunca te has preguntado por qué el Señor permite que nazcan personas sordas o ciegas o deformes o con síndrome de Down? La respuesta más sencilla es: porque eso le da gloria. Nos parece duro, pero si alguna vez has estado cerca de alguien así, te darás cuenta de que estas personas tienen una disposición especial para alabar a Dios.

Eso es lo que pasó con Frances Jane Crosby (Fanny, de cariño). Cuando Fanny era bebé, alguien le recetó unas cataplasmas para sus ojos hinchados que le causaron ceguera. Al llegar a la adolescencia, en ese mundo oscuro, ya había memorizado los cinco libros de Moisés, los cuatro Evangelios, los Libros de Cantares y de Proverbios y muchos Salmos. Es interesante que también fue reconocida como oradora, escritora, poeta y compositora; tocaba el piano, el arpa y la guitarra.

Durante su vida, publicó cuatro libros de poesías y escribió canciones y poemas. Asimismo, escribió más de 8000 himnos, muchos de los cuales han sido traducidos a varios idiomas y hemos cantado con profunda devoción en nuestras iglesias. He aquí algunos: *Comprado con sangre por Cristo, Con voz amiga te llama Jesús, No te dé temor hablar por Cristo, Solemnes resuenen, Tuyo soy, Jesús.* ¿Te quejas por alguna cosa en lugar de alabar al Señor? Piensa en Fanny. (YF)

No me lamento por ser ciega, pues al llegar al cielo, el primer rostro que veré y alegrará mi vista, será el de mi Salvador.

FANNY CROSBY

OBRAS Y GRACIA

Sabiendo que el hombre no es justificado por las obras de la ley, sino por la fe de Jesucristo... —RVR1960

GÁLATAS 2:16

En muchas biografías existe un elemento común: un momento en la vida avanzada del cristianismo cuando hay poca satisfacción. Esto le pasó a Eva Von Winckler. De joven, después de ser una chica rebelde, encontró a Jesús. Cambió su vida radicalmente, dejando atrás las frivolidades y dedicándose a ayudar a los pobres con su herencia. Dejó el castillo paternal —sí, el castillo, pues su familia era de la nobleza alemana— y abrió una casa para niños enfermos, incluso para preparar mujeres al servicio de Dios.

Sin embargo, después de varios años, Eva sintió un vacío espiritual. Sus viajes y el contacto con lecturas y hermanos en la fe le mostraron lo que estaba pasando en su vida. Eva estaba regresando a las «obras». Aun cuando sabía que era salva por fe, solo por fe, confiaba en su trabajo.

Le había dedicado tanto tiempo a sus proyectos que tenía poco tiempo para orar y leer la Biblia. Estaba «orgullosa» de no vestir como las demás, y criticaba a otros olvidando la gracia. ¿Cuál fue la solución? Poner los ojos en Cristo una vez más. Recordar que todo es por gracia y por fe, aun la vida cristiana, aun la santificación, aun el servicio cristiano.

No confíes en lo que haces para Dios, confía en Dios. (KOH)

No es por obras, sino por gracia.

NUNCA SOLA

Y todo el que haya dejado casas o hermanos o hermanas o padre o madre o hijos o bienes por mi causa... heredará la vida eterna. —NTV

MATEO 19:29

Cuando Amy Carmichael se alejó por segunda vez de las islas británicas, en un largo viaje marítimo, no imaginaba que nunca volvería a pisar aquellas tierras. Dios la llevó a Japón, luego a China y finalmente a India.

Cuando se hospedó una vez con una amorosa pareja y sus hijos, empezó a anhelar ese tipo de compañía para su vida. Un día se apartó a una cueva para orar y expresar su soledad a Dios. Él le dio paz y le habló a su corazón: «Ninguno de los que confían en mí estarán solos».

Preocupada por la necesidad del evangelismo, Amy formó el Grupo Estelar, compuesto de mujeres indias que viajaban con ella en carreta para predicar en los pueblos. Con el tiempo les llegaron niñas que necesitaban un hogar, en muchos casos para no ser entregadas a los dioses hindúes; esto a menudo significaba que se convertían en prostitutas.

Dios guió a Amy a formar una casa hogar para niñas y después para niños. Llegó a ser llamada mamá para más de 100 pequeños. Se acordó entonces de la promesa de Dios. Había vivido una vida plena donde pudo compartir y recibir mucho amor, sin quedarse sola. ¿Eres soltera y temes terminar abandonada? Pon tus anhelos en manos del Señor, que siempre estará al pendiente de los suyos. (MHM)

No te dejaré, ni te desampararé.

DIOS

CAMBIANDO LO «BUENO» POR LO MEJOR

Sin embargo, todo aquello que para mí era ganancia, ahora lo considero pérdida por causa de Cristo. —NVI

FILIPENSES 3:7

Hace tiempo supe de una chica que oraba para que Dios le concediera ser modelo y actriz. Se molestaba un poco con los creyentes que en lugar de pedir lo que ella deseaba, oraban por la voluntad de Dios en su vida. Quizá tenía que oír esta historia:

Colleen Townsend tenía 16 años cuando empezó su carrera artística. La revista *Life* la consideró una de las mujeres más hermosas de Estados Unidos; percibía $2000 dólares a la semana como actriz, firmó un contrato con «20th Century Fox» para filmar películas y crecía en fama.

Repentinamente, en un desayuno con gente de Hollywood, dijo estas palabras: «Señores, estoy enamorada». Al preguntársele de quién, ella respondió: «Me acabo de enamorar de Jesucristo». Se hizo un silencio sepulcral y confesó que abandonaba su carrera como actriz para servir de lleno a su Señor. «¡Qué desperdicio!», pensaron algunos.

En las siguientes semanas entró al Seminario Teológico de San Francisco donde conoció a su esposo, a quien ayudó a pastorear varias iglesias. Colleen escribió libros cristianos y junto con su esposo, escribió *Mi amigo, mi amante* para contrarrestar las malas influencias en el matrimonio. Billy Graham los tomó como colaboradores y Colleen fue la primera mujer presidente de la Cruzada Billy Graham. ¡Aquí tienes a una mujer que cambió algo «bueno», por lo mejor! (YF)

No cambiaría mi lugar con el de la actriz más popular de Hollywood... Jesucristo es suficiente para mí.

COLLEEN TOWNSEND

UNA MADRE SINGULAR

Los hijos que tenemos son un regalo de Dios... —TLA

SALMO 127:3A

Inteligente, disciplinada, con excelentes dotes para la organización y un corazón altamente sensible a la integridad, Susana Wesley nació en 1669. Fue una época nada fácil para una madre con 19 hijos. Nueve de ellos murieron.

Organizó turnos para poder invertir diariamente una hora de calidad en cada uno de sus hijos para platicar e instruirles de forma individual. Uno de ellos, Juan, hizo suya la disciplina de su madre, fundando El Club de la Santidad, cuya meta era vivir con excelencia. Los miembros del grupo fueron apodados «metodistas», originando la Iglesia del mismo nombre. Otro hijo de ella, Carlos, escribió la letra de muchos himnos.

Susana dedicó los mejores 20 años de su vida a la formación de sus hijos. Valió la pena. Hoy en día, hay mujeres que desprecian ser madres alquilando el vientre de otra mujer. Ahora que eres joven, puedes organizar tu vida con excelencia.

Puedes planificar tu maternidad de tal forma que puedas dar tiempo de calidad a tus hijos, instruyéndoles en la disciplina y amonestación del Señor. Desde hoy haz el propósito en tu corazón de ser la influencia clave para que tus hijos logren grandes cosas para Dios. (MG)

El corazón de la madre es el aula del niño.

HENRY WARD BEECHER

EL SECRETO MISIONERO

Y cuando él venga, convencerá al mundo de pecado y de la justicia de Dios y del juicio que viene. —NTV

JUAN 16:8

Johanna Veenstra no encontraba paz en su trabajo como secretaria hasta que se rindió al llamado de Dios y viajó a África. Sin embargo, durante el trayecto, aprendió la lección más importante para quien desea servir a Dios. Comprendió que ella podía hacer mucho trabajo, pero ver poco fruto pues es el Espíritu Santo quien convence de pecado. Es Dios quien cambia vidas.

Con esto en mente, Johanna se dispuso a tener una vida de dependencia en Dios. Su vida de oración fue ejemplar y de inspiración a muchos. Trabajó en Lupwe, el actual estado de Taraba en Nigeria. Se dedicó principalmente a la labor médica y a la predicación.

Johanna entró de lleno a una región de oscuridad, llena de idolatría, fetichismo, poligamia y todo tipo de situaciones complicadas. Soportó ratas e insectos, sin echar de menos la ciudad de Nueva York que dejó atrás. Murió joven, a los 39 años, pero fue la primera mujer misionera de su denominación.

Como ella, debemos comprender que nosotros no producimos el cambio en las personas. Nuestra misión es compartir las buenas noticias. Dios se encarga del resto. Tristemente, muchas veces no hacemos nuestra parte. ¿Quién oirá si no vamos nosotras y hablamos de Jesús? ¿Te está llamando Dios? (KOH)

No encontraremos paz hasta que estemos en el lugar donde Dios quiere ocuparnos.

TUS TALENTOS PARA DIOS

Y todo lo que hagáis, hacedlo de buen ánimo, como al Señor, y no a los hombres. —JBS, Jubilee Bible 2000

COLOSENSES 3:23

La influyente cantante afroamericana, Mahalia Jackson, se propuso cantar solo música «gospel», aunque muchas veces la gente la animaba a cantar música secular, con la cual podría obtener más éxito comercial. Fue la primera que cantara gospel en el elegante Carnegie Hall de Nueva York. Quería cantar solamente lo que glorificaba a su Señor, más que tener fama, aunque también logró tener esta última.

Fue invitada a participar en la toma de posesión del presidente J. F. K. Kennedy, pero nunca olvidó sus raíces y su pueblo. Mahalia usó sus talentos como activista en la época del movimiento norteamericano a favor de los derechos civiles de los afroamericanos. Su poderosa voz de contralto impactó al público en la misma marcha en Washington donde Martin Luther King dio su inolvidable discurso «Tengo un sueño», en 1963.

Eso sí, sufrió la discriminación en carne propia. Cuando quiso comprar una casa en Chicago, al ver su origen racial, los responsables repentinamente «ya la habían vendido». Cuando al fin hizo su compra, los vecinos blancos de la zona empezaron a mudarse a otras áreas de la ciudad.

Así como Jackson, tendrás críticos que te harán sentir que usar tus talentos para Dios es una pérdida de tiempo. Pero no será así si lo haces para Dios. (MHM)

Canto la música de Dios porque me hace sentir libre. Me da esperanza. Con los «blues», sigues sintiendo «los blues» (la tristeza).

MAHALIA JACKSON

RECOMPENSA PARA LA HOSPITALIDAD

Y ella dijo a su marido: ... Yo te ruego que hagamos un pequeño aposento de paredes, y pongamos allí cama, mesa, silla y candelero... —RVR1960

2 REYES 8:9, 10

La mujer sunamita recibió la bendición de tener un hijo por haber propuesto en su corazón hospedar desinteresadamente a Eliseo, siervo de Dios. Graciela Montiel, o «Chela», como todos le decían, fue también una mujer muy hospitalaria.

Siempre había personas hospedadas en su hogar. Le gustaba ofrecer asiento y refrigerio a las mujeres que pasaban vendiendo fruta con sus pesadas canastas en el calor abrasador. Su casa era lugar de ensayo para todo un coro cada fin de semana. Cocinaba para agasajar a los pastores y hermanos de la iglesia.

Propuso en su corazón dar alojamiento al pastor William Mora, quien comenzó un estudio bíblico familiar. La sala fue sustituida por bancas. El grupo creció y hoy, casi treinta años después, la «Iglesia Bíblica Sinaí» es una congregación fuerte en Puebla, México.

Tú puedes ser hospitalaria simplemente ofreciendo un vaso de agua o ayudando a tus padres a atender a los invitados de la familia con amabilidad y presteza. Recuerda que hay quienes sin saberlo, han hospedado ángeles. (MG)

Y todo lo que hagáis, hacedlo de corazón, como para el Señor y no para los hombres.

PABLO

EL PODER DE LA ORACIÓN

Orad sin cesar. —RVR1960

1 TESALONICENSES 5:17

*H*elen Ewan, de Glasgow, Escocia, conoció al Señor a los 14 años. Cuando murió a los 22 años, toda Escocia lloró por ella. Cientos de misioneros alrededor del mundo lloraron por su muerte.

Había aprendido ruso y esperaba ir allá de misionera. Era una chica introvertida que no cantó en público ni predicó; no escribió un libro ni compuso un himno. Jamás viajó más allá de 200 millas (320 kilómetros) fuera de su ciudad. ¿Qué la hizo tan especial? Su vida de oración.

Se levantaba todas las mañanas a las 5 para estudiar la Biblia y orar. En sus ocho años como creyente guardó un diario de oración y por eso podemos saber que había cerca de 300 misioneros por los que ella estaba orando. En su diario escribió la fecha en que primero oró por cierta petición y allí mismo anotó la fecha cuando Dios respondió.

También oraba por los que no conocían a Jesús, muchos por nombre. Y no solo eso, cuando podía, compartía con otros sobre su fe. Los predicadores también se sentían agradecidos cuando ella aparecía en la reunión, pues sabían que estaría orando por ellos y por los que escuchaban el evangelio por primera vez.

¿Cómo es nuestra vida de oración? Podemos hacer un impacto como Helena si oramos sin cesar. (KOH)

¿Es la oración el timón de tu vida o tu llanta de refacción?

CORRIE TEN BOOM

DALE LO MEJOR

... Ama al SEÑOR tu Dios con todo tu corazón, con toda tu alma y con toda tu mente. —NTV

MATEO 22:37

Desgraciadamente existe una idea de que los cristianos tienen que «despedirse de su intelecto» para creer. Pues esto no fue el caso de la mexicana Artemisa Echegoyen.

En una época en la que «misionero» significaba casi siempre extranjero, Artemisa se preparó para ser lingüista y traductora bíblica con el Instituto Lingüístico de Verano. Con su compañera, Katherine Voigtlander, trabajó largos años con los otomíes de Hidalgo, México. Las dos aprendieron la lengua, alfabetizaron a la gente en otomí (yuhu) y tradujeron el Nuevo Testamento.

Otro gran logro fue el libro *Luces contemporáneas del otomí*. Una vez cuando un mestizo se burló del «dialecto sin gramática», un nativo le enseñó el grueso volumen con orgullo: «¡Sí tenemos gramática!».

En el 2001, Artemisa presentó una ponencia magistral en el Coloquio Internacional sobre Otopames: «Un diccionario yuhu-español en preparación. Cincuenta años de una lengua y una cultura». Su compañera Cata tuvo que terminar la publicación cuando falleció Artemisa en el 2006. A pesar de una vida de grandes penurias, Artemisa mostró gran capacidad intelectual en su análisis de un idioma difícil, con ponencias, publicaciones y hasta labores administrativas. La reconocida lingüista, Yolanda Lastra, recuerda «su personalidad irradiante de paz» en todo ello. Dale a Cristo lo mejor, pues es digno de lo mejor de ti. La excelencia refleja su presencia. (MHM)

Da lo mejor al Maestro, tu juventud, tu vigor; dale el ardor de tu alma, lucha del bien en favor.

HIMNO TRADICIONAL

HABÍA UNA VEZ...

*Instruye al niño en su camino, y aun cuando fuere
viejo no se apartará de él.* —RVR1960

PROVERBIOS 22:6

Cuando no había Internet ni caricaturas con temas bíblicos, las maestras utilizaban el franelógrafo para dar sus clases. Bertha Maldonado de Chávez, una mujer mexicana a quien conocíamos como «hermana Bertha», fue una maestra entusiasta al preparar sus clases en la iglesia.

Narraba las historias de tal forma que captaba la atención aun de los niños más inquietos. Sabía el momento exacto de cambiar las figuras. Ella complementaba las ilustraciones impresas con dibujos creados por ella misma. Creaba escenarios con franelas de colores simulando nubes y árboles. Las figuras cobraban vida en la imaginación de los pequeñitos oyentes.

¿Cuál era su secreto para transmitir tan claramente el amor de Dios? Sin duda el conocimiento desbordante del Señor que ella misma experimentaba en su vida. Cuando fueron adultos, un buen número de sus alumnos se dedicaron al ministerio, incluyendo a todos sus hijos e incluso nietos. Sus hijas han encabezado la Asociación Pro Evangelización del Niño (APEN) en Puebla, México.

Una manera en la que puedes servir al Señor es dando clases a los niños de la iglesia con entusiasmo, preparando tus materiales con amor y excelencia. Tu trabajo en el Señor cuenta. (MG)

*El maestro mediocre cuenta. El maestro
corriente explica. El maestro bueno demuestra.
El maestro excelente inspira.*

WILLIAM A. WARD.

PEQUEÑA PERO GRANDE EN FE

Padre de huérfanos y defensor de viudas es
Dios en su santa morada. —RVR1960

SALMOS 68:5

Rechazada por una misión por no tener buenas notas en teología, Gladys Aylward decidió irse a China por su cuenta. Ahorró lo que ganaba como sirvienta; vendió sus buenos zapatos comprando dos zapatos izquierdos porque estaban en oferta; compró un boleto de tren que la dejó en Siberia en medio de la nieve y después de muchas adversidades, Gladys llegó a China.

Junto con la misionera, Jeannie Lawson, atendió un albergue para viajeros quienes oían el Evangelio. A la muerte de Jeannie, y siendo que sus pies eran «grandes», el mandarín de la comarca le pidió que fuera «inspectora de pies» para evitar que se empequeñecieran los pies de las niñas. ¡Gran oportunidad para predicar el evangelio!

«Me convertí en empleada pública del gobierno chino: Inspectora oficial de pies. ¡Tenía los pies grandes! Dios no necesitaba mis manos, necesitaba mis pies y se los entregué». Gladys adoptó a más de 100 niños y durante la invasión japonesa, sacó a los niños de la aldea y los condujo a través de las montañas para salvarlos de los ataques japoneses. Luego de regresar a Inglaterra, volvió a China y fundó un orfanatorio que atendió hasta su muerte. La película *El albergue de la sexta felicidad* pretende contar su historia, pero tiene incongruencias, incluyendo un romance que nunca sucedió. Quizá tú eres pequeña, ¡pero sé grande en fe! (YF)

Dios no me envió al África pues sabía que no me iría bien en el África. Me mandó al corazón de la China pues sabía que allí se serviría de mí.

GLADYS AYLWARD

EL REGALO DE LA LIBERTAD

Estad, pues, firmes en la libertad con que Cristo nos hizo libres,
y no estéis otra vez sujetos al yugo de esclavitud. —RVR1960

GÁLATAS 5:1

Coretta Scott, virtuosa pianista, fue esposa de Martin Luther King. Juntos lucharon en contra de la discriminación racial. Aun después del asesinato de su esposo, reafirmó su oposición a la segregación de la población afroamericana no solo en Estados Unidos, sino también en Sudáfrica, uniéndose a Winnie Mandela cuando el esposo de esta era preso político. Ejerció importante presión sobre el presidente Reagan para aplicar sanciones a Sudáfrica.

Hizo suyas las palabras que su esposo pronunciara en su sermón de Navidad de 1967 cuando pastoreaban la Iglesia Bautista Ebenezer en Atlanta:

«La próxima cuestión que debe ocuparnos, si hemos de tener paz en la tierra y buena voluntad entre todos los hombres, es la afirmación no violenta de la sacralidad de toda vida humana.

Todo hombre es alguien porque es hijo de Dios... El hombre es mucho más que... electrones que giran o una bocanada de humo... El hombre es hijo de Dios, hecho a Su imagen y, por lo tanto, debe ser respetado como tal...».

No dejemos de agradecer la libertad espiritual que poseemos gracias al nacimiento de Cristo en Belén y en nuestro corazón, así como la libertad física que disfrutamos. Oremos por quienes pasarán la Navidad siendo víctimas del cautiverio, persecución y la trata de personas. (MG)

Libre al fin, libre al fin. Gracias, Dios Omnipotente, soy libre al fin.

PALABRAS GRABADAS EN LA TUMBA DE MARTIN LUTHER KING

EL COSTO DEL AMOR

El que halla su vida, la perderá; y el que pierde su vida por causa de mí, la hallará. —RVR1960

MATEO 10:39

Muchas de las mujeres que sirven a Dios son solteras. Le entregan su vida, dispuestas a renunciar al matrimonio con tal de servirle. Sin embargo, muchas también se casan, y llevan en su certificado de matrimonio el mismo compromiso con el evangelio. Tal fue el caso de Ruth Bell Graham.

Ruth conoció a Billy Graham en la universidad. Y desde el principio, supo que tendría que renunciar a muchas cosas. Aunque ella deseaba ser misionera, pues sus padres habían servido al Señor en China, su esposo le advirtió desde el principio que se casaba con un evangelista.

Billy viajó mucho durante su vida juntos. Eso implicó que Ruth tuvo que ser padre y madre de sus hijos en muchas ocasiones. Vivió con un esposo que se exponía a los peligros de accidentes de auto o avión. Lidió con los medios que siempre estuvieron vigilando a los Graham de cerca y de lejos. Como madre hizo lo posible para que sus hijos crecieran en un ambiente «normal».

Ruth escribió libros, pero quizá su legado más grande es que compartió con el mundo a su marido. Quizá Dios tenga un llamado parecido para ti. ¿Qué te pide el Señor? Dale todo y Él te dará aún más de lo que te puedas imaginar. El amor cuesta. Pero los frutos del amor son abundantes. (KOH)

Ruth es mi mejor amiga... hoy la amo más que cuando la conocí por primera vez hace 65 años en la universidad.

BILLY GRAHAM

PASE LO QUE PASE

Quiero conocer a Cristo y experimentar el gran
poder que lo levantó de los muertos. ¡Quiero sufrir
con él y participar de su muerte! —NTV

FILIPENSES 3:10

*E*l testimonio misionero que más me ha impactado fue de la inglesa Helen Roseveare cuando visitó mi universidad hace tiempo. Como médico graduado de Cambridge, estableció hospitales y clínicas en circunstancias primitivas en el país africano del Congo. En 1964, fuerzas rebeldes mataron a cientos de misioneros, y a Helen la tomaron presa durante cinco meses, en los que sufrió crueles golpes, traumáticas violaciones y patadas que le quitaron los dientes de enfrente.

En medio de ello, los aldeanos que conocían su vida de entrega la defendieron y no permitieron que la asesinaran. Helen nunca dudó del amor de Dios ni le reclamó. Cuando se convirtió, había escrito en su nueva Biblia las palabras de Filipenses 3:10, con las que Pablo anhela no solo experimentar el poder de Cristo, sino también ¡compartir su sufrimiento! Helen había reconocido que su vida era del Señor, quien «tomó prestado» su cuerpo.

Después de salir libre, Helen fue a Inglaterra, pero regresó al Congo para construir una nueva escuela médica y un hospital. Cuando dejó África, se dedicó a compartir sobre la fidelidad de Dios mediante sus libros y conferencias. ¿Estás dispuesta a seguir a Jesucristo, pase lo que pase? No temas, porque Su poder te sostendrá. (MHM)

Cuando pases por aguas profundas, yo estaré contigo.
Cuando pases por ríos de dificultad, no te ahogarás.

DIOS

LA REINA BLANCA DE CALABAR

*Los que confíen en mí y usen mi nombre podrán
hacer cosas maravillosas... —TLA*

MARCOS 16:17-18

¿Qué harías si te encontraras en un lugar con clima extremoso, enfermedades tropicales sin cura, fieras salvajes, gente supersticiosa e insociable; donde hay esclavos, brujos, canibalismo y se matan seres humanos sin piedad; donde la guerra es la única forma de resolver un conflicto, y tú estás en completa pobreza?

Hubo una mujer escocesa de carácter decidido, que encaró todas estas situaciones y... ¡venció! Su nombre era Mary Slessor. De pequeña, Mary oía historias que su madre le contaba sobre misioneros y decidió ser una de ellos. Cuando abordaba el barco que la llevaría a trabajar a Calabar, África, vio que una gran cantidad de barriles de ron eran cargados y exclamó: «¡Decenas de barricas de ron y una sola misionera!».

Su confianza en el Señor y su amor por la gente, le ayudaron a hacerse respetar, al grado que para resolver conflictos su opinión era la última palabra. Salvó de la muerte a cientos de bebés gemelos que eran abandonados por ser tenidos como maldición; previno que los jefes de tribus, al morir, fueran enterrados con esposas y servidores.

Además, luchó por los derechos de las mujeres y los esclavos y fundó numerosas iglesias. Fue reconocida como «La Reina Blanca», y hay calles y edificios en Nigeria que llevan su nombre.

¿Y tú? ¿Serás una «reina» por amor a Cristo? (YF)

*No es fácil. Pero Cristo está aquí y siempre
estoy satisfecha y feliz en Su amor.*

MARY SLESSOR

PREPARADA

Les he dicho todo lo anterior para que en mí tengan paz.
Aquí en el mundo tendrán muchas pruebas y tristezas;
pero anímense, porque yo he vencido al mundo. —NTV

JUAN 16:33

Alrededor de 1930 Japón invadió Corea en su intento por vencer a China. Los japoneses confiscaron todo. Se requirió que todos hablaran japonés y cambiaran su nombres. Cuando a los cristianos coreanos les ordenaron postrarse ante los dioses japoneses, muchos se negaron. Entre ellos estaba Esther Ahn Kim o Ai Sook.

Esther era una maestra de música en una escuela cristiana, y cuando se negó a obedecer, supo que le esperaba la prisión. Esther era enfermiza y pequeña. Estaba segura que no soportaría la tortura. Así que se preparó para ello. Aprendió a ayunar y a dormir en condiciones precarias. Probó alimentos podridos y memorizó grandes trozos de la Biblia así como himnos.

Cuando finalmente la apresaron, Esther sufrió en la cárcel, pero también testificó. Su amabilidad ganó a otras presas para Cristo, y cuando en cierta ocasión tuvo antojo de manzanas, ¡Dios se las concedió!

Esther fue liberada en 1945. Se casó y viajó a Estados Unidos donde murió. Pero de ella aprendemos mucho sobre la valentía. Confió en Dios a pesar de las terribles circunstancias, y su disciplina la ayudó a sobrevivir horas oscuras. ¿Cómo nos podemos preparar para la aflicción? Vivamos con simplicidad, oremos y ayunemos, memoricemos la Biblia. Pero sobre todo, ¡aferrémonos a Jesús! (KOH)

¿Estás lista para enfrentar la persecución?

MODELOS QUE MOTIVAN

... enseña a las mujeres mayores a vivir de una manera que honre a Dios... deberían enseñarles a otros lo que es bueno. —NTV

TITO 2:3

De las mujeres que han influido en mi vida, destaca Elisabeth Fletcher de Isáis, una misionera norteamericana que se casó con el mexicano, Juan Isáis. Hubo oposición a que se casaran a pesar de su deseo de servir a Dios juntos; esta realidad inspiró el título de la autobiografía de Elisabeth, *Nuestro matrimonio prohibido*.

Liz tenía maestría en periodismo y junto con Juan inició la revista *Prisma* para alentar la lectura provechosa en temas de la vida familiar, la salud, la vida cristiana y mucho más. Un atractivo de *Prisma* por muchos años fue su fotonovela con mensajes actuales.

Un ministerio sumamente importante de los Isáis fue el de formar escritores cristianos en México. Dirigieron cursos y talleres de periodismo y, junto con otros, iniciaron la Asociación Cristiana de Periodismo y el Encuentro Nacional de Informadores y Comunicadores Cristianos (ENICCE). En uno de los cursos redacté mi primer cuento, el cual la hermana Liz revisó con esmero. Hizo varias sugerencias; me desanimé y pospuse la corrección. Pero al final se publicó y resultó ser una historia que hasta a mí me hizo llorar de emoción.

Aprovecha a esas mujeres mayores que Dios pone en tu vida como modelos, mentoras y amigas. ¡Algún día podrás ser ejemplo a otras menores que tú! (MHM)

Dadle del fruto de sus manos, y alábenla en las puertas sus hechos.

EL REY LEMUEL

¿CÓMO INVERTIRÍAS TU VIDA?

A los débiles me hice débil, para ganar a los débiles; a todos me he hecho todo, para que por todos los medios salve a algunos. —LBLA

1 CORINTIOS 9:22

¡Pasión! Es la palabra que describe a una mujer que invirtió su vida amando al pueblo chino. Lottie Moon era muy bajita, medía 1.30 m, pero lo que tenía de chaparrita, lo tenía de educada: dominaba varios idiomas, ostentaba una maestría en Artes y fue co-fundadora de una Preparatoria para señoritas.

Cuando su hermana menor fue aceptada como misionera a China, Lottie dejó su trabajo para ir también. Aprendió el idioma y, en su afán de incorporarse a la cultura, adquirió la vestimenta y los comportamientos de las mujeres chinas. Horneaba galletas y pasteles para los niños y les presentaba historias bíblicas y se hacía amiga de las madres para enseñarles de Cristo.

En sus cartas, pedía a las iglesias más misioneros. Ella decía: «¿Cuántos millones más de almas van a pasar a la eternidad sin haber escuchado el nombre de Jesús?». Animó a grupos de mujeres para organizarse y levantar fondos para las misiones.

Incluso rechazó una propuesta de matrimonio pues eso equivaldría a salir de China.

Su arduo ministerio incluía dar la mayor parte de su sustento a los pobres, cosa que hizo que Lottie se enfermara. Sus compañeros de la misión, la enviaron de regreso a los Estados Unidos, pero ella falleció en el camino. ¡Supo cómo invertir su vida al servicio de su Señor! (YF)

¡Si tuviera mil vidas, yo las daría a... China!
LOTTIE MOON

MUJER ÚNICA

Venid luego, dice Jehová, y estemos a cuenta: si
vuestros pecados fueren como la grana, como la
nieve serán emblanquecidos... —RVR1960

ISAÍAS 1:18

Ella es una mujer bella. ¡Cómo no, si Dios la hizo! La creó con un propósito mejor que ser hermosa. Un propósito especial y muy particular. Para ello, Dios le otorgó dones y cualidades que la hacen única e irrepetible. No existen clones de ella. A veces su alma canta y otras veces sueña. Hay días que ríe y otros que llora. Es una obra formidable y maravillosa de las manos de Dios. Él ha puesto eternidad en su corazón y la conoce por nombre pues la adoptó como Su hija.

¿Quién es esta mujer tan interesante? ¡Eres tú!

Para vivir plenamente, ten siempre presente tu identidad como hija del Rey.

Este año casi termina y empieza un nuevo ciclo y junto con ello otra oportunidad para lograr lo que siempre has deseado y ser como siempre has querido ser. Deja atrás la culpa por tus errores y empieza el año escribiendo tu vida como cuando empiezas una libreta nueva. El sol es nuevo cada mañana, las misericordias de Dios también. Cada día es una oportunidad de empezar otra vez.

Tú cuentas con Cristo, pero recuerda: Cristo cuenta contigo. (MG)

Tú eres especial porque yo te hice y yo no cometo errores.
DEL CUENTO *TÚ ERES ESPECIAL* DE MAX LUCADO

ÍNDICE TEMÁTICO

SOBRE LAS AUTORAS

Keila Ochoa Harris (KOH) ha publicado más de quince libros con diferentes editoriales. Estudió Consejería Bíblica y también ha sido maestra de inglés en diversos niveles. Además de escribir, le gusta leer buenos libros, asistir a musicales de Broadway y disfrutar de una buena película o serie televisiva con su esposo. Es parte de MAI, una organización que trabaja capacitando escritores, editores y publicadores en lugares difíciles del mundo. Tiene dos hijos, un niño y una niña.

Marjory o Margie, Hord de Méndez (MHM) nació en Honduras de padres canadienses y «nació de nuevo» cuando vino a México a estudiar. Le gusta promover las misiones y la traducción bíblica. Es maestra de inglés y lingüística a nivel universitario. En cuanto a su amor por la redacción, es editora de la revista cristiana *Alianza* y escribe también para la revista *Prisma*. Le encanta ayudar a mamás y bebés con la lactancia materna y ha sido líder con el grupo La Liga de la Leche por 30 años. Es madre de dos hijos y abuela de seis nietos.

Mayra Gris de Luna (MG) ha compartido con diferentes grupos femeniles su visión de la mujer cristiana contemporánea durante los últimos 15 años. Su blog, grisdeluna.com, cuenta con casi 5 millones de visitas. Junto con su esposo ha colaborado en el ministerio de la música y alabanza. Son parte del equipo Matrimonios con Vida de la Iglesia Fuente de Vida, IDP. Tiene dos hijas. Le encanta viajar en familia y salir a charlar con su esposo disfrutando un buen café.

Yuri Flores (YF) es salva por la gracia de Dios, maestra de inglés, maestra de Escuela Dominical, líder de la reunión femenil e integrante de la Estudiantina Eben-ezer. Por muchos años ha colaborado con Operación Movilización y fue parte de la tripulación del barco Logos

II durante 1998-2000. Trabajó en Israel con la organización «Christian Friends of Israel» en el programa de Bienvenida a los Nuevos Inmigrantes. Ha contribuido con artículos para las revistas *Prisma* y *Alianza*. Tiene once preciosos sobrinos; es soltera y muy feliz.

NOTAS

NOTAS